एक अफ़्रीकी पूर्व शैतानवादी की गवाही

पादरी जोनास लुकुंटु मपाला

AMANDA DANI

AF742654

पुस्तक के बारे में -

एक अफ़्रीकी पूर्व शैतानवादी की गवाही

प्रिय मित्रों, हमें आपके साथ शैतान के एक भूतपूर्व सेवक की गवाही का यह अंश साझा करते हुए खुशी हो रही है। यह एक पादरी की गवाही है जिसने लगभग पच्चीस (25) साल शैतान की सेवा में बिताए। इस पादरी को बचपन से ही लूसिफ़ेर ने अपने बच्चे की तरह गोद लिया था, और उसने अपने एकमात्र गुरु के रूप में ईमानदारी से सेवा की, जिसे वह प्यार से "पिताजी" कहता था, उस दिन तक जब परमेश्वर की कृपा से उसकी मुलाकात यीशु से हुई, या अधिक सटीक रूप से कहें तो, उसकी मुलाकात यीशु से हुई।

कुछ वर्षों से, इस पादरी ने स्वयं को अपने नए स्वामी यीशु मसीह की सेवा में समर्पित कर दिया है, जिन्होंने उस पर दया की और उसे नरक की जंजीरों और यातनाओं से मुक्ति दिलाई, जहां शैतान, उसके पूर्व क्रूर स्वामी ने पहले ही उसे त्याग दिया था।

इस गवाही का लाभ, एक ओर, जादूगरों और अन्य शैतानवादियों को आश्वस्त करना है, कि यीशु मसीह उन सभी को क्षमा करने और मुक्ति देने के लिए तैयार है जो ईमानदारी और निष्ठा से पश्चाताप करना चुनते हैं, और दूसरी ओर, अपने प्रभु, उद्धारकर्ता और स्वामी यीशु मसीह में परमेश्वर के सच्चे बच्चों के विश्वास और भरोसे को मजबूत करना है।

यह पाठ एक ऑडियो का प्रतिलेखन है जो आंशिक रूप से सुनाई नहीं दे रहा था। इसलिए परीक्षण में लोगों या स्थानों के कुछ नामों की

वर्तनी गलत हो सकती है; क्योंकि जहाँ हम कोई शब्द नहीं समझ पाए, हमने ध्वनि लिखी। हम आपकी समझ के लिए आभारी हैं।

हमने पाया कि यह गवाही समृद्ध और बहुत शिक्षाप्रद है। यह तेरह भागों में है। यह फिर से आध्यात्मिक युद्ध पर उस शिक्षा की पुष्टि करता है जिसे हमने कुछ साल पहले आपके लिए रखा था। हम आपको संख्यात्मक क्रम में सभी तेरह भागों को पढ़ने के लिए प्रोत्साहित करते हैं, और इस गवाही के माध्यम से प्रभु द्वारा हमें दी गई चेतावनियों को बहुत गंभीरता से लेते हैं। हम आपको आध्यात्मिक युद्ध पर हमारी शिक्षा को फिर से पूरा पढ़ने की भी सलाह देते हैं।

ध्यान रखें कि यह पाठ एक प्रतिलिपि है। इसलिए बोली जाने वाली शैली और संभावित गलतियों से आपका ध्यान भंग नहीं होना चाहिए। प्रभु आपको आशीर्वाद दें!

विषयसूची

परिचय - पादरी जोनास लुकुन्तु मपाला

मैंने 25 साल तक शैतान की सेवा की, मैं हवा के रहस्य में तीसरे दर्जे का प्रतिनिधि था। और मैंने शैतान की सेवा तब शुरू की जब मैं दो महीने का था। जब कोई दो महीने की बात करता है, तो आप एक बच्चे के साथ अच्छा व्यवहार कर रहे होते हैं, इसलिए, मैंने वह नहीं चुना जो मैं था। लेकिन दुष्ट लोग हैं जिन्होंने मुझे रहस्यमय दुनिया में पहुँचाया। मैंने जादू-टोना से शुरुआत की, मैं जादू-टोने में तब तक विकसित हुआ जब तक मुझे अफ्रीका के सभी जादूगरों की सभी बैठकों में भाग लेने की अनुमति नहीं मिल गई। हम कालाहारी के रेगिस्तान में मिलते थे। और वहाँ, एक उच्च पद का राक्षस था, हिंदू शंकर, जो सभी बैठकों की रिपोर्ट लेने और उन्हें लूसिफ़ेर, शैतान को प्रेषित करने के लिए जिम्मेदार था। जादू-टोना करने के बाद, मैं पकड़ में शामिल हो गया और वहाँ मुझे टार्ज़न मोटर की शक्ति मिली। पकड़ने के बाद, मैं "जादू के" नामक भारतीय जादू में शामिल हो गया। यह दो जादू का मिश्रण है, मिस्त्र का जादू और पुराना भारतीय जादू जिसे "हिंदू जादू" कहा जाता है।

उसके बाद मैं विकसित हुआ और एक पादरी से मिला जिसने मुझे "पवित्र जादू" नामक जादू के दूसरे रूप में दीक्षा दी। पवित्र जादू कैथोलिक जादू के अलावा और कुछ नहीं है। वह पादरी स्पेनिश था, वह कैथोलिक पिताओं की मंडली का था। उसने मुझे श्वेत जादू में भी दीक्षा दी। मैं अमोरक में भी शामिल हो गया। और उसके बाद मुझे भारत बुलाया गया, जहाँ मैं शैतान के प्रधानमंत्री से मिला। मैंने वहाँ काम भी किया, और उसके बाद मैं रहस्यमय दुनिया, पैंडेमोनियम की दुनिया में गया। वहाँ, मेरी शादी हेलेन नाम की एक श्वेत महिला से हुई। मैं वहाँ रहता था, मैंने शैतान के लिए बहुत काम किया जब तक कि उन्होंने मुझे वापस भारत नहीं बुला लिया जहाँ मुझे मानव रक्त से

भरे चार बैरल लाने के लिए कहा गया जो मैंने कई मानव बलिदानों के बाद किया, और वहाँ से, मुझे लूसिफ़ेर के सचिव का पद दिया गया।

और उसके बाद, मैं टार्टरस की दुनिया में गया, जहाँ मेरी मुलाक़ात लूसिफ़र से हुई। प्रिय, जब मैंने लूसिफ़र को देखा, तो मुझे यकीन ही नहीं हुआ कि वह शैतान है। शैतान वाकई बहुत सुंदर है, और मैंने कभी भी लूसिफ़र जितना सुंदर इंसान नहीं देखा। लेकिन ये सब सिर्फ़ दिखावा है, क्योंकि उसमें सिर्फ़ बुराई है। मैंने उसके साथ तब तक काम किया जब तक उसने मुझे पूरी दुनिया के शैतानवादियों के साथ आयोजित सभी बैठकों में भाग लेने की अनुमति नहीं दे दी। वहाँ हम पानी के नीचे, दो महासागरों के चौराहे पर मिले: अटलांटिक महासागर और हिंद महासागर। उनके मिलन बिंदु पर, एक त्रिभुज है जिसे बरमूडा त्रिभुज कहा जाता है। जब आप गहराई में जाते हैं, तो एक बड़ा मंदिर है, जो सफ़ेद रंग का है, जिसे "लूसिफ़र का सफ़ेद घर" कहा जाता है।

प्रिय, मजेदार बात यह है कि जब मैं वहां था, तो मैंने कुछ लोगों को देखा जो ईश्वर के आदमी होने का दावा करते हैं, और यहां तक कि कुछ पादरी भी जो शोर मचाते हैं। यहां लुबुंबाशी में भी कुछ ऐसे हैं जो मुझे जानते हैं। वे खुद को ईश्वर के सेवकों के रूप में पेश करते हैं, लेकिन वास्तव में, वे शैतान के एजेंट हैं। यहां उनकी संख्या बहुत अधिक है। मुझे लोगों के नाम बताने की अनुमति नहीं मिली है, लेकिन मैं जानता हूं कि जो लोग ईश्वर के सेवक होने का दावा करते हैं, वे सभी ईश्वर के सेवक नहीं हैं। इसलिए मैंने संक्षेप में यही किया। मैं आपसे भारतीय जादू के बारे में बात करने जा रहा हूं, और भगवान स्वयं अपनी संप्रभुता में मुझे यह समझाने की अनुमति देंगे कि मैं दो महीने की उम्र में रहस्यमय दुनिया में कैसे शामिल हुआ। और मैं अच्छी तरह से जानता हूं कि जब मैं दो महीने की उम्र में अपनी दीक्षा के बारे में बात करता हूं, तो कई लोगों के मन में यह सवाल आता है: "दो महीने का

बच्चा जादूगर कैसे हो सकता है?" मैं अक्सर यीशु को धन्यवाद देता हूं, क्योंकि जब मैं देखता हूं कि उसने मेरे लिए क्या किया है, तो यह मेरी समझ से परे है। मैंने शैतान के साथ ऐसा क्या किया कि मैं इसके लायक हूं?

20 दिसंबर, 2003 को मेरा उद्धार हुआ। मैं मर चुका था, लोग पहले से ही रो रहे थे और मेरे दफ़न की तैयारी कर रहे थे। लेकिन इस दौरान, मैं सूक्ष्म दुनिया में शैतान द्वारा जंजीरों में जकड़ा हुआ था, और यहीं पर यीशु ने हस्तक्षेप किया। यीशु, जिसके पास मृत्यु और अधोलोक की कुंजियाँ हैं, वहाँ आया जहाँ मैं था। उसे मेरे पास आने के लिए शैतान से अनुमति माँगने की भी ज़रूरत नहीं थी। वह बस नीचे आया और मुझे आज़ाद कर दिया, मैं जो पहले से ही मर चुका था, मैं जो पहले से ही नर्क में था। उसका नाम महिमावान हो! आमीन!

अपने उद्धार के बाद, मैं वास्तव में दुखी था, खासकर जब मैंने अपना व्यक्तिगत पुनरावलोकन किया, और मैंने जो कुछ भी किया था उसे देखा। मुझे बहुत बुरा लगा, लेकिन मेरे संकट में, प्रभु जो मुसीबत में बहुत ही मददगार है, पवित्र आत्मा के द्वारा मुझसे मिलने आया। मैं विशेष नहीं हूँ, मैं असाधारण नहीं हूँ। मेरे जैसे लोग हैं, जो शैतानवाद में शामिल हो गए, लेकिन उन्हें जीवित बाहर आने का अवसर नहीं मिला। कुछ पागल हो गए। लेकिन मैंने यीशु को क्या दिया है कि मैं छुटकारा पा सकूँ? यह सिर्फ एक बहुत ही विशेष अनुग्रह है जो प्रभु ने मुझे दिया है। इसलिए मेरे बाकी जीवन में, मैं अपने परमेश्वर की सेवा करूँगा, मैं उनकी सेवा करूँगा चाहे कुछ भी हो, मैं हमेशा उनकी सेवा करूँगा। यही कारण है कि मैं यह गवाही देने से नहीं डरता। क्योंकि मैं जानता हूँ कि जब मैं गवाही देता हूँ, तो शैतान की दुनिया में भ्रम होता है, और परमेश्वर के लोग मुक्त हो जाते हैं। शैतान विशेष रूप से परमेश्वर के बच्चों की अज्ञानता के साथ काम करता है। यही कारण है कि मैं यह

गवाही देने से नहीं डरता। बाइबल कहती है कि परमेश्वर के लोग ज्ञान की कमी के कारण नष्ट हो जाते हैं। अज्ञानता विनाश की जननी है।

वर्ष के अंत में लूसिफ़ेर को बलिदान चढ़ाया गया

साल के अंत में अंधकार की दुनिया में कई बलिदान किए जाते हैं। मैं आपको यह एक भूतपूर्व शैतानवादी के रूप में बता रहा हूँ, क्योंकि मैंने भी बलिदान किए हैं। जान लें कि हर साल के अंत में जादूगर लूसिफ़र को धन्यवाद देते हैं। वे लोगों की बलि देते हैं। और आजकल, कोई भी अपनी उंगली उठाकर यह नहीं कह सकता कि उसके परिवार में कोई जादूगर नहीं है। हम सभी के परिवारों में जादूगर होते हैं, और साल के अंत में, वे बलिदान तैयार करते हैं। जब मैं अभी भी शैतानवादी था, जब कोई जादूगर लूसिफ़र को देखना चाहता था, तो उसे दो बलिदान करने पड़ते थे: "निंदा का बलिदान" और "लाल कालीन का बलिदान।"

हवा के रहस्य में तीसरे दर्जे के प्रतिनिधि के रूप में, जादूगर मेरे पास आते थे ताकि मैं उन्हें लूसिफ़र से संपर्क करवा सकूँ, क्योंकि जब मैं शैतानवादी था, तो लूसिफ़र ने मुझे उसे लूसिफ़र या शैतान कहने से मना किया था, उसने मुझे उसे डैड कहने के लिए कहा था। मैं उसे डैड कहता था, और इसी कारण से, मैं अपने जैविक माता-पिता से नफ़रत करता था। मुझे लगता था कि लूसिफ़र मेरे पिता थे और मैरी मेडेलीन (एक दानव जिसका भूमध्य सागर के तल पर एक विभाग है) मेरी माँ थी। इसलिए, जब भी कोई जादूगर आता, मैं उसे ले जाता और उसके साथ पोलियुन की दुनिया में जाता। जब हम वहाँ पहुँचते, तो हम मेरे विभाग में प्रवेश करते, और वहाँ मौजूद गोल मेज के चारों ओर बैठते, फिर मैं एक तरफ़ बैठता और वह दूसरी तरफ़। मैं उससे अपने परिवार

के किसी सदस्य का नाम बताने के लिए कहता। जब वह मुझे नाम बताता, तो मैं तीन बार नाम पुकारता और वह व्यक्ति मेरी मेज पर प्रकट होता, और अपने हाथों से मैं उसे मार डालता। [...] इस स्तर पर भाई बताता है कि उसने लाश और त्वचा के साथ क्या किया। जब त्वचा सूख गई, तो उसने उसे दो भागों में विभाजित कर दिया। वह आगे कहता है:

पहले भाग के साथ, मैंने "ब्लैक बुक" बनाई, जो "निंदा की पुस्तक" है। उस पुस्तक में, मैंने अपनी इच्छानुसार सभी निंदाएँ लिखीं, और ये सभी निंदाएँ लूसिफ़ेर ने खुद मुझे सुनाईं। और जब मैंने ऐसा किया, तो उस काली किताब में जो निंदाएँ थीं, वे हर उस व्यक्ति के जीवन में वास्तविकता बन गईं जो उस जादूगर के परिवार से हैं जो मुझसे मिलने आया था। कुछ ऐसी चीजें हैं जिनसे लोग गुजरते हैं, और वे इसके लिए ज़िम्मेदार भी नहीं होते हैं। सिर्फ़ इसलिए कि परिवार का कोई सदस्य अपने स्वार्थ के लिए कहीं चला गया और उसने पूरे परिवार को खतरे में डाल दिया। और उसकी वजह से परिवार को तकलीफ़ें झेलनी पड़ती हैं।

और त्वचा के दूसरे भाग से मैंने "लाल किताब" बनाई, जो कि मृत्युदंड की किताब है। मैंने उस जादूगर से उसके परिवार के सभी सदस्यों के नाम देने को कहा, और मैंने उन्हें उस किताब में लिख लिया, और जब उसे शैतान से मिलने जाना था, तो मैंने उससे किसी का नाम बताने को कहा। और जब उसने किसी का नाम बताया, तो मैं बस उसका नाम काट देता था। जब नाम काट दिया जाता है, तो संबंधित व्यक्ति इस दुनिया में मर जाता है। एक बार जब व्यक्ति मर जाता है और उसे दफना दिया जाता है, तो मैं रात में राक्षसों को उसके शरीर से खून निकालने के लिए कब्रिस्तान में भेजता हूँ। जब खून एक फूलदान में इकट्ठा हो जाता है, तो मैं इसे कालीन पर रख देता हूँ, और यह लूसिफ़र

के महल में सरक जाता है। जब लूसिफ़र ने खून देखा, तो उसने इसे पी लिया और संतुष्ट हो गया। और यह केवल तभी / इस क्षण है कि जादूगर प्रवेश कर सकता है। यह सब सिर्फ लूसिफ़र को देखने के लिए, अभिशाप तक पहुँचने के लिए। क्योंकि लूसिफ़र की उपस्थिति में, केवल अभिशाप और मृत्यु है। प्रिय, यह वास्तव में अकथनीय है। मृत्यु और अभिशाप की तलाश में, जादूगर कुछ भी करने को तैयार रहते हैं, वे सब कुछ करने को तैयार रहते हैं। वे अपने स्वामी शैतान के लिए बहुत बड़ी-बड़ी कुर्बानियाँ देने में सफल होते हैं। फिर भी, ईसाई, परमेश्वर की उपस्थिति में प्रवेश करने के लिए, जहाँ जीवन और आशीर्वाद है, कुछ भी करने को तैयार नहीं हैं, वे अपने परमेश्वर को कुछ भी देने में असमर्थ हैं, वे अपने स्वामी यीशु के लिए सबसे छोटा बलिदान भी नहीं कर सकते। वे बिल्कुल भी गंभीर नहीं हैं। जान लें कि जादूगर जो कुछ भी करते हैं, उसमें बहुत गंभीर होते हैं।

जब जादूगर ये काम करते हैं, तो वे अपने परिवार के सभी सदस्यों के नाम देते हैं और हम उन्हें लाल किताब में लिखते हैं, हम काली किताब में सभी निंदाएँ भी लिखते हैं। लेकिन तुम, तुमने इन जादूगरों के साथ क्या बुरा किया है कि वे तुम्हारा नाम दें, ताकि हम इसे लाल किताब में लिखें। उम्मीद मत खोना। यदि आप यीशु के पास आते हैं, तो उसका खून आपके जीवन के खिलाफ घोषित सभी निंदाओं को रद्द कर देगा और उस प्रसिद्ध लाल किताब से आपका नाम हटा देगा।

जब आप ईश्वर के भय में चलते हैं, तो शैतान आपके सामने कांपता है! ऐसे बहुत से लोग हैं जो खुद को ईसाई कहते हैं, लेकिन ईसाई होने का कोई लक्षण नहीं दिखाते। जब हम जादूगर थे, तो हमारे पास रहस्यमयी आंखें थीं। मेरे पास 24 आंखें थीं, और मैंने उनका इस्तेमाल सब कुछ देखने के लिए किया। मैंने सच देखा ईसाई, पाखंडी ईसाई और यहां तक कि बुतपरस्त भी। अगर आप सच्चे ईसाई हैं, तो जान लें कि शैतान

और जादूगर दोनों ही इसे जानते हैं। लेकिन अगर आप पाखंडी ईसाई हैं, तो वे भी इसे जानते हैं। क्योंकि हमने सच्चे ईसाइयों को संकेतों के साथ देखा है।

भारतीय जादू

भारतीय जादू दो जादू का मिश्रण है: हिंदू जादू और मिस्र का जादू। पूरी दुनिया में मिस्र का जादू सभी जादू से ऊपर था। सभी फिरौन में लूसिफ़ेर का अवतार था और यह शक्ति वंशानुगत तरीके से हस्तांतरित होती थी। फिर एक समय आया जब एक फिरौन था जिसका कोई बेटा नहीं था। इसलिए अपनी मृत्यु से पहले, वह नील नदी पर एक सफेद पत्थर ले गया और उस पर एक वाक्य उकेरा जो मिस्र के जादू की सारी शक्ति का सारांश देता है। उसने जो पत्थर छोड़ा था वह समुद्र की तलहटी में चला गया। और सालों बाद, कैथोलिक जादू के विभाग में, जो वेटिकन में है (बस एक अनुस्मारक के रूप में, वेटिकन एक राज्य में एक राज्य है), उन्हें मिस्र में कैथोलिक धर्म स्थापित करने की आवश्यकता थी। और इसलिए पोप ने गांधी को चुना, एक पुजारी जो उच्च पुजारी का पद था, यानी बिशप। उन्होंने उन्हें मिस्र में जाकर कैथोलिक सिद्धांत स्थापित करने का मिशन दिया। मिस्र जाते समय, वह एशिया से होकर गुजरा। जब वह भारत पहुंचा, तो उसे पुराना भारतीय जादू (हिंदू जादू) मिला। यह भारतीय आसुरी त्रिदेव संहिता के साथ काम करता है जिसे वे "ब्रह्मा विष्णु शिव" कहते हैं: "ब्रह्मा" सृजन के देवता हैं, "विष्णु" संरक्षण के देवता हैं, और "शिव" विनाश के देवता हैं।

यह जानने के बाद, वह मिस्र चला गया। एक दिन वह नील नदी पर गया, जब वह कुछ मंत्र पढ़ रहा था, तो फिरौन द्वारा छिपाया गया पत्थर बाहर आ गया। फिर उसने उसे लिया, उस पर उत्कीर्ण वाक्य को पाया

और उसे डिकोड किया। और वहाँ से, उसे सारी शक्तियाँ मिलीं, मिस्त्र के जादू की शक्ति। इसलिए उसने भारत में जो पाया और जो उसने मिस्त्र में पाया, उसे मिला दिया। और यह वह संयोजन है जो "उच्च भारतीय जादू" या "जादू के" को जन्म देता है।

कुश्ती ही थी जिसने मुझे भारतीय जादू की ओर अग्रसर किया। मेरे पास "टार्जन इंजन" की शक्ति थी। मुझे कोलवेज़ी के एक व्यक्ति ने कुश्ती की शिक्षा दी थी। इस स्तर पर, मैं आपसे एक घटना के बारे में बात करने जा रहा हूँ जो तब घटी जब मैं एक पहलवान के पिता को मारना चाहता था। जब मैं लिकासी में था, मैंने ज़ागम नामक एक राक्षस के साथ काम किया, उस राक्षस ने मुझे नौ कब्रिस्तानों को नियंत्रित करने की शक्ति दी। मैंने उस पहाड़ से संपर्क किया जहाँ उन्होंने टोयोटा में "कैथोलिकों का समुद्री क्षेत्र" रखा है। किंशासा का एक पहलवान था जो लिकासी आया था जहाँ मुक़ाबले होने वाले थे। ये मुक़ाबले गुरुवार से रविवार तक होते थे। और जिसे वे "बड़ा खेल" कहते हैं वह रविवार को होने वाला था। वह किंशासा से अकेला नहीं आया था। वह अन्य पहलवानों के साथ था। लेकिन दूसरों की तुलना में, वह सबसे अच्छा था। इस प्रकार वह रविवार को लिकासी के चैंपियन के साथ कुश्ती लड़ने वाला था। जब उसने मुझे देखा, तो उसने मुझे बुलाया और टेलीपैथी के ज़रिए मुझसे संपर्क किया। हम मिले और उसने मुझसे कहा कि अगर मैं उसे मुक़ाबला जीतने में मदद करता हूँ, तो वह जो कुछ भी प्राप्त करेगा, उसमें से मुझे कुछ पैसे देगा। उसने मुझे $400 देने का वादा किया और मुझे $100 एडवांस में दिए थे।

फिर मैंने उससे कहा कि जीतने के लिए हमें सभी दिशाओं को अवरुद्ध करना होगा, इसलिए किसी को मारना होगा, और उसकी आत्मा का इस आशय के लिए उपयोग किया जाएगा। मैंने उसे समझाया कि इस आत्मा की मदद से उसके प्रतिद्वंद्वी के लिए रहस्यवादी दुनिया से संपर्क

करना मुश्किल होगा। इस प्रकार मैंने उससे किसी का नाम बताने के लिए कहा और उस दिन उसने मुझे अपने पिता का नाम बताया। मैं क्या करने जा रहा था? [...] इस स्तर पर भाई उन सभी अनुष्ठानों को समझाता है जो उसे करने थे। वह आगे कहता है: प्रियजन, यह बहुत दर्द के साथ है कि मैं यह गवाही दे रहा हूँ। यह सिर्फ भगवान की आज्ञाकारिता के द्वारा है जो मुझे गवाही देने के लिए कहते हैं, कि मैं ऐसा करता हूँ। इन सभी बातों को दोहराना मेरे लिए बहुत दर्दनाक है। लेकिन यीशु के प्रति अपना आभार व्यक्त करने के लिए जिन्होंने मुझे मुक्ति दिलाई, मैं यह कर रहा हूँ।

मुझे कब्रिस्तान जाना था। शनिवार का दिन था, मैं एक कब्र पर पहुंचा और वहां मैंने क्रॉस के बगल में अपना गुप्त दर्पण रखा। और कब्र पर, मैंने 12 लाल मोमबत्तियाँ रखीं, फिर मैंने "ट्चौ-लाई" (मुसलमानों द्वारा इस्तेमाल की जाने वाली तेज़ गंध वाली डंठल के आकार की जलने योग्य दुर्गन्ध) की दो डंठलें जलाईं और उसके बाद मैंने "औस्सराबिया" इत्र लिया और उसे कब्र पर छिड़का। मैंने ध्यान लगाया और मंत्र पढ़े, और 12 मोमबत्तियाँ अपने आप जल उठीं। संबंधित पिता किंशासा में रहते थे, वे बेथेल चर्च के सदस्य थे। मैं आधी रात को अपने चाकू के साथ दर्पण के सामने था। मुझे उसकी आत्मा को बुलाना था, और जैसे ही वह मेरे दर्पण में दिखाई देने वाला था, मैं उसे अपने चाकू से मार डालने वाला था।

फिर मैंने उस पिता की आत्मा को बुलाने के लिए ध्यान लगाया। उसे बुलाने से पहले, मैंने सबसे पहले दुष्ट आत्माओं को बुलाया, वो आत्माएँ जो सिर्फ़ मारने के लिए ही काम करती हैं। मैंने सबसे पहले असमोड को बुलाया और उसे उस पिता की आत्मा को लाने के लिए भेजा, लेकिन वो चला गया और वापस नहीं आया, फिर मैंने असदामो को भेजा और उसने भी वही किया। मैंने डोरोस को बुलाया, यह वही

बात थी। फिर मैंने ध्यान लगाया और किटुटा मुरीता को बुलाया, जो आर्मस्ट्रांग की दुनिया में काम करने वाले बड़े राक्षसों में से एक है, और मैंने उसे जो निर्देश दिए थे, उसके बावजूद कुछ नहीं हुआ। मैंने फिर भी ध्यान लगाया और दूसरी आत्माओं को बुलाया, वे सभी चली गईं, लेकिन उनमें से कोई भी वापस नहीं आई। और इन सभी व्यर्थ प्रयासों के बाद, मैंने ड्यूक और मार्क्विस ऑफ़ हेल को बुलाने के लिए ध्यान लगाया। इस रात मेरे साथ क्या हुआ, यहाँ तक कि जब मैं आपसे बात कर रहा हूँ, तब भी मैं इसे कभी नहीं समझ पाया।

जब मैं तैयार हो रहा था, मैंने आग देखी। आग की एक लपट शीशे पर गिरी। मेरा शीशा टूट गया, मैं खुद एक निश्चित दूरी पर उछलकर दूसरी तरफ गिर गया, मेरी मोमबत्तियाँ भी बुझ गईं। जब मैं उछला, तो मैं गहरी नींद में सो गया और सुबह करीब साढ़े छह बजे ही जागा। उस समय रविवार था। मैंने अपना टूटा हुआ शीशा देखा और घर लौट आया। रविवार को वह पहलवान लड़ने गया और उस दिन उसे बुरी तरह पीटा गया। एक दिन बाद वह बीमार पड़ गया और उसे लिकासी के डाको अस्पताल में भेज दिया गया। डॉक्टर के पास हर बार जाने पर बीमारी का नाम बदल जाता और चौथे दिन वह पहलवान मर गया। जो अपने ईसाई पिता को मारने की कोशिश कर रहा था, वह खुद मौत को प्राप्त हुआ।

प्रभु में प्रिय, भले ही आपके शत्रुओं ने गड्ढे खोदे हों, मैं आपको आश्वासन देता हूँ, यदि आप प्रभु यीशु के प्रति वफ़ादार रहेंगे, तो वे अपने गड्ढों में ही गिरेंगे। मेरी जलती हुई मोमबत्तियों में निश्चित रूप से आग थी, लेकिन चूँकि वह पिता एक ईसाई था, इसलिए उसका ईश्वर भी भस्म करने वाली आग है और यह वही आग है जिसे मैंने आते देखा। और जो मोमबत्तियाँ जलाई गई थीं, वे बुझ गईं क्योंकि वहाँ असली आग थी। प्रिय, यदि आप प्रभु यीशु का भय मानते हैं, तो लूसिफ़र द्वारा

आपके विरुद्ध किए जाने वाले सभी प्रयास व्यर्थ हो जाएँगे और सफल नहीं होंगे, और यहाँ तक कि वे सभी जो आपके विरुद्ध मिलकर सलाह लेने का प्रयास करेंगे, वे असफल हो जाएँगे, और वे जो कुछ भी करेंगे, वह यीशु के नाम पर तत्काल प्रभाव से उनके पास वापस आ जाएगा!

आइये 2 राजा 6:16-19 पढ़ें: तब उसने उत्तर दिया, "मत डरो, क्योंकि जो हमारे साथ हैं, वे उनसे अधिक हैं जो उनके साथ हैं।" तब एलीशा ने प्रार्थना की, "हे प्रभु, मैं प्रार्थना करता हूँ, इसकी आँखें खोल दे कि यह देख सके।" तब प्रभु ने उस युवक की आँखें खोल दीं, और वह देख सका।

और देखो, पहाड़ एलीशा के चारों ओर अग्निमय घोड़ों और रथों से भरा हुआ था। इसलिए जब सीरियाई उसके पास आए, तो एलीशा ने यहोवा से प्रार्थना की, और कहा, "मैं प्रार्थना करता हूँ, इन लोगों को अंधा कर दो।" और उसने एलीशा के वचन के अनुसार उन्हें अंधा कर दिया। अब एलीशा ने उनसे कहा, "यह रास्ता नहीं है, न ही यह शहर है। मेरे पीछे आओ, और मैं तुम्हें उस आदमी के पास पहुँचा दूँगा जिसे तुम ढूँढ़ रहे हो।" लेकिन वह उन्हें सामरिया ले गया।

आपको हर बार भगवान से प्रार्थना करनी चाहिए कि वह आपके सभी दुश्मनों को अंधा कर दे। प्रिय, अगर हम प्रभु के साथ पूर्ण संगति में हैं, तो हमारे मुंह से निकलने वाले सभी शब्द भगवान को मान्य होंगे। जान लें कि जिस दुनिया में हम रहते हैं वह एक ऐसी दुनिया है जो शैतान के प्रभाव में है। अपने पतन के बाद से, शैतान जानता है कि उसका समय कम है और अपने विनाश में, वह सभी को अपने साथ ले जाना चाहता है। शैतान मौजूद है, वह वास्तव में मौजूद है। और उसका मिशन मनुष्यों को गुमराह करना है, उन्हें भगवान की इच्छा से बाहर निकालना है।

लूसिफ़ेर की सेवा में होने के कारण, मैं उसे भूत के रूप में प्रस्तुत कर सकता था। मेरे पास कायापलट की शक्ति थी; मैं मच्छर, मेंढक, उल्लू, गौरैया, बाज़, मगरमच्छ, साँप आदि में बदल सकता था। लूसिफ़ेर ने मुझे एक महिला में बदलने की शक्ति भी दी ताकि मैं परमेश्वर के सेवकों को व्यभिचार में डाल सकूँ। शैतान के साथ होने के कारण, मैंने उसकी महिमा देखी, मैंने उसका संगठन देखा और मैं इस निष्कर्ष पर पहुँचा कि शैतान शक्तिशाली है। आज भी मैं मानता हूँ कि शैतान शक्तिशाली है लेकिन यीशु सर्वशक्तिमान है, यीशु सभी चीज़ों से ऊपर है, वह शैतान और उसके सभी साथियों को काँपने पर मजबूर करता है।

मुझे याद है कि एक दिन हम "टारटारस" की दुनिया में थे। हम लूसिफ़ेर से मिलने के बीच में थे। टोगो का एक शैतानवादी था जिसने गलती से यीशु का नाम बोल दिया था और हम सभी जो कमरे में थे, ज़मीन पर गिर गए, यहाँ तक कि लूसिफ़ेर भी। लूसिफ़ेर अपने सिंहासन से गिर गया और खुद को फर्श पर पाया। प्रियजनों, यीशु के नाम पर, हर घुटने को झुकना चाहिए और हर जीभ को यह स्वीकार करना चाहिए कि यीशु प्रभु हैं, शैतान की जीभ सहित। अगर हम वास्तव में यीशु के साथ अच्छे संबंध में हैं, तो हमें शैतान से डरने की ज़रूरत नहीं है।

अध्याय 1 - भेड़ की खाल में भेड़िये - चर्च के खिलाफ़ विशेष कार्य

मैं शैतान का प्रतिनिधि था। प्रतिनिधि लूसिफ़र के प्रतिनिधि हैं। वे वे हैं जो सीधे लूसिफ़र से निर्देश लेते हैं। लूसिफ़र के इन प्रतिनिधियों में, परमेश्वर के झूठे सेवक भी हैं। वे भेड़ के कपड़ों में छिपे रहते हैं लेकिन अंदर से वे खूंखार भेड़िये हैं। आप उन्हें केवल उनके कार्यों से ही पहचान पाएंगे। पवित्र आत्मा हमें शैतान के उन सभी एजेंटों को खोजने में मदद करे जो परमेश्वर के सेवकों के रूप में प्रच्छन्न हैं। मैं ही एकमात्र व्यक्ति हूँ जो मैं जो कुछ भी कह रहा हूँ उसके लिए ज़िम्मेदार ठहराया जा सकता है! मैं डरता नहीं हूँ क्योंकि मैं जानता हूँ कि मैं जो गवाही देता हूँ, मैं उसे अपनी महिमा के लिए नहीं दे रहा हूँ, मैं उसे उस व्यक्ति की महिमा के लिए दे रहा हूँ जिसने मुझे छुड़ाया है और वह व्यक्ति यीशु है। वह स्वयं मेरी रक्षा करेगा। मेरी बाइबल मुझे बताती है: यदि परमेश्वर मेरे साथ है, तो मेरे विरुद्ध कौन हो सकता है? वे मेरे विरुद्ध लड़ेंगे; लेकिन वे मुझ पर कभी प्रबल नहीं होंगे; क्योंकि प्रभु मुझे छुड़ाने के लिए हमेशा मेरे साथ रहेगा। आमीन।

शैतान का सेवक होने के नाते, मैंने चर्चों में भी काम किया। चर्च यीशु मसीह की सेना के दृश्यमान भाग का प्रतिनिधित्व करता है, इसलिए हमें चर्च को हानिरहित बनाने के लिए अपनी शक्ति के भीतर सब कुछ करना था। शैतान ने हमें चर्च में कार्य सौंपे:

चर्च के खिलाफ पहला काम

पहला काम था ईसाइयों को परमेश्वर के वचन से अनभिज्ञ बनाना! लूसिफ़र ने हमें बताया था: "एक बार जब ईसाई वचन से अनभिज्ञ हो

जाते हैं, तो उनका विश्वास कमज़ोर हो जाएगा। बाइबल हमें रोमियों 10:17 में बताती है: परिणामस्वरूप, विश्वास संदेश सुनने से आता है, और संदेश मसीह के वचन के माध्यम से सुना जाता है। लूसिफ़र ने हमें बताया था: "यदि परमेश्वर के बच्चे वचन में बने रहते हैं, तो वे आसानी से मेरे जाल से बच जाएँगे।" यदि आप परमेश्वर के वचन में नहीं बने रहते हैं, तो आपके लिए लूसिफ़र के जाल से बचना मुश्किल होगा; इसलिए बाइबल हमें भजन 119:105 में बताती है कि परमेश्वर का वचन हमारे पैरों के लिए दीपक है, और हमारे मार्ग के लिए प्रकाश है। और लूसिफ़र की दूसरी आज्ञा कहती है: ईसाइयों को बाइबल पढ़ने की अनुमति न दें, बल्कि उन्हें समाचार पत्र, उपन्यास, साथ ही धार्मिक पुस्तकें पढ़ने दें।

ऐसे लोग हैं जिनके पास बाइबल नहीं है, लेकिन जब आप उनके घर जाते हैं तो आपको ढेर सारी किताबें मिलती हैं: "जागृत", "वॉच टावर"। क्या आप जानते हैं कि ये किताबें कहाँ से आती हैं? अगर आपके पास यहोवा के साक्षी की "वॉच टावर", "जागृत" जैसी किताबें हैं, तो उन्हें चर्च में ले जाएँ ताकि हम आपके लिए प्रार्थना करें और उन्हें जला दें। यह शैतानी है! यहोवा के साक्षी का यह संप्रदाय यीशु मसीह का चर्च नहीं है। शैतान के चर्च को पहचानने का पहला संकेत यह है: कोई भी चर्च जो यीशु की दिव्यता को नकारता है वह शैतान से है। यहाँ तक कि शैतान भी जानता है कि यीशु परमेश्वर है! चाहे यहोवा के साक्षी इसे पसंद करें या न करें, यीशु परमेश्वर है और परमेश्वर ही रहेगा! आमीन!

चर्च के खिलाफ दूसरा काम

दूसरा काम है भेंट और दशमांश के दौरान नीरसता पैदा करना। यह शैतान की तीसरी और चौथी आज्ञाओं से भी संबंधित है। लूसिफ़र की

तीसरी आज्ञा कहती है: "ईसाइयों से कहो कि उनके पिता परमेश्वर को दशमांश और भेंट की ज़रूरत नहीं है, बल्कि यह उनके पादरी हैं जो उनसे चोरी करते हैं।" चौथी आज्ञा: "ईसाइयों को दशमांश और भेंट न देने के लिए कहकर उन्हें ग़रीबी में रखो।" तो शैतान भी आशीर्वाद का रहस्य जानता है। बाइबल हमें नीतिवचन 3:9-10 में बताती है "अपनी संपत्ति से, और अपनी सारी उपज की पहली उपज से यहोवा की महिमा करो; तब तुम्हारे खलिहान भरकर लबालब भर जाएँगे..."

चर्च के खिलाफ तीसरा काम

तीसरा काम है नेताओं के बीच चुड़ैलों की घुसपैठ करके चर्च की परियोजनाओं को रोकना। नेताओं का चयन करते समय बहुत सावधान रहें, यह ईश्वर की इच्छा के अनुसार किया जाना चाहिए।
चौथा काम था प्रशंसा और आराधना को भटकाना और उन्हें लूसिफ़ेर की ओर निर्देशित करना। ऐसा करने में सफल होने के लिए हमने कीबोर्ड और वाद्ययंत्र बजाने वाले लोगों और गायकों को आसानी से अपने वश में कर लिया। ऐसे लोग हैं जो गाते हैं, लेकिन जिनके पास प्रार्थना का कोई जीवन नहीं है, यह बहुत खतरनाक है। ऐसे लोग हैं जो प्रशंसा पाने के लिए गाते हैं, और जिनके पास पवित्रता का कोई जीवन नहीं है। मैं आपको बताता हूँ कि हमने चर्चों में कैसे काम किया। शैतान बुराई करने के लिए आने वाले किसी भी अवसर का फ़ायदा उठाने में सक्षम है। मेरी बात ध्यान से सुनिए, आप समझ जाएँगे कि यह वास्तव में आवश्यक और यहाँ तक कि अनिवार्य भी है कि हमारा परमेश्वर हमारे सभी शत्रुओं को अंधा कर दे जब वे हम पर हमला करने आएं, ताकि वे हमें, हमारे घरों, हमारी परियोजनाओं, हमारे बच्चों और हमारी सभी चीज़ों को न देख सकें।

जैसे-जैसे मैं भारतीय जादू के साथ विकसित होता गया, एक दिन, मेरे गुरु, जो किसानगनी के मूल निवासी थे, और मुझे तांगानिका झील के तल पर रहने वाली एक जलपरी से मिलने के लिए कलेमी की यात्रा करनी पड़ी। इस जलपरी को मैरी रोज रेमाया कहा जाता है। वह नदियों और समुद्रों की देवी है। लेकिन उससे पहले, मेरे गुरु ने मुझे कहीं आमंत्रित किया, और रात 8 बजे उन्होंने मुझे एक पैकेज दिया और मुझसे कहा: "आज रात 11:30 बजे, तुम कब्रिस्तान जाओगे, तुम एक समारोह करोगे और समारोह के दौरान, एक प्राणी प्रकट होगा। चाहे उसका स्वभाव कुछ भी हो, तुम्हें शांत रहना होगा। तुम्हें भागने का अधिकार नहीं है। अगर तुम भागोगे, तो तुम या तो मर जाओगे या पागल हो जाओगे।"

मैं घर आया और रात 11 बजे मैं सैपिन्स के कब्रिस्तान में गया। [...] इस बिंदु पर भाई ने अपने गुरु से प्राप्त पैकेज की सामग्री का वर्णन किया। पैकेज में अन्य चीजों के अलावा दो सफेद मोमबत्तियाँ और एक लाल मोमबत्ती थी। उसने उन्हें इस तरह से रखा कि तीन मोमबत्तियाँ एक समबाहु त्रिभुज बनाती हैं। वह आगे कहता है: यह एक त्रिभुज है जिसकी तीन भुजाएँ बराबर हैं। यह "शैतानी हिंदू त्रिमूर्ति" का प्रतिनिधित्व करता है और उसी पैकेज में, एक छोटी घंटी थी, जैसी कि कैथोलिक चर्च में सहायक ट्रांसबस्टैंटिएशन के दौरान उपयोग करते हैं, यह वह क्षण है जब वे रोटी को मसीह के शरीर में और शराब को मसीह के खून में बदल देते हैं। यह छोटी घंटी जिसे सहायक अपने घुटनों पर होने पर इस्तेमाल करते हैं, शैतानी है। वे इसका उपयोग राक्षसों के लिए दरवाजा खोलने के लिए करते हैं। एक सफेद पत्थर है जो पवित्र स्थान के दाईं ओर है; यह उसी रास्ते से है जिससे राक्षस कैथोलिक चर्च में मास के दौरान प्रवेश करते हैं।

"कैथोलिक धर्म यीशु का धर्म नहीं है, यह सिर्फ़ शैतानवाद है जो ईसाई मुखौटे के पीछे छिपा हुआ है" मुझे एक स्पेनिश पादरी ने दीक्षा दी थी। इसलिए जब मैंने ये सारी चीज़ें व्यवस्थित कीं, तो मैंने मंत्र पढ़े, और तीन मोमबत्तियाँ अपने आप जलने लगीं, और मैंने अपने गुरु द्वारा दिए गए निर्देशों का पालन करते हुए मंत्र पढ़ना शुरू कर दिया। मंत्र पढ़ने के बाद, मैंने अपनी छोटी घंटी ली और तीन बार बजाया। लेकिन मुझे बहुत आश्चर्य हुआ, कुछ नहीं हुआ। इसलिए मैंने खुद से कहा कि मंत्र पढ़ते समय मैंने गलती की है। आप जानते हैं कि शैतान के साथ जब आप मंत्र पढ़ते हैं, तो अगर आप कोई वर्तनी की गलती करते हैं, उदाहरण के लिए "ई" के बजाय आप "ए" डालते हैं तो पूरा मंत्र अपने आप रद्द हो जाता है।

लेकिन भगवान के साथ ऐसा नहीं है। भगवान के साथ, जब आप प्रार्थना करते हैं, भले ही आप किसी शब्द का गलत उच्चारण करते हों, भगवान जवाब देते हैं। क्योंकि हमारा भगवान हमारे इरादों को जानता है। और जब मैं ऐसा कर रहा था, मैंने मंत्रों को फिर से पढ़ना शुरू किया, और इस बार, मैंने उन्हें सही ढंग से दोहराया और अंत में, मैंने घंटी ली, और मैंने घंटी बजाई। जब मैंने घंटी बजाई, तो कब्रिस्तान में एक हिंसक हवा चलनी शुरू हो गई, यह एक तूफान की तरह था। और आधी रात हो चुकी थी, और मैं कब्रिस्तान में अकेला था, मैं अभी भी बहुत छोटा था, मैं उस समय अभी भी माध्यमिक विद्यालय में था।

[...] यहाँ भाई ने बताया कि कब्रिस्तान में क्या हुआ था। इस सारे समारोह के बाद उसने एक आदमी को अपने सामने आते देखा। वह आगे कहता है: एक आदमी मेरे सामने आया। उसने काला टोगा पहना हुआ था, लेकिन उसके पैर ज़मीन को नहीं छू रहे थे। यह सफ़ेद था; उसने खुद को हिंदू शंकर के नाम से पेश किया। उसने मुझे 108 गेंदों की एक छोटी सी चेन दी जिसे मंगलसूत्र कहा जाता है। यह भारत (हिंदू

धर्म में) में माला, कैथोलिकों में माला और मुसलमानों में तस्बीह से मेल खाता है, यह सब शैतानी है। और उसके बाद उसने मुझसे कहा कि मैं अपना पहला बलिदान न भूलूँ, और वह गायब हो गया।
अगली सुबह मैं अपने गुरु से मिलने गया, मैंने उन्हें रात में मेरे साथ हुई सारी बातें बताईं, और उन्होंने मेरा हाथ हिलाया और कहा, "वास्तव में तुम एक बहादुर आदमी हो।" उन्होंने मुझे फिर से बताया, अंत में एक ने तुमसे कहा था कि अपनी पहली कुर्बानी को मत भूलना। जान लो कि वे जिस कुर्बानी की बात कर रहे हैं वह यह है कि आज रात, ठीक आधी रात को, तुम एक मुर्गा खाओगे, लेकिन एक कच्चा मुर्गा। [...] तुम इसे बाजार में नहीं खरीदोगे, लेकिन तुम इसे एक परिवार में खरीदोगे। और यही मैंने किया, मैंने पड़ोस को पार किया, लेकिन मुझे कुछ नहीं मिला, लगभग 3 बजे मैं लगभग निराश हो गया, यह कोलोमोनी में था। इसलिए मैं वहां से गुजर रहा था, और मैंने दो लड़कों को देखा जो मुर्गे लेकर अपने घर से निकले थे और बाजार जा रहे थे।

जब मैंने उन्हें देखा, तो मैंने उन्हें रोका और उनके साथ घर में चला गया। मैंने मुर्गे की कीमत पूछी, उन्होंने मुझे वह दे दी, और मैंने बिना किसी बहस के पैसे दे दिए। चूंकि मैं अभी भी वहीं था, इसलिए मैंने मन ही मन मंत्र पढ़कर एक पंख नीचे गिराने की तरकीब अपनाई, और मैं वहाँ से चला गया। [...] जब वह अपने कमरे में पहुँचा तो उसने क्या किया, इसका संक्षिप्त विवरण। उसने मुर्गे को खाया और अपने मालिक के निर्देशों के अनुसार सब कुछ किया। वह आगे कहता है: और सुबह 9 बजे, मैं अपने मालिक से मिलने गया। जब मैं
उसके घर पहुँचकर मैंने उसे बताया कि मैंने क्या किया है, और उसने कहा: "वाकई तुम एक बहादुर लड़के हो! लेकिन मैं तुमसे एक काम करने के लिए कहूँगा: अब वहाँ वापस जाओ और जहाँ से तुमने मुर्गा खरीदा था, वहाँ के नतीज़ों की जाँच करो।" और मैं वहाँ गया। जैसे ही मैं एवेन्यू के प्रवेश द्वार पर पहुँचा, मैंने दूर से एक भीड़ देखी, और फिर

मैंने वहाँ से गुज़र रहे एक व्यक्ति से पूछा: "यहाँ भीड़ क्यों है ? उसने मुझे बताया कि वहाँ किसी की मृत्यु हो गई है। और मैं वहाँ ऐसे गया जैसे कोई शोक-संतप्त घर जा रहा हो। जब मैं वहाँ था, पीड़ित के माता-पिता विलाप करते हुए बोले: "बच्चा बीमार भी नहीं था, लेकिन रात 11:30 बजे उसे तेज़ बुखार आया जो सिर्फ़ कुछ समय तक रहा, 30 मिनट बाद, यानी ठीक आधी रात को, बच्चे की मौत हो गई! "रात 11:30 बजे मैंने मुर्गे का सिर काटा, बच्चे को बुखार हुआ और ठीक आधी रात को, मैंने मुर्गा खाया, बच्चा मर गया।

मैं एक उलझन का भी ज़िक्र करना चाहूँगा जो मेरे मन में थी। चूँकि मैं अभी भी शैतानवादी था, मैं एक लड़की के साथ बाहर जा रहा था जो एक प्रार्थना समूह की सदस्य थी। यह मंत्रालय बेथेल था। उसने एक दिन मुझे अपने प्रार्थना समूह में आमंत्रित किया। जब हम वहाँ पहुँचे, तो हम घर में दाखिल हुए, और उसने मुझे अपने मंगेतर के रूप में नेताओं से मिलवाया। उन्होंने खुशी से मेरा स्वागत किया, मुझे एक जगह दी, और फिर वहाँ कुछ और लोग भी आ गए, और प्रार्थना शुरू हो गई। मैं भी वहाँ था, प्रार्थना करने का नाटक कर रहा था, क्योंकि मुझे नहीं पता था कि प्रार्थना कैसे करनी है, मुझे नहीं पता था कि कहाँ से शुरू करना है। मुझे बस राक्षसों को बुलाना आता था। मैं वहाँ ईश्वर के बच्चों के साथ था।

आपको एक बात जाननी चाहिए: चर्च में आने वाले सभी लोगों में से हर कोई यीशु की तलाश में नहीं आता है। कुछ लोग तो सिर्फ़ दूसरों को नुकसान पहुँचाने के लिए आते हैं। मैं वहाँ प्रार्थना करने का नाटक कर रहा था और जब प्रार्थना समाप्त हो गई, तो मैं उस बहन को लेकर घर चला गया। दो हफ़्ते बाद, वह रोती हुई मेरे घर आई। वह आई, दरवाज़ा खटखटाया, मैंने दरवाज़ा खोला और वह अंदर आ गई। मैंने उसका अभिवादन किया, और उसने जवाब नहीं दिया, लेकिन वह सिर्फ़ रोती

रही। फिर मैंने उसकी तरफ़ देखा, और अंत में, वह मुझसे बात करने लगी। रोते हुए उसने कहा: "तुमने मुझे अपनी स्थिति के बारे में कभी क्यों नहीं बताया?" मैंने कहा: "मेरी स्थिति? कौन सी स्थिति?" उसने मुझसे कहा, "तुम्हारी आध्यात्मिक स्थिति" मैंने कहा, "मेरी आध्यात्मिक स्थिति? मैं एक कैथोलिक ईसाई हूँ और अगर तुम और जानना चाहती हो, तो मैं वहाँ एक स्काउट भी हूँ।" उसने मुझसे कहा: "नहीं, यह तुम्हारी असली स्थिति नहीं है!" "मेरी असली स्थिति? तुम्हारे हिसाब से मैं कौन हूँ?" उसने कहा: "तुम एक महान शैतानवादी हो!" मैंने कहा, "तुम्हें यह किसने बताया?"

उसने उत्तर दिया: "जब मैंने अपने विवाह के लिए प्रार्थना की, तब हमारे प्रार्थना समूह के नेता प्रार्थना कर रहे थे, क्योंकि मैंने पहले ही उन्हें तुम्हारा परिचय अपने मंगेतर के रूप में दे दिया था। जब वे प्रार्थना कर रहे थे, तो उन्हें ईश्वर से एक रहस्योद्घाटन प्राप्त हुआ। और ईश्वर ने पुष्टि की कि तुम एक महान शैतानवादी हो।" मैंने कहा, "मैं, एक शैतानवादी! मेरी ओर देखो, अगर तुम्हें शैतानवाद से जुड़ी कोई चीज़ दिखती है, तो मुझे बताओ।" फिर मैं उसके सामने खड़ा हो गया और कहा, मेरी ओर देखो: "क्या तुम्हें शैतान से जुड़ी कोई चीज़ दिखती है?" और उसने कहा "नहीं"

प्रिय, शैतानी हर किसी के चेहरे पर नहीं लिखी होती! यह आध्यात्मिक है और इसे केवल रहस्योद्घाटन के माध्यम से ही उजागर किया जा सकता है। बाइबल कहती है कि मनुष्य का हृदय बहुत दुष्ट है; कोई भी इसे नहीं जान सकता। केवल ईश्वर ही है जो हृदय और लगाम की परीक्षा लेता है; केवल वही व्यक्ति की सच्ची आध्यात्मिक स्थिति को जानता है। इसलिए मैंने उससे कहा, चिंता मत करो, जिन लोगों ने तुम्हें यह बताया, वे केवल ईर्ष्यालु हैं, वे तुम्हें शादी करने से रोकने की कोशिश कर रहे हैं, वे आत्माएँ हैं जो तुम्हें ब्रह्मचर्य में बाधा डालना

चाहती हैं। उन्होंने तुमसे ऐसा इसलिए कहा ताकि तुम मुझसे शादी न करो। मैं उसे समझाने में सफल रहा, और वह मान गई। फिर मैंने उसे पैसे भी दिए और मैं उसे घर छोड़ आया।

जब मैं घर पहुंचा, तो मैं क्रोधित था, और मैंने खुद से कहा: ये लोग जिन्होंने उसे यह रहस्योद्घाटन दिया, वे आज रात देखेंगे कि मैं किस चीज से बना हूँ। इतना प्रिय, मैं अपने गुप्त कमरे में गया, मैंने ध्यान लगाया और मैंने एक उल्लू का रूप धारण किया, मैंने अपना चाकू लिया। जिस चाकू की बात हो रही है, अगर आप उसे कामुक आँखों से देखेंगे, तो आप देखेंगे कि यह वास्तव में एक चाकू है, लेकिन यह चाकू नहीं था, यह एक मानव हड्डी थी। जब आप अग्रबाहु के स्तर पर मानव कंकाल लेते हैं, तो दो हड्डियाँ होती हैं, रेडियस और अल्ना। रेडियस को मैंने चाकू के रूप में इस्तेमाल किया। और यह रूप और अपना चाकू लेने के बाद, मैं उड़ गया। मैं वहाँ गया जहाँ ये लोग थे जिन्होंने मेरी आध्यात्मिक स्थिति का रहस्योद्घाटन किया था। मुझे लगा कि मैं उन्हें दंडित करने जा रहा हूँ। जब मैं घर के सामने पहुँचा, तो वहाँ एक एवोकैडो का पेड़ था। मैं एक उल्लू के रूप में वहाँ उतरा। मैंने खुद को एवेन्यू पर ज़मीन पर नीचे की ओर देखते हुए प्रोजेक्ट किया, और उसके बाद, मैंने ध्यान लगाया और फिर मैं फिर से एक इंसान बन गया, अभी भी नीचे की ओर देख रहा था।

घर मेरे सामने था और मुझे हमला करने के लिए सीधा खड़ा होना था। लेकिन उस दिन मैंने जो देखा, वो मेरी समझ से परे है। मैं नहीं जानता कि मैं आपको कैसे समझाऊँ। जब मैं आगे बढ़ने के लिए खड़ा हुआ आगे जहाँ घर था, वहाँ अब कोई घर नहीं था। इस जगह पर, एक बड़ी नदी थी, और जिस घर पर मुझे हमला करना था वह नदी के बीच में था, और हम केवल तैरकर ही वहाँ पहुँच सकते थे। और चूँकि मैं तैर नहीं सकता था, इसलिए मैंने फिर से जानवर का रूप धारण किया और घर

चला गया। अगली सुबह लगभग 10 बजे, मैं नदी देखने के लिए वहाँ वापस गया। जब मैं वहाँ पहुँचा, तो मुझे बहुत आश्चर्य हुआ, घर वास्तव में वहाँ था, लेकिन अब कोई नदी नहीं थी। प्रिय, प्रभु सर्वश्रेष्ठ रक्षक हैं! जब मैं उन पर हमला करने के लिए वहाँ गया, तो मैंने घर नहीं देखा, घर के बजाय नदी थी। प्रभु यीशु ने मुझे भ्रमित कर दिया था, उन्होंने मुझे अंधा कर दिया, मैंने कुछ भी नहीं देखा और जो और भी जटिल है वह यह तथ्य है कि ये लोग जो घर में थे, उन्हें यह भी नहीं पता था कि मैं वहाँ था।

मेरे उद्धार के कई साल बाद ही मैं उन लोगों से माफ़ी मांगने गया। और जब मैंने बात की, तो वे आश्चर्यचकित हो गए क्योंकि उन्हें पता भी नहीं था कि कुछ हुआ था। प्रिय, जब आप प्रभु यीशु में होंगे, तो जान लें कि आपकी नींद मीठी और शांतिपूर्ण होगी, आपके दुश्मन भ्रमित हो जाएँगे। प्रभु उन्हें अंधा कर देगा, और वे आपको नहीं देख पाएँगे। सबसे महत्वपूर्ण बात यह है कि प्रभु यीशु मसीह में पूरी तरह से रहना।

मैं आपको पोलियुन की दुनिया की अपनी यात्रा और भारत की अपनी यात्रा के बारे में बताऊंगा, जहाँ मैं लूसिफ़ेर के प्रधानमंत्री से मिला। उससे पहले आइए हम 2 कुरिन्थियों 10:3-5 में बाइबल पढ़ें: क्योंकि यद्यपि हम संसार में रहते हैं, फिर भी हम संसार के समान युद्ध नहीं करते। हम जिन हथियारों से लड़ते हैं, वे संसार के हथियार नहीं हैं। इसके विपरीत, उनमें गढ़ों को ध्वस्त करने की दिव्य शक्ति है। हम तर्कों और हर उस दिखावे को ध्वस्त करते हैं जो परमेश्वर के ज्ञान के विरुद्ध खड़ा होता है, और हम हर विचार को बंदी बनाकर उसे मसीह के प्रति आज्ञाकारी बनाते हैं।

भारतीय जादू की बात करते हुए, मैं एक बात कहना चाहूँगा प्यारे। आपको पता होना चाहिए कि पूरी दुनिया लूसिफ़र के कब्ज़े में है। जब

हम अभी भी उसके एजेंट थे, तब लूसिफ़र ने हमें बताया था कि सिर्फ़ ईसाई ही उसके नियंत्रण से बच सकते हैं और वे लोग सिर्फ़ 25% मानव जाति का प्रतिनिधित्व करते हैं। उसने हमें यह भी बताया कि बाकी 75% उसके हैं और सिर्फ़ 25% ईसाइयों के राजा के हैं। शैतान कभी भी यीशु का नाम नहीं लेता। जब वह बात करना चाहता है यीशु, उसने केवल इतना कहा: "ईसाइयों का राजा।" क्योंकि यीशु का नाम लूसिफ़र की दुनिया में एक बम है और यही एक कारण है जिसने मुझे उससे अलग कर दिया। मुझे लगता था कि लूसिफ़र की शक्ति सबसे अच्छी थी और जब मैंने यीशु के नाम की शक्ति की खोज की, तभी मुझे लूसिफ़र द्वारा बताई गई हर बात पर संदेह होने लगा।

चर्च के खिलाफ लूसिफ़र की सात सूत्री योजना

उन्होंने हमें यह भी बताया कि हमें कलीसियाओं में गंभीरता से काम करना होगा, और हमें मसीहियों को आध्यात्मिक नींद में डूबने देने के लिए हर संभव प्रयास करना होगा।

और इसके लिए उन्होंने सात सूत्री कार्ययोजना बनाई:

1) पवित्र आत्मा के प्रकटीकरण से लड़ें या उसे अस्वीकार करें,
2) बुराई की शक्ति को मजबूत करने के लिए अपनी शक्ति के भीतर सब कुछ करो,
3) दुनिया में समलैंगिकता को क्षैतिज और ऊर्ध्वाधर स्तर पर लागू करने के लिए हर संभव प्रयास करें,
4) बाइबल को गलत दिशा में मोड़ने के लिए हर संभव प्रयास करें,
5) व्यापार जगत को प्रभावित करें,

6) भेंट और दैनिक बलिदान को रोकने के लिए हर संभव प्रयास करें;
7) कलीसिया में फैशन के साथ-साथ प्रतिस्पर्धा लाने का हर संभव प्रयास करें।

लूसिफ़र ने हमें बताया: ***"ईसाई इस मनुष्य में अपने दृढ़ विश्वास के कारण शक्तिशाली बन गए, इसलिए हमें उन्हें कमज़ोर करने के लिए सब कुछ करना चाहिए, क्योंकि एक बार उनका विश्वास कमज़ोर हो जाए, तो वे अपने परमेश्वर को फिर से प्रसन्न नहीं कर सकते"*** ; इब्रानियों 11:6 में जो लिखा है उसके अनुसार विश्वास के बिना कोई भी प्रभु को प्रसन्न नहीं कर सकता। उसने हमें अपनी दस आज्ञाएँ दीं।

जब हम परमेश्वर के बच्चे होते हैं और परमेश्वर के साथ अच्छे संबंध या पूर्ण संगति में होते हैं, तो वह हमें अपने हथियार, आध्यात्मिक हथियार देता है। इन हथियारों के साथ, हम शैतान की दुनिया में भी नीचे जा सकते हैं, लूसिफ़र की जेलों को उखाड़ सकते हैं और उस दुनिया में लूसिफ़र द्वारा छिपाई गई हर चीज़ को वापस पा सकते हैं। लेकिन एक अच्छा आध्यात्मिक युद्ध करने के लिए, हमें सभी से छुटकारा पाना होगा
शारीरिक हथियार। ऐसे लोग हैं जो अपमान के ज़रिए चुड़ैलों से लड़ना पसंद करते हैं। यह अपमान की वजह से नहीं है कि चुड़ैलें आपसे डरेंगी, यह आपकी सामाजिक स्थिति की वजह से नहीं है कि चुड़ैलें आपसे डरेंगी, चुड़ैलें आपसे तभी डरेंगी जब आप सभी शारीरिक हथियारों से छुटकारा पा लेंगे और आध्यात्मिक हथियार लेंगे, वे हथियार जो पवित्र आत्मा हमें देता है।

इस दुनिया में ऐसे बहुत से लोग हैं जो तब भी जीवित हैं जब उनका खून पहले ही पीया जा चुका था। वे अभी भी जीवित हैं, हालाँकि पहले से

ही एक नियत समय है और जब नियत समय समाप्त हो जाएगा तो शारीरिक मृत्यु हो जाएगी। मैं चाहता हूँ कि आप इस गवाही को बहुत गंभीरता से लें, क्योंकि प्रत्येक वर्ष के अंत में, अंधकार की दुनिया में कई बलिदान दिए जाते हैं। ऐसे लोग हैं जिनका खून पहले ही पीया जा चुका है, और जो केवल बचा हुआ समय जीते हैं, यहाँ तक कि उनकी मृत्यु की परिस्थितियाँ भी पहले से ही योजनाबद्ध हैं।

अध्याय 2 - हेलेना द व्हाइट-वाटर स्पिरिट से विवाह - 9 दिन का उपवास

जब मैं अभी भी शैतान की सेवा कर रहा था, एक दिन मेरे गुरु ने, जब हम किसनगानी से वापस आए, मुझसे कहा कि मुझे शादी करने के लिए सब कुछ करना होगा। इसलिए उन्होंने मुझे पांडा के कम्यून में लिकासी भेजा, वहाँ पांडा नामक एक नदी है। मैं वहाँ गया, मैंने मंत्र पढ़े, और नदी पर एक तेज़ रोशनी थी, और इस रोशनी से एक सफ़ेद महिला बाहर आई। वह किनारे पर मेरे साथ आई और मुझसे पूछा कि मैं उसे जगाने क्यों आया हूँ। तो मैंने उससे कहा: "तुम्हें जवाब देने से पहले, पहले मुझे अपना नाम बताओ।" उसने मुझे बताया कि उसका नाम हेलेन था। और फिर मैंने उससे कहा कि मैं उसे ढूँढ़ने आया हूँ ताकि वह मेरी पत्नी बने।

उसने साफ मना कर दिया और मैं उससे विनती करने लगा, मैंने उससे कहा कि मैं उसे खुश करने के लिए हर संभव कोशिश करूंगा। प्रिय, क्या हमें राक्षसों से विनती करनी चाहिए या उन्हें यीशु के नाम पर भगाना चाहिए? मोहित होना, वास्तव में अच्छा नहीं है! उस दिन, मैंने एक राक्षस से विनती करना शुरू कर दिया ताकि वह मेरे जीवन में आए। मैंने उससे विनती की और वह आखिरकार मान गई और मुझसे कहा: "अगर तुम्हें सच में मेरी पत्नी चाहिए, तो तुम्हें हमारे घर आना चाहिए" उसने आगे कहा: "जब तुम आओगे, तो तुम एक टोकन पेश करोगे।" उसने मुझे एक पीला टोकन दिया, और उसके बाद हम अलग हो गए। अगले दिन मैं अपने गुरु से मिलने गया। उन्होंने मुझसे कहा: "उस दुनिया में जाने से पहले, तुम्हें पता होना चाहिए कि वहाँ की महिलाओं में बहुत ज़्यादा आकर्षण होता है। अगर तुम वहाँ जाते हो और किसी के साथ सोने में सफल हो जाते हो उनमें से एक, तुम हमेशा के लिए वहाँ

रहोगे। और एकतरफ़ा यात्रा करने से बचने के लिए, तुम्हें नौ दिन का सूखा उपवास करना होगा"। मैंने नौ दिनों तक बिना कुछ खाए-पिए उपवास करना शुरू कर दिया। और इस पूरे समय, मैं केवल मंत्रोच्चार कर रहा था। मैंने कुछ भी नहीं खाया और कुछ भी नहीं पिया। राक्षसों का विरोध करने के लिए, देखें कि एक शैतानवादी क्या करने में सक्षम है।

इस बीच, ऐसे ईसाई भी हैं जो उपवास करने से इनकार करते हैं। प्रिय, ऐसे जिद्दी राक्षस हैं जो आसानी से बाहर नहीं निकलते। और ये राक्षस केवल प्रार्थना और उपवास से ही बाहर निकलते हैं। इसीलिए यीशु ने मत्ती 17:21 में कहा "हालाँकि, यह प्रकार प्रार्थना और उपवास के बिना नहीं निकलता।" ऐसे ईसाई भी हैं जो चर्च द्वारा उपवास का आदेश दिए जाने पर खाने के लिए खुद को छिपा लेते हैं। प्रिय, जब आपके नेता आपको उपवास करने के लिए कहते हैं, तो आपको उनकी बात माननी चाहिए क्योंकि आज्ञा पालन करना बलिदान से बेहतर है। जब आपको कोई आदेश दिया जाता है, तो आपको उसका पालन करना चाहिए। जब आप अवज्ञा करने के लिए खुद को छिपाते हैं, भले ही पादरी आपको न देखे, भगवान आपको देखता है! और अगर आप अपने नेताओं की अवज्ञा करते हैं, तो आपकी प्रार्थनाएँ निष्फल होंगी।

पानी के नीचे शादी

और उपवास के दसवें दिन, मैं नदी पर गया। मैंने समुद्र की महान महिलाओं से संबंधित कुछ मंत्र पढ़े। और उसके बाद, एक जलपरी नदी से बाहर आई, यह लगभग 1 बजे था। और जब मैं किनारे पर था, तो यह जलपरी ही थी जो मुझे पोलियुन की दुनिया की ओर जाने वाला रास्ता दिखाने वाली थी। उसने मुझे नदी में शामिल होने के लिए कहा।

मैं पानी में उतर गया, और मैं उसके साथ हो गया। [...] यहाँ भाई ने वह सब कुछ बताया है जो इस जलपरी ने उसे करने के लिए कहा था।

जब मैं पानी के तल पर था, तो यह आध्यात्मिक रूप से नहीं था, यह वास्तव में शारीरिक रूप से था, उस शरीर के साथ जो आज भी मेरे पास है। पानी के तल पर, मेरे सामने एक बड़ा मगरमच्छ था। और यह मगरमच्छ पोलियुन की दुनिया में परिवहन का साधन था। इसने अपना मुंह खोला, मैं अंदर गया और इसने मुझे निगल लिया। यह मुझे सड़क पर कहीं छोड़ने वाला था। यह सड़क बहुत सुंदर और पक्की थी। लूसिफ़ेर की दुनिया की तुलना में बहुत सुंदर है यह दुनिया जिसमें हम रहते हैं। लेकिन एक और जगह है जो शैतान की दुनिया से भी ज़्यादा खूबसूरत है। यह वही जगह है जिसे प्रभु यीशु हमारे लिए तैयार करने गए थे। प्रियजनों, इस दुनिया से चिपके रहने की कोशिश मत करो, क्योंकि तुम सबसे महत्वपूर्ण चीज़ से चूक सकते हो। परमेश्वर के बच्चों के रूप में, हम दुनिया में हैं, लेकिन हम दुनिया के नहीं हैं। और यह अद्भुत जगह, मैंने इसे अपने उद्धार के दिन अपनी आँखों से देखा। जब प्रभु यीशु ने मुझे सूक्ष्म दुनिया से बाहर निकाला, तो वे मुझे वहाँ ले गए। इसलिए मैंने कहा कि जब तक मैं इस धरती पर हूँ, मैं इस अद्भुत जगह को न चूकने की पूरी कोशिश करूँगा। तुम भी, इस दुनिया से चिपके रहने की कोशिश मत करो। हम इस धरती पर केवल तीर्थयात्री हैं। हमारे लिए आरक्षित जगह वह है जिसे यीशु ने पहले से ही तैयार किया है।

इसलिए जब मैं आगे बढ़ रहा था, मैंने खुद को एक गेट के सामने पाया, मैंने पीला टोकन दिखाया जो उन्होंने मुझे दिया था और उन्होंने मुझे अंदर जाने दिया। जब मैं दूसरी तरफ था, तो एक काली कार आई, एक दरवाजा खुला था और उन्होंने मुझे अंदर आने के लिए कहा। जब मैं कार में था, जब हम आगे बढ़ रहे थे, मैंने उस आदमी को देखा जो मुझे

चला रहा था, उसका न तो सिर था और न ही गर्दन। हम उसके साथ थे और वह मुझे हेलेना के पास ले गया। जब मैं पहुंचा, तो मुझे चार समान महिलाएं मिलीं, एक ही रूप-रंग और एक ही कपड़े के साथ, और यहीं पर मुझे हेलेन मिली। जब तीन अन्य चले गए, तो मैंने हेलेन से कहा: "अब जब आपके दोस्त चले गए हैं, तो साथ सोने का समय आ गया है।" और इस राक्षसी महिला ने मुझसे कहा: "तुम्हारी और मेरी अभी तक शादी नहीं हुई है, इसलिए हमें साथ सोने का अधिकार नहीं है।" प्रिय, मैं वास्तव में इससे प्रभावित हुआ। यह एक राक्षसी थी जो मुझे यह बता रही थी; उसने मुझसे कहा कि जब तक वह और मैं शादी नहीं कर लेते, हमें साथ सोने का अधिकार नहीं है! देखिए आज तथाकथित "सगाईशुदा" ईसाई क्या करते हैं। कुछ लोग शादी से पहले ही विवाह कर लेते हैं! यह यौन अनैतिकता है! और बाइबल हमें यौन अनैतिकता से दूर भागने के लिए कहती है। परमेश्वर कहता है, "यौन अनैतिकता से दूर भागो" क्योंकि यौन अनैतिकता के पीछे बहुत गंभीर परिणाम होते हैं।

जब आप इस स्तर पर मेरे हाथ को देखते हैं, तो एक निशान होता है। यह किसी इंसान के कारण नहीं, बल्कि लूसिफ़ेर के कारण हुआ था। उसने मुझे घायल कर दिया और मेरा खून एक प्याले में बह गया। जब प्याला भर गया, तो लूसिफ़ेर ने मेरी मौजूदगी में मेरा खून पी लिया। उसने मुझे 406 राक्षस दिए जो मेरी सेवा में थे। मैं एक महत्वपूर्ण बात कहना चाहूँगा विषयांतर। मेरी सेवा में 406 राक्षस थे। लेकिन जब मैं यीशु से मिला, तो सभी 406 राक्षस भाग गए, और मैं अब मुक्त हूँ और आज मेरा शरीर पवित्र आत्मा का मंदिर है। आप भी, यदि आप यीशु को पुकारते हैं, तो आपको परेशान करने वाले राक्षस भाग जाएँगे और आपको अकेला छोड़ देंगे। मेरे साथ ऐसा करने के बाद, मेरा दाहिना हाथ मेरी शक्ति का केंद्र बन गया। मैं अपने शरीर में लूसिफ़र को ले जा सकता था, और वह मुझमें अवतार ले सकता था। जब मैं चल रहा

था, तो लोग मुझे देखते थे, लेकिन वास्तव में, वे लूसिफ़र को देख रहे थे। लूसिफ़र एक बड़ा वेश्या है। जब वह मेरे शरीर में था, तो वह मुझे सीधे होटलों और युवतियों की ओर ले जा रहा था। और भले ही वह मैं ही था जिसे लड़कियाँ देख रही थीं, वास्तव में वे लूसिफ़र के साथ सो रही थीं, बिना जाने। ऐसी लड़कियाँ हैं जो बिना जाने ही लूसिफ़र के साथ सो चुकी हैं। क्योंकि मैं अकेली शैतानवादी नहीं थी जिसमें लूसिफ़र अवतार ले सकता था। यौन अनैतिकता से सावधान रहें! विशालकाय राक्षस यौन संभोग के माध्यम से व्यक्ति के जीवन में प्रवेश करते हैं।

जब मैं इस महिला को लेकर घर वापस आया, तो उसके बाद वह मुझसे मिलने भी आई। वह सप्ताह के हर सम दिन मुझसे मिलने आती थी। उसने मुझे कुछ निषेध भी दिए थे, जिनमें से एक यह था कि उसके अलावा मुझे मानव दुनिया में किसी लड़की से कोई संबंध रखने का अधिकार नहीं था। लेकिन एक दिन अंतिम संस्कार में मेरी मुलाकात एक लड़की से हुई जो हेलेन से मिलने से पहले मेरी गर्लफ्रेंड थी। और जब हम अंतिम संस्कार में थे, तो मैंने उसके साथ रात बिताई। और जब मैं घर वापस आया, तो मैंने उस लड़की को अपने कमरे में पाया जिसे मैं अंतिम संस्कार में छोड़कर आया था। जब मैंने उसे अपने कमरे में देखा, तो मैंने उससे कहा: "तुम यहाँ क्या कर रही हो? मैंने तुम्हें अंतिम संस्कार में छोड़ दिया था, तुम यहाँ कैसे आ गई?" उसने कोई जवाब नहीं दिया, और मैंने कहा: "मेरी एक पत्नी है जो बहुत दुष्ट है, अगर वह तुम्हें यहाँ पा लेगी, तो वह तुम्हें मार डालेगी।" उसने कुछ नहीं कहा; मैंने उससे मुंह मोड़ लिया। और बाद में वह रोने लगी, और उसने मुझसे कहा: "प्रिय, क्या तुम मुझे भूल गए हो?" जब मैं पलटा, तो मैंने अपने बिस्तर पर देखा, और वह लड़की अब नहीं थी, बल्कि हेलेन थी। और दो दिन बाद, लड़की मर गई। हेलेन ने ही उसे मारा था। मैं युवा लड़कियों का ध्यान आकर्षित करना चाहूँगा, खासकर उन लड़कियों का जिन्हें पुरुषों को

बदलने की बुरी आदत है जैसे कोई शरीर पर कपड़े बदलता है। यदि आप इस तरह से काम करना नहीं छोड़ते हैं, यदि आप अपने अनैतिक जीवन को जारी रखते हैं, तो आप निश्चित रूप से एक शैतानवादी से मिलेंगे, और वह दिन आपके जीवन का अंत होगा। शैतानवाद और जादू किसी के चेहरे पर नहीं लिखा होता है! इसलिए बहुत सावधान रहें।

इस घटना के बाद, एक दिन, मुझे अपनी मेज़ पर एक पत्र मिला, जिसमें मुझसे भारत जाने के लिए कहा गया था। मैं अपने गुरु से मिलने गया, और मैंने उन्हें बताया कि मेरे साथ क्या हुआ था। उन्होंने जवाब दिया: "तुम्हारे गुरु के रूप में, मुझे तुम्हारे लिए कुछ नहीं करना है। तुम्हें सज़ा पाने के लिए भारत जाना होगा। अगर तुम बच गए, तो अच्छा है, और अगर तुम मर गए, तो यह तुम्हारी समस्या है।" वह जो मेरे गुरु थे! इसलिए मैं वापस गया और मैंने जो निर्देश मुझे मिले थे, उनके अनुसार काम किया, [...] मंत्र पढ़ने से पहले उन्होंने जो कुछ किया उसका संक्षिप्त विवरण। वह आगे कहते हैं: मैंने कुछ मंत्र पढ़े, और उसके बाद, मैं बिस्तर पर चला गया। आधी रात के कुछ समय बाद, मुझे लगा कि मेरे घर का फ़र्श और छत हिलने लगी है। कुछ मिनट बाद, मैंने छत से धुआँ निकलते देखा। और धुआँ मेरे द्वारा बनाए गए घेरे में नीचे गिरा।

फिर धुआँ एक मानवीय रूप में प्रकट हुआ, वह एक आदमी था। उसने मुझे अपने साथ मंडली में शामिल होने के लिए आमंत्रित किया। मैं सहमत हो गया, लेकिन मैंने उससे कहा: "इससे पहले कि मैं तुम्हारे साथ शामिल होऊँ, तुम पहले मुझे अपना नाम दोगे।" उसने मुझसे कहा: "मैं डॉक्टर कृष्ण हूँ, मैं भारतीय देवताओं में से एक हूँ। मुझे विशेष रूप से तुम्हें लेने और भारत ले जाने के लिए भेजा गया था।" मुझे सज़ा पाने के लिए भारत जाना था। फिर भी यह वास्तव में यीशु को अपना जीवन समर्पित करने का एक अवसर था। एक ने मुझसे कहा: "दंड पाने के

लिए भारत जाओ।" और मैं सज़ा पाने के लिए इस यात्रा पर जाने के लिए सहमत हो गया। यह सब इसलिए क्योंकि मैं मंत्रमुग्ध था। आप जानते हैं, मंत्रमुग्ध लोग ठीक से तर्क नहीं कर पाते। इसलिए जब मैं उसके साथ शामिल हुआ, तो मैंने उसे गले लगाया, और वह और मैं दोनों एक बड़े मंदिर में फेंक दिए गए।

लूसिफ़र के 3 प्रमुख मंदिर

पूरी दुनिया में लूसिफ़ेर के केवल तीन मंदिर हैं।

यूनाइटेड किंगडम में मंदिर

पहला मंदिर ग्रेट ब्रिटेन में भूमिगत है। और यहीं पर लूसिफ़ेर का गवर्नर रहता है, जो शैतान के हानिकारक संप्रदायों और चर्चों के भीतर गतिविधियों का समन्वय करता है। यहीं पर आपको सेंसर बोर्ड मिलता है जो ब्रोशर के साथ-साथ शैतानी किताबें भी जारी करता है जैसे: अवेक, वॉचटावर, स्पोकन वर्ड, बाइबल टोब, बाइबल ऑफ़ जेरूसलम, बाइबल वर्बम एक्सएक्सएल कैन, न्यू वर्ल्ड ट्रांसलेशन।

बरमूडा त्रिभुज में मंदिर

दूसरा मंदिर अटलांटिक और हिंद महासागर के संगम पर पानी के तल पर है, वहाँ एक त्रिभुज है जिसे बरमूडा त्रिभुज कहते हैं। जब आप वहाँ गहराई में जाते हैं, तो आपको सफ़ेद रंग की एक बड़ी इमारत मिलती है। इसे लूसिफ़ेर का सफ़ेद घर कहा जाता है। और यहीं पर लूसिफ़ेर पूरी दुनिया के शैतानवादियों से मिलता है।

भारत में मंदिर

तीसरा मंदिर भारत में है। इसे "डैल का मंदिर" कहा जाता है। यहीं पर आपको लूसिफ़ेर का प्रधानमंत्री मिलता है।

लेकिन इन तीन मंदिरों के अलावा, छोटे शैतानी घर और रहस्यमय लॉज भी हैं: रोज़ीक्रूसियन ऑर्डर AMORC, रोज़ीक्रूसियन ऑर्डर ऑफ़ द गोल्डन, मार्टिनिस्ट रोज़ीक्रूसियन ऑर्डर, आदि। जब कोई रोज़ीक्रूसियनवाद के बारे में बात करता है, तो यह एक रहस्यमय आदेश है जिसमें सात अलग-अलग बिरादरी हैं। ऐसे घर हैं जैसे: "लुई गिल्बर्ट", "लोम्बार्ड हाउस", "अनक्शन हाउस", यहाँ तक कि नाइजीरिया में भी जहाँ राजकुमार टैलस की शक्ति से "कराचिका" फिल्म की शूटिंग की जाती है।

तो जब मैं इस मंदिर में था, तो वहाँ एक हज़ार से ज़्यादा लोग थे। वहाँ, मैं कई अधिकारियों से मिला, जिनमें मोबुतु भी शामिल थे, जो संक्रमणकालीन सरकार में काम करते थे। यहाँ मैं एक महत्वपूर्ण विषयांतर करना चाहूँगा। जैसा कि हम बात कर रहे हैं, मोबुतु को सूक्ष्म दुनिया में जंजीरों में जकड़ा गया है। जो शैतान के लिए ईमानदारी से काम करता था, वह खुद को जंजीरों और एक बड़े ताले के साथ पाता है। मैं आपको शैतान की दुनिया के संगठन के बारे में बताऊँगा, और फिर आप जानेंगे कि दूसरी तरफ क्या होता है। तो जब मुझे वहाँ ले जाया गया, तो मुझे 200 मीटर गहरे एक गड्ढे में फेंक दिया गया। जब मैं गड्ढे के नीचे पहुँचा, तो वहाँ पूरा अँधेरा था। और इस गड्ढे में सरीसृप, साँप, बिच्छू थे... इन सभी जानवरों का मिशन मुझे काटना था। इसे ही यातना की जगह कहा जाता है। और मुझे चुप रहना पड़ा।

मुझे अपने दर्द को व्यक्त करने के लिए अपना मुंह खोलने का अधिकार नहीं था, क्योंकि अगर मैंने अपना मुंह खोला, तो मौत हो जाएगी। और मैंने वहां पांच दिन बिताए। और उस दौरान, लिकासी में, मेरे माता-पिता मुझे हर जगह ढूंढ रहे थे। उन्हें यह भी नहीं पता था कि मैं कहां हूं। और फिर भी, मैं एक गड्ढे में था। जिस मंदिर की बात हो रही है, वह एक बड़ा मंदिर है। सामने एक बड़ा दर्पण है जो एक बड़ी स्क्रीन की तरह है। और हर बैठक में, पांच सौ लोगों का खून पीना चाहिए। और ऐसे शैतानवादी हैं जिन्हें अपने परिवार के सदस्यों की बलि देने के लिए चुना जाता है।

एक पिता थे जिन्हें मैं बहुत अच्छी तरह से जानता हूँ, आज भी, वे लिकासी में हैं, "एवेन्यू रवांडा" पर। वे उन लोगों में से थे जिन्हें अपने परिवार के सदस्यों की बलि देनी पड़ी थी। अपनी बारी आने पर, उन्होंने अपने भतीजे का नाम बताया। उन्होंने न तो नाखून दिए, न लार, न ही बाल। उन्होंने केवल नाम बताया। और वहाँ नौकर थे जिनके पास एक सुनहरा फूलदान था, और उन्होंने ये रखा शीशे के निचले किनारे पर फूलदान रखे हुए थे। कुछ और लोग थे जिन्हें इस भतीजे का नाम पुकारने का काम सौंपा गया था। और एक के पास सोने की तलवार थी। वहाँ बहुत से लोग थे।

उन्होंने पुकारना शुरू किया और कुछ ही देर बाद, वह भतीजा आईने में दिखाई दिया। वहाँ वह नंगा था। फिर जिस आदमी के पास तलवार थी, उसने सीने के स्तर पर आईने पर तलवार तान दी और तलवार अंदर जाने लगी। जब तलवार अंदर जा रही थी, उस जगह से खून निकल रहा था और फूलदान में बह रहा था। और जब शरीर से सारा खून निकल गया, तो छवि गायब हो गई लेकिन खून फूलदान में रह गया। एक ने इसे छोटे गिलासों में डाला और नौकरों ने बांटना शुरू कर दिया और हमने इसे पी लिया। और उसके बाद, एक ने एक फाइल तैयार की। हमने सबसे पहले नाम लिखना शुरू किया, और फिर एक ने कहा, "वह

कैसे मरेगा?" और कुछ समय बाद एक ने कहा: "वह दुर्घटना से मरेगा।" एक ने वहाँ लिखा, मृत्यु की परिस्थितियाँ: दुर्घटना। एक ने कहा: "उसके मरने में कितना समय लगेगा?" कुछ मिनटों के बाद, एक ने कहा: "दो सप्ताह।" एक ने वहाँ दो सप्ताह लिख दिए। प्रिय, जब मैं लिकासी लौटा, तो मैंने इस भतीजे को जीवित पाया और दो सप्ताह बाद, उसे एक वाहन ने टक्कर मार दी। मैंने आपको शुरू में बताया था कि ऐसे लोग हैं जिनका खून पहले ही पीया जा चुका है, वे केवल समय सीमा के भीतर ही जीवित रहते हैं, जब समय सीमा समाप्त हो जाती है, तो शैतानवादियों द्वारा नियोजित परिस्थितियों के अनुसार मृत्यु होती है।

एक दिन मैं लिकासी में था, मेरा एक दोस्त था जो पहलवान था। वह म्बुजिमई गया और बुतपरस्ती लेकर वापस आया। वह मुझे चुनौती देना चाहता था। वह धर्मनिरपेक्ष स्कूल के खेल के मैदान में मेरे साथ शामिल हुआ और प्रदर्शन करना चाहता था। जब मैंने उसकी ओर देखा, तो मैंने उससे कहा: "तुम क्या करना चाहते हो? यह छोटे बच्चों के लिए है। जाओ और अपने स्तर के लोगों के साथ खेलो। जब तुम घर जाओगे, तो पाओगे कि तुम्हारी सारी बुतपरस्ती जल गई है।" उसने मना कर दिया और हम एक दूसरे से विदा हो गए। वह घर चला गया और शाम को लगभग 6 बजे, वह आंसुओं के साथ मेरे घर आया। उसने कहा: "वास्तव में, जैसा कि तुमने मुझे बताया, जब मैं घर आया, तो मैंने पाया कि मेरी सारी बुतपरस्ती जल गई है।" और वह रो रहा था और मैं उसके साथ उसके घर गया। जब हम उसके घर पहुँचे, तो मैंने कुछ मंत्र पढ़े और हमने जो नष्ट हो गया था उसे फिर से जीवित कर दिया। और जब मैंने ऐसा किया, तो वह अब उत्सुक हो गया। उसने मुझसे कहा: "मैं मानता हूँ कि तुम शक्तिशाली हो, और मैं तुम्हारे जैसा बनना चाहता हूँ।" मैंने कहा, "सच में? अगर तुम मेरी तरह बनना चाहते हो, तो बच्चे को खाने से शुरुआत करो। तुम एक बच्चा खाओगे, मैं तुम्हें अपने साथ

वहाँ ले जाऊँगा जहाँ मैं हमेशा जाता हूँ।" इसलिए उसने खाने के लिए एक बच्चा ढूँढ़ा, लेकिन उसे एक भी नहीं मिला।

एक दिन वह मुझसे मिलने आया और मुझसे कहा: "मेरी एक लड़की है जो गर्भवती है और गर्भपात कराने की कोशिश कर रही है क्योंकि उसे गर्भवती करने वाला लड़का भाग गया है।" तो मैंने उससे पूछा कि वह कितने समय से गर्भवती है। उसने कहा: "छह महीने।" मैंने कहा: "छह महीने, यह पहले से ही एक भ्रूण है। हम इसका उपयोग कर सकते हैं, आप इसे खाएंगे, और उसके बाद, हम साथ चलेंगे।" और हमने लड़की को मेरे दोस्त के घर आमंत्रित किया। जब हम वहाँ पहुँचे तो मैंने उसे पूरी तरह से कपड़े उतारने के लिए कहा। उसके बाद, मैंने उसे सम्मोहन नामक एक चुंबकीय नींद के अधीन किया। और फिर मैंने "मृत स्वामी, जीवित शव" नामक एक राक्षस को बुलाया। और वहाँ से, मैंने लड़की के शरीर पर बिना लैंसेट के एक शल्य चिकित्सा की। मैंने भ्रूण को हटा दिया, और फिर मैंने एक और राक्षस, डॉक्टर लैंग को बुलाया, जो अगली दुनिया का सर्जन है। और मैंने सब कुछ व्यवस्थित किया, मैंने लड़की को उठाया, और वह बिना गर्भधारण के घर लौट आई। लेकिन उस समारोह के बाद से, उसकी प्रजनन क्षमता भी बलिदान हो गई, मैंने इसे लूसिफ़ेर को दे दिया। वह बिना गर्भधारण के घर वापस चली गई, लेकिन बांझ। हम वहीं रुके, मैंने चाकू लिया और भ्रूण के शरीर को काट दिया। मैंने अपने दोस्त से कहा: "खाओ।" वह हिचकिचाया, और मैंने कहा: "लेकिन तुम ही हो जो मेरे जैसा बनना चाहते हो। अगर तुम वाकई मेरे जैसा बनना चाहते हो, तो जल्दी से खा लो।"

उसने खाना खाया। और जब उसने खाना खत्म किया, तो मुझे अब उसे अपने घर पर आमंत्रित करना था। जब हम मेरे घर पर थे, मैंने कृष्ण का आह्वान किया, [...] और कृष्ण आए। और फिर हम तीनों को फेंक दिया गया। हम शारीरिक रूप से भारत गए। वहाँ पहुँचने पर, क्योंकि मेरा

दोस्त एक नया सदस्य था, उन्होंने मुझे धन्यवाद दिया क्योंकि मैं अभी-अभी एक नया सदस्य लाया था। लेकिन उन्होंने मेरे दोस्त से कहा: "चूँकि तुम अभी-अभी हमारे समूह में शामिल हुए हो, इसलिए तुम्हें पहले हमें अपने जीवन में एक प्रियजन देना होगा।" कुछ मिनटों के बाद, उन्होंने उससे फिर से सवाल पूछा, और उसने कहा: "मैं अपने पिता को देता हूँ।" उन्होंने उससे पूछा: "तुम्हारे पिता क्यों?" उसने कहा: "क्योंकि परिवार में, वह वही है जो पहले से ही लंबे समय से जीवित है।" और फिर, हमेशा की तरह, उसने अपने पिता का नाम बताया।

जो लोग बुलाने के लिए जिम्मेदार थे, उन्होंने पुकारना शुरू कर दिया। उन्होंने इस पिताजी को पुकारा, लेकिन दर्पण वैसा ही रहा। उन्होंने पुकारा, उन्होंने इतनी बार पुकारा कि वे थक भी गए, लेकिन दर्पण ज्यों का त्यों रहा। तो हमने सोचा, "ऐसा क्यों है, क्यों?" उन्होंने पूछा मेरे दोस्त से सवाल करते हुए उन्होंने कहा: "लेकिन आपके पिताजी, क्या वे किसी गुप्त समाज के सदस्य हैं? क्या वे किसी रहस्यमय घराने के सदस्य हैं?" उसने कहा: "नहीं। मेरे पिता जादू-टोने के बारे में कुछ नहीं जानते, वे जादू भी नहीं जानते।" तो वे कौन हैं? उन्होंने कहा: "मेरे पिता सिर्फ़ चर्च के एक एल्डर हैं।" उन्होंने कहा: "चर्च के एक एल्डर? तो वे एक ईसाई हैं?" इसलिए जब हम वहाँ थे, जब किसी ने हमें बताया कि हमें एक ईसाई से निपटना है, तो हमने हर संभव कोशिश की, क्योंकि अगर कोई शैतानी व्यक्ति किसी ईसाई को पकड़ने में कामयाब हो जाता है, तो लूसिफ़र उसे बहुत सारा पैसा देगा। सिर्फ़ एक ईसाई को मारने के लिए, लूसिफ़र एक हज़ार बुतपरस्तों को भी मारने में सक्षम है। क्योंकि सिर्फ़ ईसाई ही उसके नियंत्रण से बच पाते हैं; सिर्फ़ ईसाई ही लूसिफ़र के कामों को अस्थिर करते हैं।

इसलिए हमने पुकारना शुरू किया। और इस बार उन्होंने हमसे कहा: "केवल पुकारने के लिए जिम्मेदार लोगों को पुकारने देने के बजाय, हमें

सभी को उनके साथ शामिल होना चाहिए ..." हम सभी, एक हज़ार से ज़्यादा, अब केवल एक पिता का नाम पुकारने के लिए बाध्य थे। इसलिए हमने पुकारना शुरू किया। हमने कई बार पुकारा, लेकिन दर्पण बरकरार रहा। इसलिए जब हम अभी भी पुकार रहे थे, तो हमारे दर्पण पर उस पिता के दिखने के बजाय, सिर्फ़ एक क्रॉस था। और जब हम अभी भी पुकार रहे थे, तो क्रॉस पर खून था। और जब खून बहने लगा, तो दर्पण टूट गया और हम सभी जो वहाँ थे, ज़मीन पर गिर गए। इसलिए जब हम फिर उठे, तो सभी लोग मेरे दोस्त से कह रहे थे: "यहाँ जो कुछ भी हुआ है, वह तुम्हारे कारण है।" मुझे यह भी नहीं पता कि उन्होंने वह दर्पण बदल दिया है या नहीं।

इसलिए उन्होंने मेरे दोस्त की निंदा की। उन्होंने एक ज़हर लिया, उसे दिया और उससे कहा: "इस बार तुम्हारे पिताजी मर जाएँगे, चाहे उन्हें यह पसंद हो या न हो।" उन्होंने मेरे दोस्त को ज़हर दिया और मुझसे कहा: "चूँकि तुम ही इस आदमी को यहाँ लाए हो, इसलिए तुम उसके साथ इस ऑपरेशन की प्रगति की निगरानी करने जाओगे, जिसमें पिताजी को ज़हर देना शामिल है। लिकासी में वापस आकर, हम मेरे दोस्त के घर गए, यह "कैंप अक" में था। जब हम वहाँ पहुँचे, तो उन्होंने हमें खाना परोसा, हमने खाया और उसके बाद, माँ और बाकी लोग बाहर चले गए। हम लिविंग रूम में रुके, और बड़ी मेज़ पर पिताजी का खाना रखा हुआ था। पिताजी अभी भी काम पर थे। हम दोनों ही थे, और जब उन्होंने खाना मेज़ पर रखा, तो मेरे दोस्त ने ज़हर खा लिया। मैंने इसे अपनी आँखों से देखा। उसने जाकर इसे अपने पिता के खाने के मसालों में डाल दिया। और शाम को लगभग 5 बजे उसके पिता आए और खुशी से हमारा स्वागत किया।

वह अपने कमरे में गया, कपड़े बदले और वापस लिविंग रूम में आ गया। वह खाने के लिए बैठ गया और खाने से पहले उसने प्रार्थना की।

जब उसने प्रार्थना की, तो उसने यीशु का नाम लिया। और जहाँ हम थे, हमने कहा: "आज, वह यीशु, कुछ नहीं होगा, वह आज मर जाएगा।" उसके पिता ने खाना शुरू कर दिया। और उस दिन, उसने सब कुछ खाया, फूफू और मसाले दोनों। जब मैं आपसे बात कर रहा हूँ, तब भी यह आदमी जीवित है और आज भी गेकामिनेस में लिकासी में काम करता है। इसलिए क्योंकि मेरे दोस्त को एक सप्ताह की समय सीमा दी गई थी, जब समय सीमा समाप्त हो गई, तो उन्होंने उसे मौत की आत्माओं से मारा। मैं "कैंपोंटे" के पास रह रहा था, और वहाँ से, उन्होंने मुझसे संपर्क किया और मुझसे कहा: "जाओ और उसे खत्म कर दो!" शैतान के साथ दोस्ती नहीं होती, केवल पाखंड होता है। दोस्ती वह है जो हमें केवल प्रभु यीशु में मिलती है।

मैं वहाँ गया, उसके घर के पीछे शौचालय थे। शाम के 7:30 बज रहे थे। मैं ज़मीन पर लेट गया, मैंने ध्यान लगाया और फिर मैंने साँप का रूप धारण कर लिया। मैं रेंगने लगा, मैं घर में गया, मैंने अपने दोस्त को फ़र्श पर पाया। उसके नाक, कान और मुँह से भी खून बह रहा था, और जब मैं पहुँचा, तो मैंने उसे काट लिया, मैंने उसके शरीर में ज़हर भर दिया और मैं वहाँ से चला गया। जब मैं दूसरी तरफ पहुँचा, तो मैंने फिर से इंसान का रूप धारण कर लिया और मैं दरवाज़े पर पहुँचा। मैंने दस्तक दी, मेरे दोस्त ने जवाब दिया और मैं अंदर चला गया। वहाँ पहुँचकर, मैंने अपने दोस्त को पाया और मैंने उससे पूछा: "क्या हुआ?" उसने कहा: "एक ने मुझे मारा और कुछ मिनट पहले, एक साँप आया और मुझे काट लिया।" और मैंने उससे पूछा: "साँप, वह कहाँ गया?" उसने कहा: "वह उस कोने में चला गया।" तो मैंने लकड़ी का एक टुकड़ा उठाया और मैं साँप को ढूँढ़ने लगा। यह साँप ही था जो साँप को ढूँढ़ रहा था।
प्रिय, जादूगर, जादूगर, जब कोई समस्या होती है, तो वे सबसे पहले आपको बताते हैं: "चलो इस जादूगर के पास चलते हैं।" जान लें कि

जब कोई खून पीता है, तो वह अंधेरे की दुनिया में आत्मा को अवरुद्ध कर देता है। लेकिन बाइबल हमें बताती है कि अगर हम शरीर में चलते हैं, तो हम शरीर के अनुसार युद्ध नहीं करते हैं। लेकिन हमारे युद्ध के हथियार आध्यात्मिक हैं। ये हथियार भगवान के माध्यम से शक्तिशाली हैं। इन हथियारों के साथ, हम शैतान की दुनिया में नीचे जाने, शक्तियों को नष्ट करने और उन आत्माओं को पुनः प्राप्त करने में सक्षम हैं जिनका खून पहले ही पीया जा चुका है, लेकिन जिनकी समय सीमा अभी समाप्त नहीं हुई है।

शैतान द्वारा कई परिवारों पर थोपा गया नियम

यीशु उस नियम को बदल देंगे जो शैतान ने आप पर थोपा है। शैतान ने पहले ही कई परिवारों पर एक नकारात्मक नियम थोप दिया है। जब आप अपने जीवन का अच्छी तरह से विश्लेषण करते हैं, तो आपको पता चलता है कि कुछ ऐसी चीजें हैं जिनसे आपके माता-पिता गुज़रे हैं और जिनसे आप भी गुज़र रहे हैं। अगर आप सावधान नहीं रहे, तो आपके बच्चे भी उन्हीं चीजों से गुज़र सकते हैं जिनसे आप आज गुज़र रहे हैं। यह एक नकारात्मक नियम है जिसे शैतान ने पहले ही कई परिवारों पर थोप दिया है। लेकिन अगर आप प्रभु यीशु का भय मानते हैं, तो वह आपके लिए एक नया नियम लाएगा जो शैतान द्वारा आप पर थोपे गए नियम से अलग होगा। और अगर आप प्रभु से चिपके रहते हैं, तो जान लें कि आपने जो खोया है, प्रभु यीशु उसका दोगुना आपको वापस कर देंगे। बाइबल कुलुस्सियों 2:14 में कहती है कि उसने लिखित संहिता और उसके नियमों को जो हमारे विरुद्ध थे और जो हमारे विरोध में खड़े थे, मिटा दिया; उसने उसे क्रूस पर कीलों से जड़कर हटा दिया।

अध्याय 3 - शैतानी प्रथाओं और प्रणालियों में मेरी दीक्षा

मैं आपको संक्षेप में बताऊंगा कि मैं शैतानी प्रथाओं में कैसे दीक्षित हुआ। शुरुआत में मैंने आपको बताया था कि जब मैं दो महीने का था, तब मैंने शैतान की सेवा करना शुरू कर दिया था। यह केवल आध्यात्मिक कानों से ही अच्छी तरह से समझा जा सकता है। जब हम दो महीने की बात करते हैं, तो आप एक बच्चे के साथ व्यवहार कर रहे होते हैं। और एक दो महीने का बच्चा, अकेले, जादूगर बनने के लिए किसी जादूगर के पास नहीं जा सकता। प्रिय, यह आपको दिखाने के लिए है कि मैंने वह बनने का चुनाव नहीं किया जो मैं था। लेकिन हम एक जटिल दुनिया में रहते हैं। मैं पारंपरिक गाँव के मुखियाओं के परिवार से आता हूँ। मेरे पिता की ओर से मेरे विस्तारित परिवार में, वे किसी ऐसे व्यक्ति की तलाश कर रहे थे जिसे आने वाले दिनों में पारंपरिक मुखिया बनने के लिए जादू टोना में तैयार किया जाना था। जान लें कि वे पहले पारंपरिक मुखियाओं को सिंहासन पर बिठाने से पहले उन्हें जादू टोना में तैयार करते हैं।

इसका सीधा सा मतलब है कि सभी पारंपरिक मुखिया जादूगर हैं। इसलिए जब कोई किसी की तलाश कर रहा था, तो दुर्भाग्य मेरी माँ पर आ पड़ा। मेरी माँ कोई चुड़ैल नहीं थी, उसे जादू के बारे में कुछ भी नहीं पता था और यहाँ तक कि अपनी मृत्यु तक, वह इसके बारे में कुछ नहीं पता था। लेकिन दुर्भाग्य उस पर टूट पड़ा। [...] भाई अपनी दीक्षा के क्रम का वर्णन करता है, और जादूगरों की दुष्टता की ओर हमारा ध्यान आकर्षित करता है। उसने कहा: जादूगर विनाश में विशेषज्ञ होते हैं। वे नष्ट करना जानते हैं लेकिन वे नहीं जानते कि वे जो नष्ट करते हैं उसे कैसे ठीक करें। [...] वह आगे बढ़ता है और लूसिफ़ेर की दुनिया के बारे

में थोड़ा बताता है। उसने कहा: लूसिफ़ेर की दुनिया वह है जिसे आप दूसरी दुनिया कहते हैं, कोलाहल की दुनिया, यानी विद्रोह की दुनिया।

जब मैं वहाँ था, तो एक व्यक्ति मुझे मैरी मार्गो नामक एक देवी के नेतृत्व वाले विभाग में ले गया। और इस विभाग को लोग दुनिया आर्मस्ट्रांग या मैरियन डोमेन कहते हैं। यह शैतान की दुनिया में कैथोलिक जादू का मुख्यालय है। कैथोलिक धर्म के दो मुख्यालय हैं। मानवीय दुनिया में, इसका मुख्यालय वेटिकन में है, जो एक राज्य में एक राज्य है। आपके पास इटली के राज्य में वेटिकन राज्य है। इसका एक द्वि-रंग का झंडा है (पीला और सफेद)। इन दो रंगों का अर्थ प्रार्थना और बलिदान है, और यहीं पर पोप, विकारियस फिली देई, जो जानवर का चिह्न पहनते हैं, मिलते हैं। आज भी जब आप कैथोलिक विश्वासियों को किसी मूर्ति के सामने घुटने टेकते हुए देखते हैं, तो यह दुनिया आर्मस्ट्रांग की छवि मात्र होती है। कोई उन्हें यह बताकर धोखा देता है कि मैरी मार्गो धन्य कुंवारी मैरी हैं, जो यीशु की माँ हैं। आपको पता होना चाहिए कि मैरी जिसने शिशु यीशु को जन्म दिया था, वह पहले ही मर चुकी है, उसे दफनाया गया था, और वह भी सभी की तरह उत्साह की उम्मीद कर रही है।
और उस दुनिया में, मुझे सैनटेरिया में ले जाया गया।

सैंटेरिया वह स्थान है जहाँ आप उन सभी संतों को पाते हैं जिनके नाम कैथोलिक प्रार्थनाओं में पढ़े जाते हैं। [...] भाई हमें उन विचारों के बारे में बताते हुए आगे बढ़ते हैं जो राक्षस मनुष्य की आत्मा में सुझा सकते हैं। वह कहते हैं: यदि आप ईश्वर के भय में नहीं चलते हैं, तो राक्षस आपको अपने विचार सुझा सकते हैं और आपको विश्वास दिला सकते हैं कि वे विचार आपसे आते हैं। [...]

लूसिफ़र रहस्यमय उपग्रह प्रणालियाँ

ब्रह्मांड में शैतान ने पहले से ही उपग्रह स्थापित कर रखे हैं। ये रहस्यमय उपग्रह रहस्यमय राडार की ओर छवियाँ भेजते हैं, और ये राडार फिर से छवियों को स्क्रीन पर भेजते हैं। इन स्क्रीन से ही शैतान इस दुनिया को नियंत्रित करता है, क्योंकि वह एक ही समय में कई जगहों पर नहीं रह सकता। लेकिन प्रभु यीशु, हमारे परमेश्वर को न तो राडार की ज़रूरत है और न ही स्क्रीन की, क्योंकि वह सर्वव्यापी है। और बाइबल नीतिवचन 15:3 में कहती है कि शैतान की आँखें हमेशा के लिए बंद हो जाती हैं। प्रभु हर जगह हैं, दुष्टों और अच्छे लोगों पर नज़र रखते हैं। इसलिए यीशु को रडार की ज़रूरत नहीं है।

उन पर्दों से शैतान इस दुनिया को नियंत्रित करता है। वह सच्चे मसीहियों, पाखंडी मसीहियों और यहाँ तक कि बुतपरस्तों को भी जानता है। अगर आप वाकई मसीही हैं, तो जान लें कि शैतान भी इसे जानता है। जब वह उन पर्दों को देखता है, तो उसे संकेत दिखाई देते हैं। इसलिए जब हम दूसरी तरफ थे, तो शैतान ने हमसे कई राक्षसों को संगठित करने और उन्हें उन लोगों की ओर निर्देशित करने के लिए कहा जिनके पास संकेत थे, यानी सच्चे मसीहियों की ओर, ताकि उन संकेतों को बुझाया जा सके। इस तरह हमने कई राक्षसों को सच्चे मसीहियों की ओर निर्देशित किया। इसलिए, आपको पता होना चाहिए कि एक सच्चा मसीही वह है जिसे बहुत संघर्ष करना है, यह वह है जिसके साथ बहुत संघर्ष किया जा रहा है। अगर आपसे संघर्ष किया जाता है, तो जान लें कि प्रभु आपको कभी नहीं छोड़ेंगे, वह हमेशा आपको बचाएंगे।

शैतान दो कोड के साथ काम करता है। पहला कोड दुनिया का नियंत्रण है जिसे मैंने अभी-अभी समझाया है। दूसरा कोड बाइबल को गलत दिशा में मोड़ना है। और यही आज हो रहा है। एक व्यक्ति ने

बाइबल को पहले ही गलत दिशा में मोड़ दिया है। और जो लोग खुद को परमेश्वर के सेवक कहते हैं, उनमें से कई लोग अनजाने में शैतान की इच्छा पूरी करते हैं। बाइबल को गलत दिशा में मोड़ने का क्या मतलब है? यह आज हमारे पास मौजूद सुसमाचार है, जहाँ केवल आशीर्वाद की बात की जाती है और सबसे महत्वपूर्ण बात की उपेक्षा की जाती है: मोक्ष। कोई व्यक्ति अब पाप पर जोर नहीं देता, बल्कि केवल आशीर्वाद और अन्य अनावश्यक चीजों पर ध्यान केंद्रित करता है। यह परमेश्वर की इच्छा नहीं है। आपको पता होना चाहिए कि उद्धार के बिना आशीर्वाद एक अभिशाप है। यीशु हमें मत्ती 6:33 में बताते हैं, लेकिन पहले परमेश्वर के राज्य और उसकी धार्मिकता की खोज करो; और ये सब चीजें तुम्हें मिल जाएँगी। जब आप एक चर्च देखते हैं जहाँ कोई व्यक्ति उद्धार के बारे में बात करना पसंद नहीं करता है या पाप पर जोर देता है, तो जान लें कि आप एक ऐसे चर्च से निपट रहे हैं जो शैतान के प्रभाव में है।

[...] भाई हमें कुछ ऐसे नामों के बारे में संक्षिप्त जानकारी देते हैं जो माता-पिता अपने बच्चों को देते हैं। उन्होंने बताया कि उस क्षेत्र में, ऐसे बच्चों को मौगिंगा नाम दिया जाता है जो विशेष परिस्थितियों में पैदा होते हैं, यानी गर्भनाल में लिपटे हुए। वे आगे कहते हैं: मौगिंगा का मतलब है कोई ऐसा व्यक्ति जो बंधा हुआ हो। जब आप ऐसे लोगों को देखते हैं जिनके ऐसे नाम होते हैं, खासकर जब चाँद दिखाई देता है, आप देखेंगे कि वे अजीब तरह से व्यवहार करते हैं। यह केवल मौगिंगा नाम तक ही सीमित नहीं होना चाहिए, ऐसे कई अन्य नाम हैं: चांडा, नगालौला, तौम्बा, मौदी, मौकलयी, आदि। आपको इन नामों से बहुत सावधान रहना चाहिए। अब अपने नाम का अर्थ जानने की कोशिश करें क्योंकि आपका नाम एक ऐसा द्वार हो सकता है जिसके माध्यम से राक्षस आपके जीवन में आते हैं।

[...] यहाँ मैं माता-पिता का ध्यान आकर्षित करता हूँ। अपने बच्चों को दिए जाने वाले उपनामों पर ध्यान दें। शैतान दुष्ट है, प्यारे। मैंने कभी नहीं सोचा था कि एक दिन मैं भी ईसाइयों में गिना जाऊँगा। आप जानते हैं, अपने उद्धार के लिए, मैं 23 चर्चों में गया। मेरे अंदर जो शैतान थे, वे मध्यस्थों और पादरियों दोनों को पीट रहे थे। और हर कोई भाग रहा था, और अंत में, एक ने मुझे बाहर निकाल दिया। मैं लिकासी में जाना जाता था, और कोई भी मुझे अब देखना नहीं चाहता था। मैं अपने परिवार के पास गया, मैंने सच बताया, और वहाँ भी, उन्होंने मुझे भगा दिया। मेरे सभी दोस्त, मुझे छोड़कर चले गए, मैं अकेला रह गया और मैं बाजार में सो रहा था। मैंने बहुत कष्ट सहे, मेरे उद्धार में पूरा एक साल लग गया, मैं अकेला था, सभी ने मुझे छोड़ दिया, मैं पीड़ा में अकेला था। और यह उस क्षण था जब प्रभु यीशु, जो मुसीबत में हमेशा मौजूद मदद करने वाले हैं, ने मुझसे मुलाकात की और अब मैं एक सामान्य व्यक्ति, ईश्वर का बच्चा हूँ। यह मेरे लिए एक बड़ा चमत्कार है।

[...] भाई उन माताओं को चेतावनी देते हैं, जिन्हें अपने बच्चों की कमर में रस्सी बांधने की बुरी आदत होती है, क्योंकि ये रस्सियाँ बच्चे के जीवन में राक्षसों के प्रवेश का द्वार बन सकती हैं। उन्होंने कहा: इन सभी रस्सियों पर ध्यान दें, सावधान रहें। वह विषयांतर करते हैं और हमें उन लोगों के बारे में बताते हैं जो चिकित्सा का अध्ययन कर रहे हैं। वह कहते हैं: यहाँ मैं जोर देता हूँ! जिन लोगों ने चिकित्सा का अध्ययन किया है, उनमें से अधिकांश शैतानवादी हैं। [...] वह जारी रखते हैं और हमें उनके बारे में बताते हैं, मैं केवल दो महीने का था, हालाँकि मैं पहले से ही रात के दौरान बाहर जा सकता था। मेरे माता-पिता के कमरे में, मेरे पास एक छोटा सा पालना था। मेरे माता-पिता के पास उनका बिस्तर था और मैं अपने पालने में था। लेकिन रात में, मैं केवल दो महीने का था, मैं अपना घर छोड़कर कांगो नदी के स्रोत पर अपने परिवार के जादूगरों से मिलने जा रहा था। यहीं पर हम मिलते थे। जाने

से पहले, मैं सभी को गहरी नींद में डुबो देता था। जादूगर यही करते हैं। जाने से पहले, वे सबसे पहले घर में मौजूद सभी लोगों को गहरी नींद में डुबो देते हैं।

मैं अभी भी कैनसेगनिया में था। कैनसेगनिया के जादूगरों ने मुझे अपने समूह में शामिल करने के लिए हर संभव कोशिश की। लेकिन मैं इसके खिलाफ था, उन्होंने मुझे मारने का फैसला किया। एक रात जब मैं सो रहा था, मैंने देखा कि कैनसेगनिया के सभी जादूगरों का नेता मुझे धमकाने आया और मुझसे पूछा कि मैं उनके समूह में शामिल क्यों नहीं होना चाहता। फिर मेरे चार अंगरक्षकों ने मुझसे पूछा: "तुम चाहते हो कि हम इस आदमी के साथ क्या करें?" और मैंने सीधे जवाब दिया: "उसे मार दो!" और अचानक मैंने देखा कि इस आदमी के सामने एक छेद दिखाई दिया, एक ने उसे धक्का दिया, वह अंदर गया और छेद फिर से बंद हो गया, और फिर मैं जाग गया। सुबह, मैं स्कूल जाने के लिए नहा रहा था और मैंने देखा कि यह पिताजी आ रहे हैं। जैसे ही वे हमारे घर के प्रवेश द्वार पर पहुंचे, मैंने अपनी आँखें उठाईं और जैसे ही हमारी आँखें एक-दूसरे से मिलीं, वे जमीन पर गिर गए। उसके बाद, वे उठे और घर चले गए, यह आखिरी दिन था जब मैंने उन्हें देखा, क्योंकि जब वे घर गए, तो उसी दिन उनकी मृत्यु हो गई। उस रात, जब मैं अपने कमरे में आया, मैंने अपने बिस्तर के नीचे देखा, वहाँ एक घोंघा खोल था और अंदर खून था। यह उस पिता का खून था। घोंघे के खोल को मैंने जादू-टोने में जाने के लिए एक विमान के रूप में इस्तेमाल किया था और खून को मैंने ईंधन के रूप में इस्तेमाल किया था।

उसके बाद, मेरे पिता का तबादला हो गया। हम कैनसेगनिया छोड़कर लीकासी में बस गए। जब हम लीकासी पहुंचे, तो मेरे पिता एक दोस्ताना प्रभाव के बाद कोलोमोनी पड़ोस में एक घर खोजने गए, एक ऐसा घर जिसमें दस से ज़्यादा कमरे थे। कोलोमोनी दो अन्य पड़ोस,

कैनोना और चाची के बगल में स्थित है। इन तीनों पड़ोस में जादू-टोना एक धर्म है। मैं कह सकता हूँ कि वहाँ रहने वाले लगभग 90% लोग शैतानी चीज़ों में लिप्त हैं, और मैं इसी माहौल में पला-बढ़ा हूँ। तो जैसा कि आप मुझे देख सकते हैं, मैं जादू-टोना उसी तरह जानता हूँ जैसे किसी ने किंडरगार्टन से लेकर यूनिवर्सिटी तक जादू-टोना पढ़ा हो। मैं जादू-टोना को सभी विवरणों के साथ जानता हूँ। यीशु की जय हो, उसने मुझे जो मुक्ति दी है।

जब मैं वहाँ था, तो बिस्तर के नीचे रखे उस खोल के साथ, मेरी माँ और मेरी बहनों ने मेरे कमरे की सफाई की, यहाँ तक कि मेरे बिस्तर के नीचे भी, लेकिन उन्होंने इस खोल को नहीं देखा। हालाँकि, खोल वहाँ था। ऐसा कई लोगों के घर में होता है। जादूगरों ने पहले से ही घर में चीज़ें रखी हैं और इन्हीं चीज़ों के ज़रिए वे घर में प्रवेश करते हैं। आपको भगवान से अपने घर की आध्यात्मिक स्थिति को प्रकट करने के लिए कहना चाहिए। मैं इस पड़ोस में पला-बढ़ा हूँ, और फिर एक दिन, मुझे जादूगरों की दुनिया में बुलाया गया। मैंने देखा वहाँ मेरे परिवार के जादूगरों ने मुझसे कहा: "जहाँ तुम रहते हो वहाँ शक्तिशाली जादूगर हैं, तुम्हें सुरक्षा की ज़रूरत है।" उन्होंने एक रस्सी ली जिस पर उन्होंने शेर के पाँच पंजे लपेटे, और इसे सुरक्षा के तौर पर कूल्हों के चारों ओर बाँध दिया। यह सुरक्षा नहीं है। जान लो कि सुरक्षा यीशु है। यीशु सर्वश्रेष्ठ रक्षक हैं।

लूसिफ़र और शैतानी शाखाओं की उत्पत्ति

मैं आपको जादू टोने की उत्पत्ति और इसके विभिन्न भागों या शाखाओं के बारे में संक्षेप में बताऊंगा। ईश्वर के स्वर्गदूतों में से एक ऐसा था जिसका मिशन प्रकाश संचारित करना था। इसलिए ईश्वर ने इस स्वर्गदूत को उसके मिशन के अनुसार लूसिफ़र नाम दिया। जब कोई

कहता है कि शैतान को लूसिफ़र कहा जाता है, तो वह खुद को यह नाम देने वाला नहीं था, बल्कि ईश्वर था। व्युत्पत्ति के अनुसार लूसिफ़र दो शब्दों में विभाजित है: लक्स और फ़ेरो। लक्स का अर्थ है प्रकाश और फ़ेरो भालू। लूसिफ़र का अर्थ है प्रकाश-वाहक देवदूत, ग्रीक में प्रकाश का देवदूत। लेकिन क्या हुआ?

अपने पास मौजूद सभी विशेषाधिकारों के बावजूद, वह घमंडी हो गया। वह अपने निर्माता का स्थान लेना चाहता था। ऐसा करने में सफल होने के लिए, उसने परमेश्वर के स्वर्गदूतों में से तीसरे को भ्रष्ट करना शुरू किया। उसने परमेश्वर और उसके प्रति वफादार रहने वाले स्वर्गदूतों के खिलाफ युद्ध की घोषणा की। चूँकि लूसिफ़ेर में घमंड था जो इस विद्रोह के मुखिया थे, और चूँकि परमेश्वर घमंडियों के साथ काम नहीं करते, इसलिए स्वर्ग में उनका स्थान नहीं मिला। हमारा परमेश्वर घमंडियों के साथ काम नहीं करता। यह जेम्स 4:6 में लिखा है ... परमेश्वर घमंडियों का विरोध करता है, लेकिन नम्र लोगों पर अनुग्रह करता है। और जेम्स 4:10 आगे कहता है: प्रभु के सामने दीन बनो, और वह तुम्हें ऊपर उठाएगा। इसलिए चूँकि लूसिफ़ेर में घमंड था, इसलिए उसे भगाना पड़ा और उसे भगा दिया गया।

लूसिफ़र का स्थान कहां है?

ऐसे लोग हैं जो मानते हैं कि शैतान धरती पर या भूमिगत रहता है। नहीं, पनडुब्बी अंतरिक्ष में भी नहीं। वह इस धरती पर आता है, लेकिन वह हवा में रहता है। यह केवल उस दिन है जब प्रभु यीशु आएंगे कि वह शैतान को हटा देंगे, क्योंकि बाइबिल कहती है कि हवा की सभी शक्तियां हिल जाएंगी। हवा में यह जगह जहां लूसिफ़र है, उसे टार्टरस की दुनिया, दूसरा स्वर्ग कहा जाता है। यदि आप बाहर खड़े होकर ऊपर देखते हैं, तो आपको आकाश दिखाई देगा, वह पहला स्वर्ग है। उसके

बाद, दूसरा आता है। यह वह जगह है जहाँ लूसिफ़र अपने राक्षसों, विद्रोही स्वर्गदूतों के साथ रहता है। उस स्वर्ग के बाद तीसरा स्वर्ग आता है, भगवान का स्वर्ग। जब आप कुरिन्थियों को पॉल के दूसरे पत्र को पढ़ते हैं, तो भी उन्होंने लिखा: "मैं जानता हूँ कि एक स्वर्ग है। मसीह में एक मनुष्य, जो चौदह वर्ष पहले तीसरे स्वर्ग तक उठा लिया गया था।" 2 कुरिन्थियों 12:2.

और इस जगह पर, लूसिफ़र और उसके स्वर्गदूतों ने एक सेना बनाई जिसे हवा के रहस्य कहा जाता है। यह वही है जो आप इफिसियों 2:1-2 में पढ़ते हैं: जहाँ तक तुम लोगों का सवाल है, तुम अपने अपराधों और पापों में मरे हुए थे, जिनमें तुम इस दुनिया के तरीकों और हवा के राज्य के शासक के अनुसार रहते थे, जो आत्मा अब उन लोगों में काम कर रही है जो अवज्ञाकारी हैं। लूसिफ़र को हवा की शक्ति का राजकुमार कहा जाता है। और वहाँ से जब बाइबल कहती है: पृथ्वी और समुद्र के लिए हाय, यह इसलिए है क्योंकि लूसिफ़र मनुष्यों और भगवान के बीच खड़ा है, वह बीच में है। वह जानता है कि उसके पास बहुत कम समय बचा है और वह भगवान के बच्चों को विचलित करने की कोशिश कर रहा है ताकि वे अब भगवान की इच्छा न करें, और उसके जैसे, वे भी खो जाएँ। उस जगह पर, उसने ब्रह्मांडीय बल नामक एक अवरोध बनाया है। इस अवरोध का उद्देश्य सभी अकुशल प्रार्थनाओं को रोकना है। एक अकुशल प्रार्थना क्या है? यह एक ऐसी प्रार्थना है जो पाप में रहने वाले व्यक्ति द्वारा की जाती है। यशायाह 59:1-2 हमें बताता है: निश्चय यहोवा का भुजबल ऐसा छोटा नहीं कि उद्धार न कर सके, और न उसका कान ऐसा बहरा है कि सुन न सके। परन्तु तुम्हारे अधर्म के कामों ने तुम को तुम्हारे परमेश्वर से अलग कर दिया है; तुम्हारे पापों के कारण उसका मुख तुम से ऐसा छिपा है कि वह नहीं सुनता।

और इस अवरोध के माध्यम से, शैतान परमेश्वर के एक दूत को भी रोकने में सक्षम है। दानिय्येल द्वारा की गई 21-दिन की प्रार्थना को याद करें। आइए दानिय्येल 10:12-13 पढ़ें। ***"फिर उसने आगे कहा, "डरो मत, दानिय्येल। पहले दिन से ही जब से तुमने समझ हासिल करने और अपने परमेश्वर के सामने खुद को नम्र करने का मन बनाया है, तब से तुम्हारी बातें सुनी गई हैं, और मैं उनके जवाब में आया हूँ। लेकिन फारस के राजकुमार राज्य ने इक्कीस दिन तक मेरा विरोध किया। तब मुख्य हाकिमों में से एक मीकाएल मेरी सहायता करने आया, क्योंकि मैं फारस के राजा के पास वहाँ बंदी था।"***

भगवान ने माइकल को इसलिए भेजा क्योंकि दानिय्येल भगवान के भय में जी रहा था। आप भी प्रार्थना कर सकते हैं, लेकिन अगर आप पवित्रता में नहीं जीते हैं, तो आप प्रार्थना करेंगे, लेकिन आपकी प्रार्थना का उत्तर कभी नहीं मिलेगा। शैतान आपकी प्रार्थना को रोक देगा।

बाइबल रोमियों 8:1 में कहती है **, इसलिए अब उन लोगों के लिए कोई दण्ड नहीं है जो मसीह यीशु में हैं।** लेकिन हम ऐसे बहुत से लोगों को देखते हैं जो मसीह में हैं, और फिर भी दण्ड के अधीन रहते हैं। प्रभु ने यह गवाही इसलिए दी है ताकि मसीह यीशु में रहने वाले लोगों को दण्ड न मिले। आपके जीवन पर जो निन्दा निरन्तर बनी रहती है, उसे यीशु के नाम पर छोड़ दें।

लूसिफ़ेर की सरकार

यहीं पर शैतान ने अपनी सरकार बनाई। लूसिफ़र की सरकार तीन स्तरों पर काम करती है। पहला स्तर लूसिफ़र की दिव्यता है, दूसरा स्तर लूसिफ़र की राजसी सत्ता है, और तीसरा स्तर लूसिफ़र और राक्षसों का मंत्रालय है। शैतान अपनी सरकार में क्या करता है? वहाँ

उसने पहले से ही एक त्रय स्थापित कर रखा है, और इस त्रय में, तीन राक्षस हैं। पहला वह है जिसका मिशन मनुष्य में रखी गई दिव्य क्षमता को नष्ट करना है। इस राक्षस को कैलिबोस कहा जाता है, दूसरे शब्दों में अपोलियन। उसके बाद, एक राक्षस है जो सूक्ष्म संचार के लिए ज़िम्मेदार है, यानी मृत्यु को टालना और आत्माओं को सूक्ष्म दुनिया में ले जाने के लिए उन्हें मोहित करना। इसे बेलियल या निकेल कहा जाता है। फिर तीसरा आता है जो एक स्त्री की तरह दिखता है, स्वर्ग की रानी।

प्रौद्योगिकी, कंप्यूटर विज्ञान, टेलीफोन और इंटरनेट का नियम

प्रौद्योगिकी और कंप्यूटर विज्ञान: उन राक्षसों के माध्यम से, लूसिफ़ेर प्रौद्योगिकी और कंप्यूटर विज्ञान की दुनिया को नियंत्रित करता है। ये राक्षस भूमिगत कंप्यूटर के मस्तिष्क को नियंत्रित करते हैं। वे राक्षस हैं जो प्रौद्योगिकी को तेजी से प्रगति देते हैं।

टेलीफोन: यहाँ मैं एक विषयांतर करता हूँ। जब लूसिफ़ेर ने "प्रोजेक्ट 2000" की कल्पना की, तो उसने हमें बताया कि ईसाई उसके नियंत्रण से बच जाते हैं और वह उनके विचारों को नहीं पढ़ सकता। इस प्रकार ईसाइयों की परियोजनाओं को जानने और उनके विचारों को पढ़ने के लिए, उन्होंने टेलीफोन और सेल फोन का आविष्कार किया। मुझे पता है कि लगभग सभी के पास एक फोन है। मेरी बात ध्यान से सुनो। हर बार जब आप फोन करते हैं, तो आपकी कॉल उस व्यक्ति तक पहुँचने से पहले अंधकार की दुनिया से होकर जाती है जिसे आप कॉल कर रहे हैं। अंधकार की दुनिया आपकी कॉल को उन लोगों से पहले सुनती है जिन्हें आप कॉल कर रहे हैं। फोन जानवर के निशान के साथ काम

करता है जो 666 है। आइए हम अपने देश का उदाहरण लें, हमारे पास बहुत सारे टेलीफोन नेटवर्क हैं, लेकिन दो मुख्य नेटवर्क हैं: नेटवर्क वोडाकॉम और नेटवर्क ज़ैन। ये दोनों नेटवर्क एक ही उपग्रह का उपयोग करते हैं। यदि आप उनकी ग्राहक सेवाओं को लेते हैं और योग करते हैं तो आपको 666 मिलेगा। वोडाकॉम 111 है और ज़ैन 555 है।

इंटरनेट: हर इंटरनेट पता www से शुरू होता है। तीन w का मतलब 666 है। शैतान वाकई चालाक है। बाइबल उसे दुष्ट कहती है। जब हम अक्षर w लेते हैं, तो यह फ्रेंच वर्णमाला का एक अक्षर होता है। फ्रेंच वर्णमाला में 26 अक्षर होते हैं, और w 23वाँ अक्षर होता है। इसलिए जब आप अगर आपके पास w है, तो यह संख्या 23 को दर्शाता है। इसलिए जब आप संख्या 23 लेते हैं, तो यह दो अंकों की संख्या होती है। आपके पास 2 और 3 हैं। जब आप 2 को 3 से गुणा करते हैं, तो यह आपको छह देता है। और जब आपके पास तीन w हैं, तो आपके पास कितना है? शैतान चालाक है।

लूसिफ़ेर की दिव्यता - क्रॉस, ऐश के चिन्ह के माध्यम से नियंत्रण

आइए गलातियों 5:22 को पढ़ें लेकिन आत्मा का फल प्रेम, आनन्द, शांति, धीरज, कृपा, भलाई, विश्वास है। जब आप गलातियों के इस अंश को लेते हैं, तो आपको वहाँ पवित्र आत्मा के नौ फल मिलते हैं। यदि आप लूसिफ़ेर के साथ गिरे स्वर्गदूतों की संख्या लेते हैं, तो आप संख्याओं का योग बनाते हैं, आपको 9 मिलते हैं। यही है, जब आप 144 000 लेते हैं यदि आप 1 +4 +4 +0 +0 +0 करते हैं, तो यह आपको 9 देता है। शैतान ने पहले से ही शैतानी आत्मा के नौ फल बनाए हैं, और कैथोलिक चर्च में इसे स्वर्गदूतों के नौ आदेश कहा जाता

है। अपनी दिव्यता में, शैतान उन स्वर्गदूतों से ऊपर भगवान होने का दिखावा करता है जो उसके साथ गिर गए।

जब आप भजन संहिता 75:7 पढ़ते हैं तो बाइबल कहती है: क्योंकि महिमा न तो पूर्व से आती है, न पश्चिम से, न दक्षिण से। परन्तु परमेश्वर न्यायी है। इसका अर्थ है कि महिमा केवल प्रभु से आती है। यह परमेश्वर का रहस्योद्घाटन है, क्यों? क्योंकि पूर्व में, लूसिफ़ेर ने पहले से ही बैमोन नामक एक दानव को रखा है, पश्चिम में, अमेमोन नामक एक दानव है। इसलिए जब आप चार मुख्य बिंदुओं को लेते हैं, तो उत्तर, दक्षिण, पूर्व और पश्चिम होते हैं। उत्तर सेप्टेंट्रियन है, दक्षिण मिडी है, पूर्व ओरिएंट है और पश्चिम ऑक्सिडेंट है। दुनिया के चार कोनों में, लूसिफ़ेर ने चार राक्षसों को रखा है जिनका मिशन दुनिया में बुराई की शक्ति को मजबूत करना है। और ये चार राक्षस दो तरीकों से एक व्यक्ति के जीवन में प्रवेश करते हैं:

क्रॉस का चिन्ह

पहला है क्रॉस का चिन्ह। यह शैतान का जाल है। ऐसे बहुत से लोग हैं जिन्होंने पहले ही यह चिन्ह बना लिया है। लोग अपनी अज्ञानता में यह नहीं समझ पाते कि जाल कहाँ है। उन्हें लगता है कि वे यह कर रहे हैं: "पिता, पुत्र और पवित्र आत्मा के नाम पर।" और क्योंकि वे इसे जल्दी-जल्दी कर रहे हैं, इसलिए उन्हें इस छल का एहसास नहीं होता। लेकिन जब आप इसे धीरे-धीरे करते हैं, तो आपको शैतान का जाल दिखाई देता है। तब आपको समझ में आता है कि वास्तव में आप पिता, पुत्र, पवित्र और आत्मा को अलग-अलग कर रहे हैं। इसका मतलब है मौगुआ, एगिम द ग्रेट, बेमन, अमेमन। इसे ही राजाओं की प्रार्थना कहते हैं। सभी पुजारी इसे जानते हैं।

राख का चिन्ह

दूसरा है राख, जिसे ऐश बुधवार को लोगों के माथे पर लगाया जाता है। क्या होता है? सहायक उसी मौसम की शाखाओं से आने वाली राख के साथ आते हैं, जिन्हें जलाया गया है। इसे जैतून के तेल में मिलाया जाता है। और आप देखेंगे कि जब पुजारी आएगा तो वह यह संकेत करेगा। जब वह ऐसा करेगा, तो पवित्र स्थान के बाईं ओर, पेट्रास नामक एक सफेद पत्थर होगा। वहाँ से, राक्षस आते हैं जो एक और विशेष राख के साथ प्रवेश करते हैं। यह एक ऐसी राख है जिसे कोई व्यक्ति मानव हड्डियों को जलाने के बाद कब्रिस्तान की दुनिया में ले जाता है। वे सहायकों द्वारा लाई गई राख लेते हैं, और कब्रिस्तान की दुनिया से मानव हड्डियों के कैल्सीनेशन से आने वाली राख को छोड़ देते हैं। और फिर पुजारी सामने खड़ा होता है, और लोग लाइन में खड़े हो जाते हैं, वह उनके चेहरों पर क्रॉस का यह चिन्ह बनाना शुरू करता है और कहता है: तुम धूल हो, और धूल में ही मिल जाओगे। यही आप सुनते हैं, लेकिन वास्तव में, पुजारी द्वारा ऐसा नहीं कहा जाता है। वह कहता है: तुम हमारे जादू में मर चुके हो और तुम मृत्यु के दास बन गए हो।

जब आप ध्यान से देखेंगे तो पाएंगे कि चेहरे पर जो क्रॉस लगाया जाता है, वह चार कोनों वाला क्रॉस है। लेकिन इन कोनों पर माउगुआ, एगाइम द ग्रेट बेमन, अमेमन हैं। ये आत्माएं व्यक्ति में प्रवेश करती हैं। हम जानते हैं कि मनुष्य तीन भागों में विभाजित है, एक शरीर है जो आवरण है, आत्मा है जो शरीर को चलाती है और आत्मा है जो इच्छा और निर्णय का केंद्र है। और वहां, आत्मा को पकड़ कर प्रेसीडियम में लाया जाता है जो मैरी मार्गो की जेल है। यही कारण है कि, भले ही आप एक वफादार कैथोलिक से सच बोलें, वह आपकी बात सुनेगा, लेकिन अंत में, वह आपसे कहेगा: "मैरी और मैं, केवल मृत्यु ही हमें

अलग करेगी।" क्या वे मैरी को त्यागना आसानी से स्वीकार करते हैं? ऐसा इसलिए है क्योंकि वे अपनी इच्छा के स्वामी नहीं हैं, वे मोहित हैं। इसलिए हमें उनके लिए प्रार्थना करनी चाहिए।

लूसिफ़ेर और राक्षसों का मंत्रालय - सोमवार से रविवार तक

जब हम लूसिफ़र और राक्षसों के मंत्रालय के बारे में बात करते हैं, तो हम राक्षसों को देखते हैं जो सोमवार से रविवार तक काम करते हैं। सप्ताह में सात दिन होते हैं, लेकिन केवल छह मंत्री होते हैं। लूसिफ़र खुद एक दिन मंत्री के रूप में काम करता है। लूसिफ़र सोमवार को काम करता है। बस सोमवार को देखने की कोशिश करें। आप देखेंगे कि कुछ नीरसता है। कुछ लोग तो "सुस्त सोमवार" के बारे में भी बात करते हैं। यह वह दिन है जब लूसिफ़र खुद मंत्री के रूप में काम करता है। मंगलवार को यह नाब्रोथ है,

बुधवार को एस्टारोथ, गुरुवार को अकाम, शुक्रवार को बेके, शनिवार को नबाम। नबाम संगीत के दानव संकाई के साथ काम करता है, और रविवार को अकील, गरीबी का दानव। यह वह है जो लोगों को गरीबी में रखने के लिए भगवान को भेंट चढ़ाने से रोकता है।

अध्याय 4 - लूसिफ़र द्वारा पुरुषों का वर्गीकरण

दुनिया में पुरुषों की श्रेणियाँ

मनुष्यों का अवलोकन करके लूसिफ़ेर ने पुरुषों की तीन श्रेणियाँ पाईं।

प्रथम श्रेणी - काला

पहली श्रेणी : वे लोग जो नफरत और ईर्ष्या से प्रेरित होते हैं। जो लोग बिना कुछ हासिल किए अपने साथियों को मारने के लिए तैयार रहते हैं। इस समूह को लूसिफ़ेर ने काला रंग दिया।

दूसरी श्रेणी - सफेद

दूसरी श्रेणी: ऐसे मनुष्य हैं जो हर चीज़ को साबित करना या प्रदर्शित करना पसंद करते हैं, जो हर चीज़ की तह तक पहुँचने की कोशिश करते हैं। वे लोग जो विज्ञान के ज़रिए ईश्वर के अस्तित्व को समझाने की कोशिश करते हैं। लूसिफ़ेर ने इसी समूह को सफ़ेद रंग का श्रेय दिया।

तीसरी श्रेणी - लाल

तीसरी श्रेणी: ऐसे मनुष्य हैं जो धन, ऊँचेपन, प्रभुत्व और शक्ति से प्रेम करते हैं। वे इन चीज़ों के लिए हत्या करने को तैयार रहते हैं। इस समूह को लूसिफ़ेर ने लाल रंग दिया।

तीन प्रकार के जादू

जादू के तीन प्रकार इन तीन रंगों से मेल खाते हैं, यानी काला, सफेद और लाल जादू। कुछ लोग मानते हैं कि काला जादू अफ्रीकियों का जादू है। नहीं, अगर आप यूरोप भी जाएँ, तो आपको काले जादू का अभ्यास करने वाले यूरोपीय लोग मिलेंगे, हालाँकि काला जादू अफ्रीका में ज़्यादा प्रचलित है। और सफ़ेद जादू के लिए, हम गुप्त विज्ञान देखते हैं: रोज़ीक्रूसियनवाद, ग्रेल संदेश (सत्य के प्रकाश में), एकांकर, फ्रीमेसनरी, ईसाई विज्ञान, मॉर्मन (जो लोग यीशु मसीह के चर्च ऑफ़ लैटर-डे सेंट्स होने का दावा करते हैं)। आइए काले जादू की जाँच करें।

काला जादू - जादू टोना, इस्लाम, जैन धर्म, पवित्र जादू

काला जादू: काला जादू भी कई भागों में विभाजित है: ***जादू टोना, इस्लाम, इस्लाम काले जादू का एक हिस्सा है, जैन धर्म (हिंदू धर्म की एक शाखा***: हिंदू धर्म की एक प्राचीन शाखा जो सर्वोच्च होने की धारणा को खारिज करती है और सभी जीवित चीजों के लिए गहरा सम्मान की वकालत करती है) और **पवित्र जादू** । पवित्र जादू एक ही समय में लाल, सफेद और काला जादू है लेकिन हम जादू टोना के बारे में बात करेंगे।

जादू टोना: जादू टोना तीन रूपों में होता है :

सचेत जादू टोना: इस स्तर पर, हमारे पास ऐसे जादूगर हैं जो खुद को जादूगर के रूप में पहचानते हैं और जो अपनी स्थिति के बारे में जानते हैं, जैसे मैं। मैं अपनी स्थिति से अवगत था। इसलिए, सचेत जादूगर जानते हैं कि रात में, वे मानव मांस खाने और मानव रक्त पीने के लिए कहीं जाएंगे। और ऐसे जादूगर चर्चों में बहुत हैं।

अचेतन जादू टोना : यहाँ हम ऐसे लोगों से निपट रहे हैं जो खुद को चुड़ैल नहीं मानते, लेकिन जिनका इस्तेमाल सचेत जादूगरों द्वारा किया जाता है। और जादू टोने के इस रूप को जानने के लिए, आपको बस उन सपनों का विश्लेषण करना होगा जो आपको हर बार आते हैं। उदाहरण के लिए, अपने सपने में आप खुद को या तो खाते हुए या यौन संबंध बनाते हुए, या खाना परोसते हुए, या खाना बनाते हुए देखते हैं, या ऐसे लोगों द्वारा पीछा किए जाते हुए देखते हैं जिनके चेहरे आप नहीं देख पाते, और जब वे आपको पकड़ना चाहते हैं, तो आप खुद को एक पक्षी की तरह उड़ते हुए देखते हैं। फिर सुबह आप उठते हैं और कहते हैं: मैं बच गया हूँ। जान लें कि आप बच नहीं पाए; बल्कि आप अचेतन जादू टोने में हैं। जादूगर आपका इस्तेमाल कर रहे हैं। अगर मैं इन चीजों के बारे में खुलकर बात कर सकता हूँ, तो ऐसा इसलिए है क्योंकि मैं यही कर रहा था। मैं आपको किसी और की गवाही नहीं दे रहा हूँ, बल्कि अपनी गवाही दे रहा हूँ। यही मैं कर रहा था। वास्तव में कई उदाहरण हैं: आप अपने सपने में खुद को नदी में तैरते हुए देखते हैं। आप स्वस्थ होकर बिस्तर पर जाते हैं, लेकिन सुबह आपको दर्द की शिकायत होने लगती है। या तो सिर में दर्द है, या रीढ़ की हड्डी में दर्द है, या पेट में दर्द है। क्या आप रात को बिस्तर पर काम करते हैं? फिर आप इस तरह के दर्द के साथ क्यों उठते हैं?
अगर आप अचेतन जादू-टोने में लगे हैं, तो एक सचेत जादूगर आपकी छवि का इस्तेमाल करके दूसरे लोगों को परेशान कर सकता है। लेकिन अगले दिन, आपको ही धमकाया जाएगा। और जब कोई आपको धमकाता है, तो आप कहते हैं: लेकिन मैं नहीं जानता कि आप क्या कह रहे हैं। यह सच है। यह सच है कि आप इसके बारे में कुछ नहीं जानते, लेकिन आपकी ही छवि का इस्तेमाल किया गया।

रक्त जादू टोना : जादू टोने के इस रूप को पहचानने में मदद करने वाला पहला संकेत, करुणा की कमी है। दूसरा संकेत लगभग हर दिन

बच्चों को पीटना है। मैं खुद को अच्छी तरह से समझने के लिए इस स्तर पर एक विषयांतर करता हूँ। हम सभी जानते हैं कि बाइबल हमें नीतिवचन 23:13-14 में बताती है: बच्चे को अनुशासन न दें; यदि आप उन्हें छड़ी से दंडित करते हैं, तो वे नहीं मरेंगे। उन्हें छड़ी से दंडित करें और उन्हें मृत्यु से बचाएं। मैं यहाँ सामान्य सुधार के बारे में बात नहीं कर रहा हूँ। मैं उन माता-पिता के बारे में बात कर रहा हूँ जो छड़ी का दुरुपयोग कर रहे हैं, और अपने बच्चों को बेरहमी से पीट रहे हैं। यह इस स्वभाव के बारे में है जिसके बारे में मैं बात कर रहा हूँ। एक और संकेत अपने पति को पीटना है। ऐसी महिलाएँ हैं जो वास्तव में भयानक हैं! एक और संकेत अपनी पत्नी को पीटना है। ये जादू टोने के संकेत हैं।

जब मैं जादू-टोना कर रहा था, तो एक व्यक्ति मुझे कहीं ले गया और मुझे जादूगर के रूप में काम करना सिखाया। यह मुसौफी नदी के पास था, उस तरफ जहां कांगो नदी का उद्गम है।
कोई कैसे जान सकता है कि वह जादूगर है? भले ही आप ईश्वर के बच्चे हों, अगर आप खुद को मेरी बताई बातों में पाते हैं, तो जान लें कि आपका इस्तेमाल किया जा रहा है। और अचेतन जादू टोने के लक्षणों में गंदगी भी शामिल है। ऐसे लोग हैं जिनके लिए नहाना एक कठिन संघर्ष है। यहाँ मैं उन महिलाओं का ध्यान आकर्षित करता हूँ जो अपने घर में बहुत सारी गंदगी छोड़ना पसंद करती हैं। जान लें कि जब आप अपने घर में गंदगी छोड़ते हैं, तो आप खुद रात में चुड़ैलों के लिए रनवे बनाते हैं। गंदगी जादू टोना है। यहाँ वे तत्व दिए गए हैं जो हमें दिए गए थे।

घृणा। ऐसे लोग हैं जो बिना किसी वैध आधार के, बिना किसी कारण के अन्य लोगों से घृणा करते हैं।

बदला लेने की भावना। बुराई के बदले बुराई करो। और यहाँ तक कि कुछ ईसाई भी ऐसा कर रहे हैं। बाइबल रोमियों 12:19 में कहती है: मेरे प्यारे दोस्तों, बदला मत लो, लेकिन भगवान के क्रोध को जगह दो, क्योंकि लिखा है: "बदला लेना मेरा काम है, मैं ही बदला चुकाऊँगा, प्रभु कहते हैं। अगर तुम ईश्वर की संतान हो और कोई तुम्हारे साथ गलत करता है, तो ईश्वर तुम्हारा बदला लेगा। कुछ ईसाई अभी भी नफरत करते हैं। फिर भी बाइबल रोमियों 12:21 में कहती है कि बुराई से मत हारो, बल्कि भलाई से बुराई को जीतो।
और बाइबल हमें रोमियों 12:18 में यह बताते हुए आगे बढ़ती है कि यदि संभव हो, तो जहाँ तक संभव हो, सबके साथ शांति से रहो।
दुखवाद भी है, दूसरों को कष्ट पहुँचाने की इच्छा। कुछ लोग ऐसे होते हैं जो दूसरों को कष्ट में देखकर खुश होते हैं। दूसरों का दुख उन्हें अच्छा लगता है। यह सामान्य नहीं है; हमें दूसरों के दुख में उनके साथ सहानुभूति रखना सीखना चाहिए।

अत्यधिक ईर्ष्या । ऐसे लोग हैं जो चाहते हैं कि केवल उनके पास ही सब कुछ हो। सब कुछ उनका होना चाहिए और दूसरों को उनसे भीख मांगनी चाहिए: "मेरी मदद करो, मेरी मदद करो," ताकि वे टुकड़े पा सकें: अगर दूसरे भी कुछ पाने में कामयाब हो जाते हैं, तो इससे उन्हें बहुत दुख होता है, वे खुश नहीं होते। जान लें कि यह जादू-टोना है।

सम्मान की कमी। आपको केवल अपने माता-पिता का ही सम्मान नहीं करना चाहिए, बल्कि आपको अपने से बड़े सभी लोगों का सम्मान करना चाहिए।

झूठ: यह एक बहुत ही महत्वपूर्ण बिंदु है जिसमें ईसाई भी खुद को पाते हैं। और ऐसे लोग, अक्सर अनजाने जादू-टोने के माध्यम से उनका उपयोग करते हैं। ऐसे लोग हैं जो झूठ बोले बिना एक दिन भी नहीं बिता

पाते। सलाह का एक छोटा सा टुकड़ा: जब आप कहीं बात कर रहे हों, और फिर आपको एहसास हो कि आपके पास एक-दूसरे से कहने के लिए और कुछ नहीं है, तो एक-दूसरे से विदा लें और सबको घर जाने दें, बजाय इसके कि वहीं रहें और ऐसी बातें बनाएँ जो अस्तित्व में नहीं हैं। यहाँ तक कि मंगेतर भी हैं जो एक-दूसरे को धोखा देते हैं। और वे ईसाई होने का दावा भी करते हैं! क्या आपको लगता है कि इस तरह जीने से शैतान आपसे डर सकता है? ऐसी हालत में, भले ही आप यीशु का नाम लें, शैतान नहीं काँपेगा। शैतान यीशु के नाम के उल्लेख से तभी काँपता है जब यह नाम किसी ऐसे व्यक्ति द्वारा लिया जाता है जो परमेश्वर के भय में चलता है।

प्रिय, सिर्फ़ ईसाई का नाम मत लो। तुम्हें एक ईसाई होना चाहिए जो जीवन की नवीनता में चलता है। यही परमेश्वर की संतान होने का अर्थ है! तुम्हें वह सब छोड़ देना चाहिए जो तुम कर रहे थे, एक नया प्राणी बनो, और परमेश्वर की इच्छा के अनुसार चलना शुरू करो। केवल उस समय ही जादूगर और शैतान तुमसे डरेंगे।

मेरे पास 24 रहस्यमयी आंखें थीं

जब मैं जादूगर था, तब मेरे पास 24 रहस्यमयी आंखें थीं। जब आप कहते हैं कि जादूगर की छह आंखें होती हैं, तो इसका मतलब है कि यह जादूगर पहले ही दो लोगों को मार चुका है। एक व्यक्ति की दो आंखें होती हैं, जब आप दो को दो से गुणा करते हैं तो आपको चार मिलते हैं। और जब आप चार लेते हैं, और उन्हें संख्या में जोड़ते हैं दो साधारण आँखें, आपको छह मिलती हैं। लेकिन मेरे पास 24 थीं। प्रिय, ईश्वर की कृपा से, मैं आज यहाँ हूँ, स्वतंत्र रूप से चल रहा हूँ। बाइबल हमें बताती है: चाहे आपके पाप लाल रंग के हों, अगर आप ईमानदारी से ईश्वर के सामने खुद को नम्र करते हैं, अगर आप उनसे क्षमा माँगते हैं और उन्हें

त्याग देते हैं, तो हमारा ईश्वर आपको क्षमा करेगा, वह आपको शुद्ध करेगा और आपको बर्फ की तरह सफेद कर देगा। और आज, बाइबल कहती है कि जो लोग मसीह में हैं, उनके लिए कोई निंदा नहीं है। चूँकि मैं मसीह में हूँ , इसलिए मैंने शैतान के साथ जो कुछ भी किया, वह इतिहास है। मैं प्रभु यीशु में हूँ; मेरे लिए कोई निंदा नहीं है।

तो मेरे पास 24 आँखें थीं। इन आँखों से मैं सब कुछ देख सकता था। इस दुनिया में, अगर प्रभु आपकी आध्यात्मिक आँखें खोल दें, तो आप जो कुछ भी होता है उसे देखकर बीमार हो जाएँगे। इस दुनिया में, ऐसे लोग भी हैं जो उल्टे चलते हैं। ऐसे लोग भी हैं जो चलते हैं, लेकिन जब आप उन्हें देखते हैं, तो आपको एक मानव शरीर दिखाई देता है, लेकिन एक कंकाल का सिर। मैं सड़क पर हो सकता हूँ और एक लड़की, एक सुंदर लड़की को देख सकता हूँ, लेकिन जब मैं उसे रहस्यमय आँखों से देखता हूँ, तो मैं एक बूढ़ी औरत को चलते हुए देखता हूँ। इस मामले में, एक ने पहले से ही उसका असली जवान लड़की वाला चेहरा ले लिया है और उसे बुढ़ापे का मुखौटा दे दिया है। और इस तरह की लड़कियाँ मंगेतर बदलने के अलावा कुछ नहीं करती हैं। जब आप खुद को ऐसी स्थिति में पाते हैं, तो सावधान रहें, खूब प्रार्थना करें। आपको प्रार्थना करनी चाहिए ताकि यीशु के नाम पर यह बुढ़ापे का मुखौटा गिर जाए और आपको अपना असली जवान लड़की वाला चेहरा वापस मिल जाए।

प्रिय, जादू-टोना चाहे आपको पसंद हो या न हो, मौजूद है। किसी को धोखा न दें, जादू-टोना मौजूद है। और हर परिवार में जादू-टोना होता है। हमें केवल प्रभु यीशु में प्रवेश करना चाहिए जो हमारा शरण नगर है। अगर हम शरण नगर में हैं, तो राक्षस हमें देख सकते हैं, लेकिन वे हमें छू नहीं सकते। अगर आप शरण नगर में हैं, तो वहाँ से बाहर जाने का जोखिम न उठाएँ। अगर आप प्रभु यीशु में हैं, तो सुनिश्चित करें कि

आप कोई दरार न खोलें क्योंकि बाइबल हमें बताती है कि शैतान, एक दहाड़ते हुए शेर की तरह, इस तलाश में घूमता रहा कि वह किसे निगल जाए। जान लें कि अगर आप शरण नगर से बाहर निकलते हैं, तो आप खुद को खतरे में डालते हैं।

उन आँखों से मैंने बहुत कुछ देखा। मैंने राक्षसों को देखा, मैंने ईसाइयों को देखा, मैंने बुतपरस्तों और पाखंडी ईसाइयों को देखा। सभी पाखंडी ईसाई और बुतपरस्त, मैंने उन्हें बिना कपड़ों के और यहाँ तक कि शरीर पर रस्सी के बिना भी देखा। प्रिय, कल्पना कीजिए कि एक दो साल का छोटा जादूगर, आपको देखते हुए, आपको बिना कपड़ों के देखता है क्योंकि आपको पवित्रता पसंद नहीं है। क्या आप इस तरह के अपमान को स्वीकार करते हैं? नहीं, यह

यह बिलकुल भी अच्छा नहीं है; आइए हम वास्तव में परमेश्वर के साथ बेहतर संबंध बनाने की कोशिश करें। और परमेश्वर हमारी रक्षा करेगा और जादूगर हमें देख नहीं पाएगा।

बाजार

जब मैं बाजार में प्रवेश करता हूँ, तो मुझे असहज महसूस होता है, क्योंकि बाजार वास्तव में राक्षसों के लिए डंपिंग ग्राउंड हैं। प्रत्येक बाजार में चाहे वह कितना भी बड़ा क्यों न हो, लूसिफ़र ने पहले से ही राक्षसों की छह सेनाएँ आवंटित कर रखी हैं। और राक्षसों की एक सेना 13000 राक्षसों से बनी होती है। इसलिए बाजार में पाए जाने वाले राक्षसों की कुल संख्या जानने के लिए, आपको 13000 को छह गुना करना होगा जो 78000 होता है। जब आप बाजार जाते हैं, तो घर पर पवित्र आत्मा के मार्गदर्शन में रहने के लिए प्रार्थना करें, ताकि पवित्र आत्मा आपको ऐसे उत्पाद खरीदने के लिए प्रेरित करे जो दूषित न हों। ऐसी भयानक और गंदी चीजें हैं जिन्हें लोग खरीदते और खाते हैं। और जब लोग उन्हें खाते हैं, तो लूसिफ़र दो उद्देश्यों का पीछा करता है:

पहला उद्देश्य मूर्तिपूजकों को कठोर बनाना है ताकि वे अपना जीवन यीशु को न दें।

दूसरा उद्देश्य ईसाइयों के विश्वास में कमी लाना है। आप महसूस करेंगे कि जिस तरह से आप पहले परमेश्वर की सेवा करते थे और जिस तरह से आप अब उनकी सेवा करते हैं, उसमें बहुत अंतर है। और फिर शैतान आपको शाप में फंसा देता है क्योंकि बाइबल यिर्मयाह 48:10 में कहती है: जो कोई भी प्रभु का काम करने में ढिलाई बरतेगा, उस पर शाप! ... और यीशु ने प्रकाशितवाक्य 2:4-5 में जोड़ा: फिर भी मैं तुम्हारे खिलाफ़ यह कहता हूँ: तुमने अपने पहले वाले प्यार को त्याग दिया है। सोचो तुम कितने गिर गए हो! पश्चाताप करो और वही करो जो तुमने पहले किया था। अगर तुम पश्चाताप नहीं करोगे, तो मैं तुम्हारे पास आऊँगा और तुम्हारे दीवट को उसके स्थान से हटा दूँगा। आमीन।

यातायात दुर्घटनाएं

मैं आपको संक्षेप में बताऊंगा कि कैसे शैतान ने यातायात दुर्घटनाओं में मेरा इस्तेमाल किया।
एक दिन हम लिकासी से निकले, हम एक दोस्त के साथ बस में थे, यात्रियों के साथ। जब हम बस में थे, तो मैं और मेरा दोस्त दस लोगों को मारने के लिए दुर्घटना करना चाहते थे। लिकासी से, हम अभी-अभी लुइज़ा से गुज़रे थे। और कुछ समय बाद, वहाँ एक पादरी आया जिसने शुरू किया बस में प्रचार करें। जब वह प्रचार कर रहा था, हमने उसे रहस्यमयी आँखों से देखा और उसे बिना कपड़ों के देखा। लेकिन वह फिर भी प्रचार कर रहा था। आप जानते हैं, आजकल कुछ पादरी ऐसे हैं जो सिर्फ़ दिशा-निर्देशों की तरह हैं। वे दूसरों से कहते हैं: "स्वर्ग है, स्वर्ग उस तरफ़ है", लेकिन वे यहाँ प्रचार कर रहे हैं, लेकिन दूसरों को जो उपदेश देते हैं, उसके अनुसार नहीं जी रहे हैं। और आजकल, ऐसे

बहुत से पादरी हैं जो इस तरह से जीते हैं। जब यह पादरी बस में प्रचार कर रहा था, तो वहाँ एक बहन थी, मैं उसे नहीं जानता था, जो वचन से प्रभावित हुई, और जो अचानक अन्य भाषाओं में बोलने लगी। और जब वह अन्य भाषाओं में बोल रही थी, तो मेरे दोस्त और मुझे बस से बाहर फेंक दिया गया और हम खुद को बौलोवो में झाड़ियों में पाया। मैं आपको याद दिला दूँ कि मैं और मेरा दोस्त दोनों शैतानवादी थे। यह घटना लूइज़ा से गुज़रने के ठीक बाद हुई।

हम शारीरिक रूप से झाड़ियों में थे; मुझे नहीं पता कि हम बस से कैसे बाहर निकले क्योंकि बस की खिड़कियाँ टूटी नहीं थीं। जब हम बौलोवो में झाड़ियों में थे, तो हम क्रोधित हो गए। इसलिए मैंने अपने दोस्त से कहा: "हमारे साथ जो कुछ भी हुआ, वह इस पादरी के कारण हुआ जो उपदेश दे रहा था, क्योंकि अगर उसने उपदेश नहीं दिया होता, तो यह बहन अन्य भाषाओं में बोलना शुरू नहीं करती। इसलिए हमें इस पादरी को मारने के लिए सब कुछ करना चाहिए। "हम एक गौरैया बाज में बदल गए, और हम उड़ गए। यह पादरी किबोम्बो में उतर गया। यहीं पर हमने उसे पकड़ लिया और मार डाला। वह अब इस दुनिया में नहीं है। परमेश्वर के काम से सावधान रहें, परमेश्वर का मज़ाक नहीं उड़ाया जा सकता। मनुष्य जो बोता है, उसे देर-सबेर काटता है।

रात्रि उड़ानें

अगर मैं ईसाई बन गया, तो इसका मतलब यह नहीं है कि सभी जादूगर धर्मांतरित हो गए हैं। वे काम करना जारी रखते हैं। मैं आपको यह गवाही इसलिए दे रहा हूँ ताकि आप सहिष्णु बन सकें और जादूगरों से लड़ना सीख सकें। जैसा कि मैंने पहले कहा है, रात में जब हम उड़ रहे थे, तो हमने देखा कि बुतपरस्त और पाखंडी ईसाइयों के सभी घर बिना छत, न फ्रेम, न चादर, न छत के थे, हम सब कुछ देख सकते थे। आप

अपने बेडरूम में हो सकते हैं, एक जादूगर देखता है और सब कुछ देखता है क्योंकि आप एक पाखंडी या बुतपरस्त हैं।

लेकिन कुछ और घर भी थे जिन्हें हमने दूर से देखा। वे आग की लपटों से घिरे हुए थे और हम उनके पास भी नहीं जा सकते थे। और उन घरों के चारों ओर लगी आग की लपटों का असर हमारे घरों पर भी पड़ा। एक विशाल क्षेत्र में। यहाँ तक कि आस-पास के घर भी आग की इन लपटों से सुरक्षित थे। कुछ ऐसे बुतपरस्त लोग हैं जो जादूगरों के हाथों आसानी से नहीं मारे जा सकते क्योंकि उनके घर ईसाइयों के घरों के करीब हैं। प्रिय, हमारा परमेश्वर विश्वासयोग्य है। जब आप ओबद्याह 1:18 पढ़ते हैं, तो परमेश्वर का वचन कहता है: और याकूब का घराना आग बन जाएगा, और यूसुफ का घराना ज्वाला बन जाएगा।
हमें उन घरों में जाने की अनुमति किसने दी जो हमने बिना छत के देखे?

मकड़ी के जालों के माध्यम से पहुंच

सबसे पहले: मकड़ी के जाले। स्वच्छता की दृष्टि से मकड़ी के जाले गंदगी के अलावा कुछ नहीं हैं। लेकिन आध्यात्मिक दृष्टि से वे एंटेना हैं जिनके माध्यम से जादूगर आपके घरों में आते हैं। अगर आपके घर में ऐसी चीजें हैं, तो उन्हें तुरंत हटा दें।

फोटो, चित्र, मूर्तियों के माध्यम से पहुँच। झूठे यीशु की तस्वीरें

दूसरा: तस्वीरें, चित्र, मूर्तियाँ। झूठे यीशु की तस्वीरें (लाल दिल और किरण रोशनी के साथ); झूठी मरियम की तस्वीर; मृत यीशु के साथ एक क्रॉस। मेरे प्रिय, आपको किसने बताया कि यीशु क्रूस पर हैं? वह क्रूस पर थे, यह सच है। लेकिन उन्होंने 2000 साल से भी पहले क्रूस

छोड़ दिया था। ये सभी तस्वीरें मूर्तियाँ हैं। इन्हें अपने घरों में न रखें। यह मूर्तिपूजा है! और भगवान मूर्तिपूजा की निंदा करते हैं। इसीलिए भगवान ने निर्गमन 20:4 में कहा: तुम अपने लिए ऊपर आकाश में या नीचे पृथ्वी पर या नीचे के जल में किसी भी चीज़ के रूप में कोई मूर्ति नहीं बनाना। यह एक घृणित बात है, और जादूगर तुमसे नहीं डर सकते क्योंकि तुम्हारे घर में एक तस्वीर है। प्रभु यीशु, हमें उन्हें दीवार पर नहीं रखना चाहिए, लेकिन उन्हें हमारे अंदर होना चाहिए। इसीलिए पॉल ने गलातियों 2:20 में कहा: मैं मसीह के साथ क्रूस पर चढ़ाया गया हूँ और अब मैं जीवित नहीं हूँ, लेकिन मसीह मुझ में रहता है।

कामुकता के माध्यम से पहुंच

तीसरा: ऐसे सभी घर जहाँ कोई ऐसा व्यक्ति है जो पहले से ही बुतपरस्ती से निपट चुका है। बाइबिल हमें व्यवस्थाविवरण 18:11 में स्पष्ट रूप से बताता है: तुम्हारे बीच कोई ऐसा व्यक्ति नहीं मिलेगा जो मृतकों से परामर्श करता हो। और यहाँ तक कि जिन लोगों के शरीर पर चीरे लगे हैं वे भी अचेतन जादूगर हैं। जब आप किसी जादूगर के पास जाते हैं, तो वह ब्लेड लेता है और आपकी त्वचा को काटता है, और वहाँ हम देखते हैं कि खून निकल रहा है। वह एक काला पाउडर लेता है, जिसके बारे में आपको न तो पता होता है कि यह कहाँ से आता है, न ही आप यह जानते हैं कि वह इस पर जो शब्द बोलता है उसका क्या अर्थ है। और जब वह इसे आपके खून पर लगाता है, तो यह खून में मिल जाता है और दुष्टात्माएँ आपके अंदर प्रवेश कर जाती हैं। जब आप चीरे लगा रहे थे, तब भी आपके खून की कुछ बूँदें ब्लेड पर रह गई थीं। डायन डॉक्टर, जिसे शाम को अपने मालिक को रिपोर्ट देनी होगी। इसलिए वह ब्लेड लेता है जिस पर आपका खून है, फिर भी हम जानते हैं कि आदमी का जीवन खून में है, और फिर कोई आपका खून लेता है और उसे लूसिफ़ेर को भेजता है। आपके खून के माध्यम से जो आपने

खुद को लूसिफ़ेर को दिया, वह आपके जीवन को नियंत्रित करने और आपकी परियोजनाओं को अवरुद्ध करने में सक्षम है।

संघर्षों के माध्यम से पहुँच

चौथा: जब आप घर में हों, तो अगर आपके बीच कोई विवाद हो तो आपको कभी भी सोने नहीं जाना चाहिए। सोने से पहले अपने विवाद को सुलझाने का प्रयास करें, अगर नहीं, तो यह शैतान के लिए आपको नुकसान पहुँचाने के कई रास्ते खोल देगा। इसलिए जब हम ऐसे घरों में मौज-मस्ती कर रहे होते थे, तो हम बाहर निकलते समय उनके चारों ओर जाल लगा देते थे, ताकि लोग सुबह उठकर प्रार्थना के लिए चर्च न जाएँ, या उन्हें सुबह की प्रार्थना में कमज़ोर न करें। क्योंकि हम अच्छी तरह जानते थे कि अगर वे लोग सुबह उठकर प्रार्थना के लिए चर्च चले गए, तो रात में हमने जो कुछ भी किया, वह सब व्यर्थ हो जाएगा। क्योंकि मसीह का चर्च एक ऐसी जगह है जहाँ कोई व्यक्ति समस्याओं के साथ आता है और समाधान के साथ बाहर आता है।

जब हम जादूगरों की दुनिया में जाने के लिए अपने जादूगरों के विमान से गए, तो मैंने वहाँ नदियाँ और पेड़ देखे और पेड़ों में छेद थे। जब हम वहाँ गए, तो वहाँ महिला जादूगरनी, पुरुष जादूगरनी, युवा जादूगरनी थीं और हर कोई अपने परिवार की समस्याओं के साथ वहाँ आया था। उदाहरण के लिए, कोई एक चुड़ैल को आते हुए देख सकता था, अपनी लंगोटी खोलकर एक कागज़ ले जाती थी जिसे वह वहाँ की नदियों में से एक में फेंक देती थी। उसके बाद वह एक शब्द कहती है: फलां व्यक्ति के बच्चे कभी अपनी पढ़ाई पूरी नहीं कर पाएँगे। कोई और आता है और कहता है: यह व्यक्ति कभी भी अच्छा नहीं कर पाएगा, और वह अपना कागज़ नदी में फेंक देता है। कुछ उदाहरण हैं। और जब वे कागज़ फेंकते हैं, तो वे एक शब्द बोलते हैं। तो आप ऐसे परिवार

देखते हैं जिनमें लोग बिना किसी स्पष्ट कारण के अपनी पढ़ाई छोड़ देते हैं, जबकि उनके पास अपनी पढ़ाई जारी रखने का अवसर होता है, सिर्फ़ इसलिए क्योंकि यह पहले से ही जादू-टोने द्वारा तय किया गया है। तो ऐसी चीज़ें हैं जो वहाँ पहले से ही कही गई हैं, जो परिवारों में साकार हो रही हैं।

कई परिवारों में ऐसे लोग होते हैं जो केवल जादूगरों की इच्छा के अनुसार जीते हैं, जादूगरों ने वहां पहले से क्या किया है, नदी में क्या फेंका गया है, उनके पास पहले से क्या है पेड़ों के छेदों में डाल दिया। जान लें कि ये चीजें इस दुनिया में नहीं की जाती हैं, ये इस दुनिया की नदी नहीं है, इस दुनिया के पेड़ नहीं हैं, लेकिन उनकी दुनिया के पेड़ और नदियाँ हैं, यहीं पर उन्होंने इसे फेंका है। इसीलिए आज, आप देखते हैं कि परमेश्वर के कई बच्चे, कई परिवार जादूगरों द्वारा किए गए कामों के कारण पीड़ित हैं। लेकिन आप परमेश्वर के बच्चे, मैं आपको एक बात बता दूँ, जिस दिन कोई आपके जीवन को रोकने की कोशिश कर रहा था, जिस दिन कोई आपका सामान फेंक रहा था, जिस दिन कोई आपके परिवार पर शब्द बोल रहा था, यीशु इसे देख रहे थे। जिस दिन किसी ने आपके जीवन को रोका, वह देख रहे थे। लेकिन आप खुद से कहेंगे, "यीशु, यीशु मेरे परमेश्वर, आप देख रहे थे, जब किसी ने मेरे जीवन को रोका। तो आपने उन लोगों को ऐसा क्यों करने दिया?" जवाब बहुत सरल है। वे सभी जिन्होंने पाप किया है वे परमेश्वर की महिमा से रहित हैं। और जब आप परमेश्वर की महिमा से रहित हो जाते हैं, तो जादूगर आपके साथ कुछ भी कर सकते हैं क्योंकि आप अब परमेश्वर की सुरक्षा में नहीं हैं।

अध्याय 5 - जादूगरों का आतंक और हर जगह जादू-टोना

कौन बैठा है आपके जीवन पर कब्जा?

प्रिय, जब एक पिता को लगता है कि उसकी मृत्यु निकट है, तो वह अपनी वसीयत बनाना शुरू कर देता है, वह अपनी संपत्ति को अपने बच्चों में बाँटना शुरू कर देता है। लेकिन जब तक यह पिता जीवित है, तब तक उसकी वसीयत का कोई मूल्य नहीं है। लेकिन अगर वह मर जाता है, तो वसीयत प्रभावी हो जाती है। जब कोई ध्यान से देखता है, तो आपके परिवार को रोकने वाले लोगों में, ऐसे जादूगर भी होते हैं जो पहले से ही मर चुके होते हैं। जब उन्होंने आपके परिवार के खिलाफ़ जादू-टोना किया, तो यह एक वसीयत थी जो वे बना रहे थे। और जैसा कि हम अभी बात कर रहे हैं, वे पहले से ही मर चुके हैं। इसी तरह आज, हम ऐसे परिवारों को देखते हैं जिनमें ऐसी चीज़ें हैं जो टिकती हैं क्योंकि जादूगरों ने पहले से ही उन पर एक वसीयत थोप दी है। लेकिन हमारे परमेश्वर ने भी हमारे लिए एक वसीयत बनाई है। वह यिर्मयाह 29:11 में कहता है: क्योंकि मैं जानता हूँ कि तुम्हारे लिए मेरी क्या योजनाएँ हैं, यहोवा की यह वाणी है, कि तुम्हारी भलाई की योजनाएँ हैं, न कि तुम्हें हानि पहुँचाने की, तुम्हें आशा और भविष्य देने की योजनाएँ हैं। प्रिय, यही परमेश्वर की इच्छा है, और क्रूस पर प्रभु यीशु की मृत्यु के साथ, यह इच्छा तुरंत प्रभावी हो जाती है। बाइबल कुलुस्सियों 2:14 में कहती है: उस लिखित संहिता को उसके नियमों समेत रद्द करके, जो हमारे विरुद्ध था और जो हमारे विरोध में खड़ा था, उसे उसने क्रूस पर जड़कर दूर कर दिया।

सब कुछ ठीक करने का समय

अब जबकि जादूगरों की इच्छा रद्द हो गई है, हम मछली पकड़ने जाएंगे। अब हमें वह वापस पाना होगा जो जादूगरों ने आपसे चुराया है। तुम जो निराश हो, जान लो कि मैं तुम्हारे लिए प्रोत्साहन का संदेश लेकर आया हूँ। जब तुम किसी चीज़ को लंबे समय तक खोजते हो, और उसे पाने के लिए अपने सभी प्रयास करते हो लेकिन असफल हो जाते हो, तो निराशा आती है। और एक बार जब कोई निराश हो जाता है, तो संदेह शुरू हो जाता है। कभी-कभी हम लोगों को खुद के लिए खेद महसूस करते हुए सुनते हैं और कहते हैं: "इस धरती पर, मैं केवल अन्य लोगों का साथ देने के लिए आया हूँ।" ऐसा कई लोगों के जीवन में होता है। लेकिन तुम, निराश मत हो, तुम्हारे लिए यह अभी खत्म नहीं हुआ है, क्योंकि जो जीवित है उसके लिए आशा है।
जादूगरों की इच्छा को रद्द करने के बाद, अब हम मछली पकड़ने जाएँगे। हम मछलियाँ नहीं पकड़ेंगे, लेकिन हम अपने सभी आशीर्वादों को पकड़ेंगे जिन्हें जादूगरों ने चुरा लिया है और अंधेरे की दुनिया में छिपा दिया है। विश्वास के द्वारा, हम उन्हें पुनः प्राप्त करेंगे। एक दिन, जब मैं प्रार्थना कर रहा था, प्रभु ने मुझे प्राचीन मिस्र का एक दर्शन दिखाया और जब मैं इसे देख रहा था, तो मैंने कई लोगों को काम करते देखा, और परमेश्वर के वचन ने मुझसे कहा: क्या तुम उन लोगों को देखते हो जो वहाँ काम कर रहे हैं, वे कड़ी मेहनत कर रहे हैं लेकिन यह उनके अपने लाभ के लिए नहीं है। ऐसा ही परमेश्वर के कई बच्चों के जीवन में होता है। वे कड़ी मेहनत करते हैं लेकिन अपने काम से लाभ नहीं उठाते हैं।

मिस्र में जो पिरामिड हम देखते हैं, वे मिस्रियों द्वारा नहीं बल्कि इस्राएलियों द्वारा बनाए गए थे। वे अपने हितों के लिए नहीं बल्कि मिस्रियों के हितों के लिए काम कर रहे थे। और यही आज ईश्वर की

कई संतानों के जीवन में होता है। ईश्वर की संतानें काम करती हैं, वे बहुत प्रयास करती हैं, लेकिन वे जो करते हैं उससे उन्हें कोई लाभ नहीं होता। जादूगर ही हैं जो उनके श्रम के फल को लूट रहे हैं। मैं आपसे यह सवाल पूछता हूँ: आप पर कौन बैठा है? आपके जीवन पर कौन बैठा है? आपके पास जो कुछ भी है, आप जो काम करते हैं और उससे आपको जो मिलता है, वह केवल उस चीज़ का एक छोटा सा हिस्सा है जो आपके पास सामान्य रूप से होना चाहिए, क्योंकि जादूगर हैं जो आपके जीवन को नियंत्रित करते हैं, बिना आपको पता चले। लेकिन यीशु के नाम पर, हम अपने सभी शत्रुओं को रौंद देंगे, हम अपने परिवारों, अपने पड़ोस, अपनी गलियों आदि के सभी जादूगरों को रौंद देंगे।

और जो लोग बहुत ज़्यादा बात करना पसंद करते हैं, उन्हें पता है कि वे अनजाने में ही खुद को धोखा देने में सफल हो चुके हैं। विवेक सीखना चाहिए, किसी को भी कुछ नहीं कहना चाहिए, इसलिए जो लोग बहुत ज़्यादा बात करते हैं, सावधान हो जाइए! दुनियादारी वाले लोग भी कहते हैं: ज़्यादा बात करना जानलेवा होता है।

छोटे बच्चों के जीवन में जादू-टोने के कुछ संकेत

हम कुछ संकेतों की जांच करेंगे जो हमें छोटे बच्चों के जीवन में जादू टोना का पता लगाने की अनुमति देंगे, अगर इन बच्चों का अनजाने में उपयोग किया जा रहा है। ये संकेत निम्नलिखित हैं: बच्चा बहुत विचलित है, उसकी याददाश्त कमज़ोर है, बच्चा आसानी से भूल जाता है (आप उसे कुछ बताते हैं, कुछ मिनटों के बाद, आप उससे फिर से पूछते हैं कि आपने अभी क्या कहा था, और उसे अब याद नहीं है, वह

सब कुछ भूल गया है। उदाहरण के लिए, आप बच्चे से कप लाने के लिए कहते हैं, लेकिन कप के बजाय, वह आपके लिए चाकू ले आता है), बच्चे की बुद्धि की कमी, वह हमेशा लड़ता रहता है, वह विद्रोही है (और उद्दंडता के बारे में, माता-पिता स्वयं बच्चों पर किए जाने वाले अपमान के माध्यम से इसमें एक बड़ी भूमिका निभाते हैं)। जब आप अपने बच्चे पर अपमान करते हैं, उदाहरण के लिए, यदि आप उसे "कुत्ता" कहकर अपमानित करते हैं, और ऐसा होता है कि कोई जादूगर वहाँ से गुज़रता है, तो वह बच्चे पर कुत्ते की आत्मा या राक्षस डाल देगा, और बच्चा विद्रोही हो जाएगा, और उसी क्षण से, कोई उसे जादू टोना में इस्तेमाल करना शुरू कर देगा।

बिल्लियाँ पालने का खतरा

यहाँ फिर से मैं आपका ध्यान आकर्षित करना चाहता हूँ। बिल्ली एक ऐसा जानवर है जिसका इस्तेमाल जादूगरों द्वारा बहुत किया जाता है। जब कोई जादूगर बिल्ली का इस्तेमाल करता है, तो वह लोगों को जादू-टोने में शामिल करने के लिए क्या कर सकता है? बिल्ली आपके खाने की जगह पर आ सकती है और जब वह खुद को खुजलाती है, तो उसके बाल गिर जाते हैं। जैसे ही आप खाना खाते हैं, वे आपके खाने में गिर जाते हैं, जादू-टोना शुरू हो जाता है।

जादू-टोने में कैसे शामिल होता है – 3 तरीके

जादू-टोना तीन तरीकों से किया जा सकता है:

आपके द्वारा हस्ताक्षरित अनुबंध

पहलाः एक समझौते या अनुबंध के ज़रिए जिस पर आप खुद हस्ताक्षर करते हैं। उदाहरण के लिए, आपके पास एक समस्या है जो आपकी समझ से परे है, यीशु पर भरोसा करने के बजाय, आप एक ज्योतिषी या जादूगर से सलाह लेने जाते हैं, जो आपको एक बुतपरस्ती, समाधान का एक दिखावा देता है। यह बुतपरस्ती जो आपको पसंद है यह आपको अचेतन जादू-टोने में शामिल कर देता है, और जैसे-जैसे समय बीतता है, संबंधित बुत आपको बदल देगा, और आप एक सचेत जादूगर बन जाएँगे। जब भी आपको कोई समस्या हो, चाहे वह कितनी भी कठिन क्यों न हो, यीशु मसीह के पास जाएँ, वे ही समाधान हैं। वे असंभव के स्वामी हैं; वे उन चीज़ों को भी बुलाते हैं जो वास्तव में नहीं हैं। मैं उन्हें समाधान पुरुष कहता हूँ। यीशु न केवल समाधान हैं, बल्कि वे स्वयं समाधान भी हैं।

पारिवारिक विरासत के माध्यम से अनुबंध

दूसराः पारिवारिक विरासत के ज़रिए। सावधान रहें। ऐसा हो सकता है कि वे आपको बुलाएँ और कहें: "अब से आप ही परिवार के प्रभारी होंगे, यह ले लो, अब से, आप परिवार के मुखिया बन जाएँगे।" बहुत सावधानी से सावधान रहें, क्योंकि कोई आपको जादू-टोने में शामिल कर सकता है।

प्रभाव द्वारा जादू टोना - आपकी इच्छा के बाहर

तीसराः प्रभाव द्वारा जादू टोना। मैं यहाँ जोर देकर आपका ध्यान प्रभाव द्वारा जादू टोने की ओर आकर्षित करना चाहता हूँ। आपका जादूगर बनने का कोई इरादा नहीं है, लेकिन कोई आपको आपकी इच्छा के बिना जादू टोने में शामिल कर लेता है। और जादू टोने का यह रूप भोजन के माध्यम से होता है। आपको कुछ भी नहीं खाना चाहिए। मैं

माता-पिता का भी ध्यान आकर्षित करना चाहूँगा। यदि आप अपने पड़ोसियों की आध्यात्मिक स्थिति को नहीं जानते हैं, तो अपने बच्चों को कभी भी वहाँ खाने न दें, संक्षेप में, अपने बच्चों को कभी भी खाने न दें जब वे घर पर न हों। यह अच्छा है जब आप दूर से जादू टोने के बारे में सुनते हैं क्योंकि अगर यह आपके घर में आता है, तो एक पूर्ण आपदा होगी, आप जीवन के बजाय मृत्यु को पसंद करेंगे। एक बार फिर, स्पष्ट रूप से याद रखें कि जादू टोना सभी क्षेत्रों में विनाश है।

चर्च में जादूगरों के उद्देश्य

जब मैं जादूगर था, तो शैतान हमें चर्च में भेज रहा था, यह यीशु मसीह की सेना का दृश्यमान हिस्सा है। इसलिए हमें चर्च को हानिरहित बनाने के लिए हर संभव प्रयास करना था। हमारे पास कई कार्य थे:

कार्य 1 - शब्द की अज्ञानता

पहला काम: जब हम चर्च में दाखिल हुए, तो पहला काम ईश्वर के बच्चों को ईश्वर के वचन से अनभिज्ञ बनाना था। इस स्तर पर, मैं वचन के प्रचारकों का ध्यान आकर्षित करता हूँ। यदि आप देखते हैं कि आप ईश्वर के भय में नहीं चलते हैं, और आपके पास पवित्रता का जीवन नहीं है, तो प्रचार न करें, क्योंकि यदि आप प्रचार करते हैं, तो आप चर्च का बहुत बड़ा नुकसान करेंगे। जब हम चर्च में दाखिल हुए, तो हमने भी भीड़ में घुलमिल गया और एक खास तरीके से उंगली दबाना शुरू कर दिया, और जब हम ऐसा कर रहे थे, तो किसी ने इस पर ध्यान नहीं दिया, किसी ने भी हमारी हरकतों में दिलचस्पी नहीं दिखाई। इस तरह के मंत्रोच्चार से हम उपदेशक की जुबान बंद कर रहे थे, और वह अपने द्वारा तैयार किए गए सभी संदेशों को अपने आप भूल गया, और

परमेश्वर के लोगों को ऐसी कहानियाँ सुनाने लगा जो शिक्षाप्रद नहीं थीं।

शैतान ने हमें बताया कि हमें ऐसा करना चाहिए ताकि ईसाई कमज़ोर हो जाएँ, क्योंकि अगर वे परमेश्वर के वचन को नहीं सुनते, तो वे विश्वास में कमज़ोर हो जाएँगे, जैसा कि रोमियों 10:17 में कहा गया है: "इसलिए, विश्वास संदेश सुनने से आता है, और संदेश मसीह के वचन के माध्यम से सुना जाता है।" इसलिए जब हम उपदेशक की ज़ुबान को मोड़ने में सफल हो गए, तो वह बकवास करने लगा जैसे: "मैं दक्षिण में था, मैंने यह किया, मैंने वह किया।" ठीक है, अगर आप दक्षिण में थे, अगर आपने यह या वह किया, तो इससे हमें कैसे लाभ हो सकता है? इससे हमें कोई सरोकार नहीं है कि आप दक्षिण में थे या नहीं, यह आपकी समस्या है, अगर आपने यह या वह किया, तो यह आपकी समस्या है। आपको परमेश्वर के वचन का प्रचार करने की ज़रूरत है, क्योंकि यह वचन ही है जो उद्धार करता है, बचाता है और चंगा करता है। यही कारण है कि यीशु ने हमें यूहन्ना 8:32 में बताया: "तब तुम सत्य को जानोगे, और सत्य तुम्हें स्वतंत्र करेगा।" और यह सत्य परमेश्वर का वचन है।

कार्य 2 – ईश्वर की संतानें गरीबी के अभिशाप में

दूसरा काम: हमें ईश्वर की संतानों को गरीबी में रखना था, और उन्हें अभिशाप के अधीन रखना था। गरीबी के लिए, चढ़ावे के समय सुस्ती पैदा करना ज़रूरी था। कुछ लोग हैं, जब चढ़ावे का समय आता है, तो उन्हें सुस्ती महसूस होने लगती है, यह शैतान है! जादूगर ही ऐसा करने वाले हैं। शैतान के जाल में फँसने से बचने के लिए, हमें यह जानना चाहिए कि ईश्वर को कैसे देना है, क्योंकि बाइबल उत्पत्ति 49:25 में कहती है: "अपने पिता के ईश्वर के कारण, जो तुम्हारी मदद करता है,

सर्वशक्तिमान के कारण, जो तुम्हें ऊपर के आकाश के आशीर्वाद, नीचे के गहरे जल के आशीर्वाद, स्तन और गर्भ के आशीर्वाद से आशीर्वाद देता है।" यह सब आशीर्वाद देने वाले प्रभु का काम है।

शैतान ने हमसे कहा: यदि परमेश्वर के बच्चे अपनी भेंट चढ़ाते हैं, तो न केवल वे गरीबी को दूर करेंगे, बल्कि वे वह सब भी वापस पा लेंगे जो मैंने पहले ही रोक दिया है। भेंट कुशल है। और लोगों को अभिशाप के अधीन करने के लिए, शैतान ने हमसे कहा कि लोगों को ऐसी भेंट चढ़ाने के लिए मजबूर करें जो परमेश्वर का सम्मान न करें। बाइबिल मलाकी 1:14 में कहती है: "शापित है वह धोखेबाज जिसके झुंड में एक स्वीकार्य नर हो और देने की प्रतिज्ञा करता है, लेकिन फिर यहोवा के लिए एक दोषपूर्ण पशु की बलि चढ़ाता है।"
उदाहरण के लिए, आपकी जेब में 5000 फ्रैंक हैं, चढ़ावा चढ़ाने के समय आप भगवान को 200 फ्रैंक देते हैं। जब आप चढ़ावा चढ़ाते हैं, तो समस्या यह नहीं है कि आप खड़े होकर चढ़ावे की टोकरी की ओर जाएं, बल्कि समस्या यह है कि आप टोकरी में क्या डाल रहे हैं।

चर्च परियोजना को अवरुद्ध करना

तीसरा काम: हमें चर्च की परियोजनाओं को रोकना था। हमारे पास शक्तिशाली जादूगर थे जिन्हें नेताओं के समूह में घुसपैठ करने के लिए कहा गया था। इसलिए जब आप चर्च में ऐसे लोगों को देखते हैं जो चर्च में किसी पद के लिए लड़ते हैं, तो जान लें कि आप जादूगरों से निपट रहे हैं। परमेश्वर से उत्थान मिलता है, क्योंकि यह परमेश्वर का चर्च है, तब तक प्रतीक्षा करें जब तक कि परमेश्वर स्वयं आपको चर्च में किसी पद पर नियुक्त न कर दे। लेकिन जब आप ऐसे लोगों को देखते हैं जो उच्च पद के लिए लड़ रहे हैं, तो जान लें कि आप जादूगरों से निपट रहे हैं। शैतान के ये एजेंट, एक बार इन रणनीतिक पदों पर

आसीन हो जाने के बाद, उन्हें सभी महत्वपूर्ण बैठकों में भाग लेने की अनुमति दी जाती है, जिसके दौरान चर्च की सभी परियोजनाओं पर बहस होती है। और रात में, वे हमें उन सभी चीज़ों की रिपोर्ट देने के लिए हमारे साथ जुड़ते थे जो परियोजनाओं के रूप में योजनाबद्ध की गई थीं, और उससे, हम लोगों को न देने के लिए प्रेरित करने के लिए राक्षसों को भेजते थे। क्योंकि चर्च को काम करने के लिए, पैसे की ज़रूरत होती है, प्यारे। यही हम कर रहे थे, हमने लोगों को देने से रोका, और इसी कारण से सभी परियोजनाएँ विफल हो रही थीं।

चर्च में जादूगरों को कैसे पहचानें

चर्च में जादूगरों को पहचानने के लिए, आपको बस बेचैन लोगों के मामले का निरीक्षण करना है, जो लोग शांत नहीं रहना चाहते हैं, और केवल आगे-पीछे जाना चाहते हैं, अगर आप ऐसे लोगों को जानते हैं, तो जान लें कि आप जादूगरों से निपट रहे हैं। जब हम चर्च में पहुंचे, तो आप जानते हैं कि सेवा से पहले, एक व्यक्ति मध्यस्थता से शुरू होता है, और वहाँ बहुत गर्मी होती है, हम बुतपरस्ती के साथ अंदर नहीं जा सकते थे। इसलिए हम उन्हें बाहर जाने देते थे, और चर्च में रहते थे, और किसी समय, हम बुतपरस्ती लेने के लिए बाहर जाते थे और चर्च में काम करना शुरू करते थे। जब आप ऐसे लोगों को देखते हैं जो बिना किसी अच्छे कारण के आगे-पीछे जाना पसंद करते हैं, तो जान लें कि आप जादूगरों से निपट रहे हैं। तो हमने फिर क्या किया? अगर परमेश्वर का आदमी जो उपदेश देता था, शक्तिशाली था, अगर वह परमेश्वर के भय में चल रहा था, तो हम उसकी जीभ को बांध नहीं सकते थे। चूँकि उसकी जीभ को बांधना असंभव था, इसलिए हम या तो उनींदापन की आत्माओं को भेज सकते थे भीड़ (यही कारण है कि आप देखते हैं कि कुछ लोग उपदेश के समय ही झपकी लेने लगते हैं),

या हम बच्चों को रहस्यमय इंजेक्शन लगाना या काटना शुरू कर देते हैं (यही कारण है कि आप देखते हैं कि बच्चे हॉल में किसी भी तरह रोते हैं), यह सब ध्यान भटकाने के लिए किया जाता है। और जब ध्यान भटकता है, तो लोग उपदेश दिए जा रहे वचन को सुन नहीं पाते। यही हम चर्चों में कर रहे थे और यही जादूगर आज भी चर्चों में करते हैं।

रात के समय गिरने वाले जादूगर

ऐसा अक्सर होता है कि जादूगर गिर जाता है। जब जादूगर गिरता है, तो इसका सीधा मतलब है कि उसने जो खून ईंधन के रूप में इस्तेमाल किया था, वह पर्याप्त नहीं था। आम तौर पर, जब ऐसा होता है, तो लोग भीड़ में आकर उसे पीटना शुरू कर देते हैं। जब कोई उसे पीटता है, तो उसे दर्द नहीं होता। जब आप उसे पीटते हैं, तो वह सिर्फ़ अजीबोगरीब चेहरे बनाता है। वह ऐसा सिर्फ़ इसलिए करता है ताकि आपको उस पर तरस आए और आप उसे जाने दें। अगर मैं आपसे पूछूँ कि जादूगर को पीटने के लिए कौन सा कोड़ा इस्तेमाल किया जाता है ताकि उसे दर्द महसूस हो, तो मुझे यकीन है कि कई लोग मुझसे कहेंगे कि हमें झाड़ू का इस्तेमाल करना चाहिए, है न? अपनी आँखें खोलो, प्यारे। जादूगर खुद उड़ने के लिए झाड़ू पर चढ़ता है और आप मानते हैं कि उसे झाड़ू से पीटने से उसे कुछ महसूस होगा? सिर्फ़ दो तरह के कोड़े हैं, जो जादूगर को पीटने के लिए इस्तेमाल किए जाते हैं, जिससे उसे शारीरिक और आध्यात्मिक रूप से दोहरा दर्द महसूस होता है।

पहला है उत्साह। जब आप जादूगरों को पीटने के लिए उनका इस्तेमाल करते हैं, तो उन्हें दुगना दर्द होता है। आप, जादूगर जो हमारे बीच में हैं, अगर आप एक दिन गिरते हैं, तो जान लें कि आपको पीटने के लिए जिस कोड़े का इस्तेमाल करना है, वह पहले से ही जाना जाता है। लेकिन जहाँ तक हम, ईश्वर के बच्चों की बात है, हमें इस कोड़े की भी

ज़रूरत नहीं है। बाइबल हमें इफिसियों 6:12 में बताती है: क्योंकि हमारा संघर्ष मांस और खून से नहीं, बल्कि शासकों से, अधिकारियों से, इस अंधकारमय दुनिया की शक्तियों से और दुष्टता की आध्यात्मिक शक्तियों से है। इसलिए हमारा संघर्ष शारीरिक नहीं, बल्कि आध्यात्मिक है। आपको पता होना चाहिए कि जादूगर भी उद्धार के हकदार हैं, क्योंकि परमेश्वर ने खोए हुए लोगों को खोजने और बचाने के लिए स्वर्ग में अपनी महिमा को त्याग दिया है। इसलिए जादूगर भी उद्धार के उम्मीदवार हैं, हमारी लड़ाई जादू टोने के खिलाफ है।

जादूगरों का बैठक स्थान

जब मैं जादूगर था, तो मुझे इतनी पदोन्नति मिली थी कि मुझे अफ्रीका के सभी जादूगरों की सभी बैठकों में भाग लेने का अधिकार था। हम कहाँ मिलते थे? जब आप अफ्रीका का नक्शा लेते हैं, तो आप देखते हैं कि अफ्रीका एक महाद्वीप है जिसमें दो महान रेगिस्तान हैं: उत्तर की ओर (मघरेब में), हमारे पास सहारा रेगिस्तान है। और दक्षिण की ओर, कालाहारी रेगिस्तान है। कालाहारी रेगिस्तान अफ्रीका के सभी जादूगरों का सामान्य विभाग है। जब हम वहाँ जा रहे थे, तो वहाँ "हिंदू शंकर" नामक एक उच्च पदस्थ दानव था जो हमारी सभी बैठकों की रिपोर्ट लेने और उन्हें लूसिफ़ेर को देने के लिए जिम्मेदार था।

अध्याय 6 - जादूगरों का संगठन

प्रथम स्थान - पी निवासी और रानी

पहले स्थान पर राष्ट्रपति और रानियाँ हैं जो जादू-टोने के निर्देश देते हैं। वे मानव हड्डियों से बनी कुर्सियों पर बैठते हैं। जब कोई खाता है, तो बची हुई हड्डियों का उपयोग कुर्सियाँ बनाने के लिए करता है जहाँ राष्ट्रपति और रानियाँ बैठती हैं।

दूसरा स्थान - एस सुप्रीम एस ऑर्सेरर्स

दूसरे स्थान पर सर्वोच्च जादूगर हैं। मैं इस बात पर ज़ोर देना चाहूँगा कि सर्वोच्च जादूगर जादूगरों का पड़ोस प्रमुख होता है, किसी भी पड़ोस में जादूगरों का एक पड़ोस प्रमुख होता है, यहाँ तक कि आपके पड़ोस में भी, पड़ोस के सभी जादूगरों का एक प्रमुख होता है। इसलिए उसे सर्वोच्च जादूगर कहा जाता है, और उसे ही अपने पूरे पड़ोस की रिपोर्ट पास करने के लिए विभाग में जाने का अधिकार है। और पड़ोस प्रमुख अकेले काम नहीं करता। वह एवेन्यू प्रमुख और स्ट्रीट प्रमुख के साथ काम करता है। हर एवेन्यू और हर गली में, एवेन्यू या गली के सभी जादूगरों का एक एवेन्यू प्रमुख या स्ट्रीट प्रमुख होता है। और एवेन्यू प्रमुख का मिशन एवेन्यू में जानकारी इकट्ठा करना है। वे इस तरह से काम करते हैं: वे आपके घर आते हैं, आपका अभिवादन करते हैं और आपसे बात भी करते हैं। और चूँकि आपको बहुत ज़्यादा बात करना पसंद है, इसलिए आप उसे अपनी सारी जानकारी देना शुरू कर देते हैं।

इसलिए जब आप उसके साथ होते हैं, तो आप उसे अपने परिवार के बारे में, अपने बारे में सारी जानकारी देना शुरू कर देते हैं। आप उसे उदाहरण के लिए बताते हैं: मेरी बेटी के लिए दहेज पहले ही दे दिया गया है , उसके ससुराल वालों ने कहा है कि वे दहेज देने के लिए निश्चित समय पर आएंगे। मेरा बच्चा इस साल राज्य की परीक्षा देगा... जब आप यह सारी जानकारी देते हैं, तो क्या आप उस व्यक्ति की आध्यात्मिक स्थिति जानते हैं जिससे आप बात कर रहे हैं? क्या आप कम से कम यह जानते हैं कि वह आपसे मिलने क्यों आया था?

आप ही उसे अपनी जानकारी देते हैं, और बदले में, वह पड़ोस के मुखिया को रिपोर्ट देगा। वह उसे बताएगा, उदाहरण के लिए: "मेरे एवेन्यू पर यह या वह समस्या है, उस घर में यह समस्या है, आदि।" क्या आपने कभी ऐसे मामले देखे हैं जहाँ कुछ परिवार, इस तथ्य के बावजूद कि दहेज पहले ही चुका दिया गया है और दहेज का दिन तय हो गया है, ससुराल वाले चले जाते हैं और फिर कभी वापस नहीं आते, जैसा कि अपेक्षित था? जान लें कि जादूगर इसके लिए जिम्मेदार हैं। पड़ोस का मुखिया एवेन्यू प्रमुखों द्वारा दी गई सभी रिपोर्ट लेता है और रात में उन्हें विभाग को सौंप देता है। इसलिए वे आपके द्वारा दी गई सभी सूचनाओं का उपयोग आपकी परियोजनाओं को रोकने के लिए करते हैं, अगर कोई शादी होने वाली है, तो वे उसे रोक देंगे। वे आपके परिवार के एक जादूगर को ले लेंगे, और उसे काम सौंप देंगे।

और जब जादूगर ऐसा करते हैं, तो वे आपके परिवार के किसी जादूगर को आपकी शादी, आपकी प्रजनन क्षमता, आपके काम, आपके स्वास्थ्य, आपके व्यवसाय को रोकने का काम सौंपते हैं। आप महसूस करेंगे कि आप बहुत काम करते हैं लेकिन कुछ भी नहीं कमाते हैं, जबकि जादूगर जो काम नहीं करते हैं, वे आपके काम से लाभ उठाते हैं। क्या बाइबल ने यह नहीं कहा कि काम करने वाला अपनी मजदूरी

का हकदार है? और जब हम काम करते हैं तो हमें इसका लाभ मिलना चाहिए। मैं आपको आश्वस्त कर सकता हूँ कि, यदि आप निरंतर प्रार्थनापूर्ण जीवन जीते हैं, तो जादूगर आपके आशीर्वाद के साथ खिलवाड़ नहीं कर पाएँगे। और जब वे किसी पड़ोस में ऐसा करते हैं, तो वे कई चीजों को रोकते हैं, जिन चीजों को रोका गया है, वे कानून बनाते हैं जो उस क्षेत्र को नियंत्रित करेंगे। यही कारण है कि आप देखेंगे कि कुछ क्षेत्रों में लोग सामान्य रूप से विवाह नहीं करते हैं। ऐसे क्षेत्र भी हैं जहाँ लोग अपनी पढ़ाई पूरी नहीं करते हैं। आप यह भी देख सकते हैं कि, कभी-कभी ऐसा होता है कि कोई व्यक्ति किसी पड़ोस में रहता है, और चीजें ठीक नहीं चलती हैं, लेकिन जैसे ही कोई पड़ोस बदलता है, पुराने पड़ोस में जो चीजें ठीक नहीं चलती थीं, वे नए पड़ोस में ठीक चलने लगती हैं, क्योंकि वहाँ जादूगरों ने पहले से ही कानून बना रखे हैं। लेकिन हम जो ईश्वर की संतान हैं, हम जादूगरों द्वारा बनाए गए कानूनों के कारण नहीं बदलेंगे, बल्कि हम प्रार्थना करेंगे और यीशु के नाम पर उनके कानून रद्द हो जाएँगे।

सर्वोच्च जादूगरों के विषय पर आगे बढ़ते हुए, जब हम अंधकार की दुनिया में जाना चाहते थे, तो हम कॉल सीटी का इस्तेमाल करते थे। और जब हम सीटी बजाते थे, तो सभी अचेतन जादूगर हमारे साथ आ जाते थे, फिर हम उन्हें घोड़ों में बदल दिया और फिर उन्हें अंधेरे की दुनिया में जाने के लिए परिवहन के साधन के रूप में इस्तेमाल किया। यही कारण है कि कुछ लोग रीढ़ की हड्डी या पीठ में दर्द के साथ उठते हैं क्योंकि रात में किसी ने उन्हें परिवहन के साधन के रूप में इस्तेमाल किया था। हम यही करते थे। उदाहरण के लिए, जब हम उस दुनिया में मौज-मस्ती करने के लिए पार्टियाँ आयोजित करते थे, तो हम लोगों के सिर ले लेते थे, और ये सिर हमारी गेंद बन जाते थे। यही कारण है कि ऐसे लोग हैं जो सिरदर्द के साथ उठते हैं। फिर से, हमारे उत्सव के क्षणों के दौरान, हमने गाया और ड्रम बजाया। और बेहोश जादूगरों के पेट ही

वे हैं जिन्हें हमने ड्रम के रूप में इस्तेमाल किया। इसलिए उन लोगों को देखकर आश्चर्यचकित न हों जो अच्छे स्वास्थ्य में बिस्तर पर जाते हैं, लेकिन पेट दर्द के साथ उठते हैं, यह सिर्फ इसलिए है क्योंकि किसी ने रात में उनके पेट को ड्रम के रूप में इस्तेमाल किया था।

हमने लोगों के पैर भी लिए और उन्हें गिटार की तरह इस्तेमाल किया। यही कारण है कि आप कुछ लोगों को असाध्य घावों के साथ देखेंगे। आप कुछ लोगों को पैरों में समस्या या दर्द से पीड़ित भी देखेंगे। यह केवल इस तथ्य के कारण है कि किसी ने रात में अपने पैरों का इस्तेमाल गिटार के रूप में किया। हम किसी व्यक्ति को ले जा सकते हैं और उसके साथ सो सकते हैं, और उस पल, यह व्यक्ति अपने आप को अपने सपने में सेक्स करते हुए देख सकता है। क्या आपको लगता है कि यह वास्तव में एक सपना था? नहीं, प्रिय, यह एक सपना नहीं है! यदि आपके साथ ऐसा कुछ होता है, तो जान लें कि इसके लिए जादूगर जिम्मेदार हैं। अन्य लोगों के साथ, हमने मानव मांस खाया। जब आप सपने में खुद को खाते हुए देखते हैं, तो आपको लगता है कि यह सामान्य है, आपको लगता है कि यह केवल एक सपना है। प्रिय, मैं आपको बताना चाहूँगा कि यह वास्तविकता है। यह जादूगरों का काम है।

प्रभु ने मुझे कीचड़ से निकाला; मुझे जो मुक्ति दी है, उसके लिए उनके नाम की महिमा हो। यीशु! सच्चा परमेश्वर, दयालु परमेश्वर, दयालु परमेश्वर, क्रोध में धीमा और प्रेम में भरपूर। मैं उसे दूसरे मौके का परमेश्वर कहता हूँ, ओह! प्रिय, प्रभु के महान प्रेम के कारण हम नष्ट नहीं हुए, क्योंकि उसकी करुणा कभी समाप्त नहीं होती। वे हर सुबह नए होते हैं और महान होते हैं उसकी वफ़ादारी। जान लो कि मैं यीशु की महिमा के लिए गवाही देता हूँ। अगर तुम भी खुद को उन चीज़ों में पाते हो, तो अपना जीवन यीशु को दे दो, वह तुम्हें माफ़ कर देगा, वह वहाँ है, उसे तुम्हारी ज़रूरत है, वह तुम्हारे लिए मर गया। एक ने उसे कोड़े मारे, उस पर थूका, एक ने उसके सिर पर काँटों का ताज पहनाया, उसके हाथों में, उसके पैरों में कीलें ठोंकी गईं, उसकी पसलियों में भाला मारा गया। यह सब तुम्हारे लिए है, उसे तुम्हारी ज़रूरत है, वह तुम्हारे लिए मर गया, वह तुम्हारे और मेरे लिए आया। उसने मुझे बचाया और जो उसने मेरे लिए किया है, वह तुम्हारे लिए भी करना चाहता है।

तीसरा स्थान - ई जल्लाद

तीसरे स्थान पर जल्लाद हैं। वे ही हत्या के प्रभारी हैं। इस बिंदु पर, मैं आपका ध्यान एक बात की ओर आकर्षित करना चाहूँगा। जब जादूगर किसी व्यक्ति को मारना चाहते हैं, तो वे सबसे पहले उस पर जादू करके शुरू करते हैं, फिर वे उसकी छाया चुरा लेते हैं और कुछ ही समय बाद मृत्यु हो जाती है। जब व्यक्ति मर जाता है, तो उसका परिवार आमतौर पर उसका शव लेकर कब्रिस्तान में उसे दफनाने जाता है और वापस घर आ जाता है। और रात में, हत्या की साजिश रचने वाले सभी जादूगर कब्रिस्तान में एकत्र होते हैं। मैं यही कर रहा था। जब हम वहाँ पहुँचे, तो हम पीड़ित की कब्र के चारों ओर एकत्र हुए, और कॉल व्हिप से, हमने कब्र पर तीन बार प्रहार किया। और जब वे कब्र पर प्रहार

करते हैं, तो जिस व्यक्ति को आपने दफनाया है, वह बाहर आ जाता है और वे उसे उसकी छाया वापस दे देते हैं। व्यक्ति होश में आ जाता है और अपने आस-पास मौजूद सभी जादूगरों को पहचानने में सक्षम हो जाता है। व्यक्ति जान जाता है कि: यह व्यक्ति मेरा चाचा है, यह हमारा पड़ोसी है और यह फिर से फलां व्यक्ति का पिता है आदि।

उस समय, भले ही वह व्यक्ति चिल्लाए, "यीशु, यीशु! आओ और मेरी मदद करो!" मैं आपको विश्वास दिलाता हूँ कि यीशु नहीं आएंगे, क्योंकि प्रभु यीशु मृतकों के नहीं बल्कि जीवितों के परमेश्वर हैं। इसलिए जब तक आप जीवित हैं, यह समय है कि आप अपना जीवन यीशु को दे दें और उन सभी बुरी चीज़ों को छोड़ दें जो आप कर रहे हैं: झूठ, यौन अनैतिकता, गपशप आदि, क्योंकि यदि आप उन्हें त्यागे बिना मर जाते हैं, तो यीशु आपकी मदद करने नहीं आएंगे।

इन सभी रस्मों के बाद, हमने एक अंडा लिया और उसे पीड़ित के सिर पर कुचल दिया। फिर, हमने जानवरों के पाँच नाम सुझाए, और हमने लॉटरी निकाली। जब हम लॉटरी निकालते, तो अगर वह बकरी पर गिरता, तो व्यक्ति बकरी में बदल जाता और जल्लाद आकर उसके टुकड़े-टुकड़े कर देते। और जब वे काटने का काम पूरा कर लेते, तो अगर हम राक्षसी कब्जे को पैदा करना चाहते थे, हमने इस विच्छेदित "मांस" को लिया और इसे कब्रिस्तान की महिलाओं और महिला चुड़ैलों को दे दिया, जो बदले में, इसे मानव की दुनिया के बाजार में बेचने जाती थीं। और जब वे इसे बेच रहे होते हैं, तो उनके स्टॉल पर एक हाथ होता है, यह हाथ कॉल हैंड होता है। यह सामान्य आँखों के लिए अदृश्य है।

यह हाथ काउंटर पर है और बाजार में आने वाले लोगों को बुलाने के लिए लहराता है। इसलिए जब आप बाजार जाते हैं, तो यह हाथ

आपको बुलाता है। आप वहां जाते हैं, गंदी चीजें खरीदते हैं, उन्हें घर ले जाते हैं और खाते हैं। हमने लाशों की उँगलियाँ भी लीं, उन्हें सिगरेट में बदल दिया और उन्हें बेच दिया। यही कारण है कि बहुत से लोगों को धूम्रपान छोड़ना बहुत मुश्किल लगता है, क्योंकि वे पहले से ही अनजाने में मानव उंगलियों को धूम्रपान कर चुके हैं। हमने उंगलियों को बड़े फ्राई में भी बदल दिया। हमने बकरी के मल को भी लिया और उसे मूंगफली में बदल दिया। हमने मानव रक्त लिया और इसे ताड़ के तेल में बदल दिया, और ये सभी चीजें बाजार में बेची गईं। मैं जो आपको बता रहा हूं उसे बहुत गंभीरता से लें, क्योंकि यह सच है।

अब जब ये चीज़ें हमारे बाज़ार में हैं, तो हम क्या खाएँगे? 1 कुरिन्थियों 10:25-26 में बाइबल कहती है: मांस बाज़ार में बिकने वाली कोई भी चीज़ बिना विवेक के सवाल किए खाओ, क्योंकि धरती और उसमें जो कुछ है, वह प्रभु का है। इसका क्या मतलब है? अगर आप ईश्वर की संतान हैं, एक सच्चे ईसाई हैं, तो आप एक ऐसा निवास हैं जिसमें ईश्वर अपनी आत्मा के द्वारा रहता है। जब आप अपने शरीर में पवित्र आत्मा के साथ बाज़ार में प्रवेश करते हैं, तो यह बुलावा हाथ पवित्र आत्मा को आकर्षित नहीं कर सकता, नहीं! पवित्र आत्मा आपको केवल वहाँ ले जाएगा जहाँ स्वस्थ चीज़ें हैं। और जब आप उन्हें खरीदते हैं, तो आप उन्हें खाते हैं, और उनका आप पर कोई नकारात्मक प्रभाव नहीं पड़ता है। इन सभी दागों से बचने का एकमात्र तरीका यीशु मसीह को पाना है, और सुनिश्चित करना है कि आपके पास वास्तव में वह है। क्योंकि केवल प्रभु ही आपको शुद्ध चीज़ों की ओर ले जा सकते हैं।

जब हम जादूगर थे, तो हम फूफू के साथ इंसान का मांस खाते थे, लेकिन उस दुनिया में, मैंने कभी एक भी मकई का खेत नहीं देखा था, वहाँ एक चक्की भी नहीं थी। तो, चुड़ैलों को फूफू बनाने के लिए आटा कहाँ से मिलता था? हर बाज़ार के प्रवेश द्वार पर जादूगरों ने पहले से ही

अपने जाल बिछा रखे हैं। जब आप उदाहरण के लिए दो बाल्टी आटा खरीदते हैं, जब आप जाल के उस स्तर पर पहुँचते हैं जिसे आप सामान्य आँखों से नहीं देख सकते हैं, तो वे आपके आटे को आधा कर देते हैं और उसका एक हिस्सा वापस रख लेते हैं। जब आप घर वापस आते हैं, तो आप देखते हैं कि आपके पास अभी भी दो बाल्टी आटा है। लेकिन जब आप उन्हें पकाते हैं, तो आप खाते हैं सब कुछ, लेकिन बिना भरे। ऐसा इसलिए है क्योंकि इसका एक हिस्सा जाल में रह गया। और रात में, जादूगर अपने फूफू को पकाने के लिए जो कुछ भी उन्होंने निकाला है उसे इकट्ठा करने आते हैं। अब से, जब आप बाजार जाते हैं, तो आपको अपने घर से निकलने से पहले प्रार्थना करनी चाहिए, जादूगरों के जाल पर आग भेजनी चाहिए ताकि ये जाल आपका आटा न पकड़ सकें, और उनके जाल भगवान की आग से जल जाएँ, यीशु के नाम पर।

ऐसा हो सकता है कि किसी खास समय पर कोई आपसे कहे: मैंने श्रीमान या श्रीमती को देखा। और आप जवाब देते हैं: नहीं! आप जिस व्यक्ति के बारे में बात कर रहे हैं वह पहले ही मर चुका है और उसे दफ़नाया भी जा चुका है। लेकिन दूसरा व्यक्ति आपसे कहता है: नहीं! मैंने उसे देखा। इसका क्या मतलब है? इसका मतलब है कि जादूगरों ने पहले ही उसकी बलि दे दी है, लेकिन अभी तक उसे खाया नहीं है। वे पीड़ित को उस व्यक्ति को वापस दे देंगे जिसने उसकी बलि दी थी और वह उसका इस्तेमाल करेगा: या तो मछली पकड़ने के लिए, या खेतों में, या शिकार के लिए और उस दौरान, कोई भी व्यक्ति पीड़ित को देख सकता है। और जब पीड़ित थक जाता है तो वे उसे खत्म कर देते हैं और उसका शरीर खा जाते हैं। लेकिन अगर ऐसे जादूगर हैं जिन्हें वे बढ़ावा देना चाहते हैं, तो वे पीड़ित को जानवर नहीं बनाएंगे, वे उसे वैसे ही छोड़ देंगे जैसा वह है। वहाँ, उबलते पानी से भरे बड़े बर्तन हैं। और इन बर्तनों को लकड़ी की आग पर रखा जाता है। फिर वे पीड़ित को

लेते हैं, और उसे बर्तन में फेंक देते हैं। व्यक्ति अंततः बर्तन में महसूस होने वाले दर्द से मर जाएगा। और उसके बाद, वे उसे वहां से हटा देंगे और उसके शरीर के टुकड़े करना शुरू कर देंगे, और जादूगर जो पदोन्नति चाहते हैं वे उसकी सामान्य अवस्था में, मानव अवस्था में मानव मांस खाएंगे।

पवित्र जल

अब अगर वे भूत-प्रेत के दूसरे रूप को बनाना चाहते हैं, तो वे किसी व्यक्ति को मार देंगे, उसके शरीर को निकाल लेंगे और उसे 4 दिनों के लिए छोड़ देंगे। 4 दिनों के बाद, शरीर फूलना शुरू हो जाता है और चौथे दिन, यह सड़ना शुरू हो जाता है और सड़ने की प्रक्रिया में, शरीर एक तरल पदार्थ का स्राव करना शुरू कर देता है। हमने उस तरल पदार्थ को लिया और फिर इसे झूठे भविष्यद्वक्ताओं को पवित्र जल के रूप में दिया। हमारे बीच ऐसे लोग हैं जिन्होंने पहले से ही भविष्यद्वक्ताओं से पानी पीया है, खासकर महिलाएं, क्योंकि वे वे हैं जिन्हें भविष्यवाणियां बहुत पसंद हैं। प्रिय, भविष्यवाणी सर्वोत्कृष्ट है परमेश्वर का वचन। परमेश्वर का वचन हर चीज की कुंजी है। यही हम झूठे भविष्यद्वक्ताओं के साथ करते थे, हम उन्हें वह पानी दिया और लोग उसे लेने उनके घर गए। बहुत से लोग मानते हैं कि उन्हें तभी मुक्ति मिल सकती है जब कोई उन्हें पवित्र जल या अभिषेक का तेल पिलाए, या जब कोई उन्हें आग से गुज़ारे। नहीं, मेरे प्यारे! इस तरह से आप मुक्ति नहीं पा सकते। मुक्ति केवल यीशु के नाम में है। [...] भाई आज चर्चों में तेल के दुरुपयोग से संबंधित चूक के बारे में चेतावनी देते हैं। वह अन्य बातों के अलावा विवाह, प्रजनन क्षमता आदि के तथाकथित तेलों का उल्लेख करता है। उन्होंने यह कहते हुए आगे कहा कि भगवान उन चीजों के पीछे नहीं है, और ये सभी प्रथाएँ शैतान से आती हैं।

कुश्ती

मैं कुश्ती के बारे में बात करने जा रहा हूँ। लेकिन उससे पहले आइए हम अय्यूब 20:15; 18 में परमेश्वर का वचन पढ़ें।

अय्यूब 20:15: जो धन उसने निगल लिया है, उसे वह उगल देगा; परमेश्वर उसके पेट से उसे उगलवा देगा। ... 18: जो धन उसने परिश्रम करके कमाया है, उसे वह बिना खाए लौटा देगा; और जो लाभ उसने अपने व्यापार से कमाया है, उसका आनन्द वह न उठाएगा।

मुझे पता है कि हमारे बीच ऐसे कई लोग हैं जो कुश्ती देखने के लिए स्टेडियम में जा चुके हैं। हमारे बीच ऐसे लोग भी हैं जो पहलवानों का पीछा करते हैं क्योंकि वे सड़क पर अपना विज्ञापन करते हुए गुज़र रहे होते हैं। ऐसे बहुत से लोग हैं। लेकिन इससे भी गंभीर बात यह है कि लोगों को नहीं पता कि पहलवान क्या करते हैं। बहुत से लोग मानते हैं कि कुश्ती एक खेल है। कुश्ती एक खेल के मुखौटे के पीछे छिपी शैतानी है।

चुड़ैलें कैसे विवाह को नष्ट करती हैं

कुश्ती के बारे में बात करने से पहले, मैं आपको बताना चाहूँगा कि चर्च में कई जादूगर हैं। मैं उनसे कहता हूँ कि वे अपनी जादू-टोना छोड़ दें। मैं आपको समझाऊँगा कि जादूगर किस तरह से विवाह को नष्ट करते हैं। यहाँ कोई भी यह नहीं कह सकता कि उसने कभी किसी और से पीने का पानी नहीं माँगा। यदि कोई जादूगर आपकी शादी को नष्ट करना चाहता है, तो आप जो पीने का पानी माँगेंगे, उसका उपयोग आप तक पहुँचने के लिए एक खुले दरवाजे के रूप में किया जाएगा। आपको पानी देने से पहले, वह पहले कप में थूकेगा। जैसे ही आप इस दूषित

पानी को पीते हैं, आप संक्रमित हो जाते हैं, और आप अपने साथी के प्रति अभद्र और अपमानजनक व्यवहार करना शुरू कर देते हैं। वह जो लार पानी में डालता है, वह एक सहारा है जहाँ राक्षस होंगे। भूमि। जब आप इस पानी को पीते हैं, तो ये राक्षस आपके अंदर आ जाते हैं, और वे ही हैं जो आपको अपना व्यवहार बदलने के लिए प्रेरित करते हैं। आप झगड़ने लगते हैं और इसका परिणाम तलाक होता है। यदि आप इसे पीने से पहले यीशु के नाम पर इस पानी को शुद्ध करते हैं, तो आप इन मंत्रों को रद्द कर देंगे। यही कारण है कि आपको हमेशा यीशु के नाम पर सब कुछ शुद्ध करना चाहिए।

मैं आपको एक और उदाहरण देता हूँ। हम यहाँ अफ्रीका में हैं। लोग अक्सर एक दूसरे के घर आग जलाने जाते हैं। अगर आपका पड़ोसी आपके घर आग जलाने आए, तो क्या आप उसे बाहर निकाल देंगे? बिलकुल नहीं! लेकिन जब आप किसी चुड़ैल से निपट रहे होते हैं, तो जैसे ही वह आपके घर आती है, वह अपने हाथ में "पाउडर एस्परगिलम" नामक पाउडर रखती है, और यह पाउडर सामान्य आँखों के लिए अदृश्य होता है। जब चुड़ैल आग लेती है, तो वह अपना हाथ खोलती है, यह पाउडर आपके अंगीठी पर रहता है और आपके घर में राक्षसों के प्रवेश द्वार के रूप में काम करता है। और ये राक्षस ही हैं जो आपको झगड़ने के लिए उकसाएँगे, यहाँ तक कि तलाक लेने की हद तक। इसलिए आपको हर बार अपने घर को ईश्वर की आग से ढकने के लिए प्रार्थना करनी चाहिए।

चलिए कुश्ती के विषय पर वापस आते हैं। जब मैं अभी भी माध्यमिक विद्यालय में था, हम दोस्तों के साथ मौज-मस्ती करते थे। हम छोटे-छोटे छल्ले बनाते थे, चार दांव लगाते थे और उनके चारों ओर रोब बांधते थे। और फिर, हम वहाँ चिप्स डालते थे और खेलते थे। बहुत से बच्चे भी ऐसा करते हैं। यहाँ मैं माता-पिता का ध्यान आकर्षित करता हूँ। जब

आप ऐसी चीजें देखते हैं, जब आपके बच्चे खुद को पहलवानों का नाम देकर खेलना शुरू करते हैं, तो यह मत मानिए कि यह सिर्फ़ एक खेल है। नहीं, शैतान के लिए यह कोई खेल नहीं है। वह हमेशा इसका फ़ायदा उठाना चाहता है, आपको अपने बच्चों को ऐसा करने से मना करना चाहिए। जब हम दोस्तों के साथ इस तरह से खेल रहे थे, तो मैं पहले से ही एक जादूगर था और वहाँ बहुत से लोग आ रहे थे।

एक दिन, मैं पहले से ही एक जादूगर था, मैंने अपने दोस्तों से कहा: अब हमें प्रदर्शन देने के लिए शक्ति की तलाश करनी होगी। हालाँकि हम जो कुछ भी करते थे वह मुफ़्त था, फिर भी हमें शक्ति की तलाश करनी थी। और हममें से प्रत्येक को शक्ति की तलाश में अकेले जाना था। इसलिए एक दिन मैंने कॉलेज छोड़ दिया। जब मैं स्वतंत्रता के बुलेवार्ड पर पहुँचा, तो मैं अस्पताल डको से गुज़रा, और मैं डिकौला के स्टेडियम में पहुँचा। बोर्ड को देखने पर, मैंने देखा कि वहाँ कुश्ती मैच आयोजित किए गए थे, और विभिन्न शहरों के पहलवान थे आमंत्रित थे। मैंने कोलवेज़ी के एक पहलवान से मिलने का अवसर लिया, "अमनी" होटल में। जब मैं वहाँ पहुँचा, तो मैंने उससे बात की, और मैंने उसे अपने आने का कारण बताया। जब उसने मेरी बातें सुनीं, तो वह हँसने लगा और बोला: "पहले मेरे लिए एक बियर खरीदो।" मैंने उसे एक बियर खरीदी, और अंत में, उसने मुझसे कहा: "चूँकि तुम ही हो जो इस रहस्यमयी शक्ति को माँगने के लिए अकेले आए हो, इसलिए तुम्हें उन वस्तुओं की तलाश करनी होगी जिनका मैं उल्लेख करूँगा।" उसने मुझे खोजने वाली वस्तुओं की सूची दी, और मैं उसके पास से चला गया।

जब मुझे वे सारी चीजें मिल गईं, तो मैं उनसे मिलने वापस गया, तब लगभग 7:30 बजे थे। लेकिन जब मैं पहुंचा, तो समारोह तुरंत शुरू करने के बजाय, उन्होंने पहले मुझसे दूसरी चीजों के बारे में बात की। रात 11:30 बजे, उन्होंने मुझसे फिर कहा: "चूंकि तुम ही अकेले यहां शक्ति

की तलाश में आए हो, इसलिए तुम कब्रिस्तान में लाए गए इन सभी वस्तुओं के साथ जाओगे, तुम उन्हें एक कब्र पर रखोगे, और जब तुम वहां पहुंचोगे तो एक मंत्र का उच्चारण करोगे। [...] और रात 11:30 बजे मैं अकेले "अमनी" होटल से निकला, और सपिन के कब्रिस्तान में चला गया। [...] इस बिंदु पर भाई ने कब्रिस्तान के रास्ते और वहां होने वाले सभी समारोहों का वर्णन किया। उसके बाद, मैं पहलवान के घर वापस गया, मैंने उसे कब्रिस्तान में रात के दौरान जो कुछ भी किया था, वह सब समझाया, और उसने मुझे शाम को वापस आने के लिए कहा। [...] भाई ने पहलवान के घर पर अपनी दीक्षा के अन्य दृश्यों का वर्णन करके अपनी गवाही जारी रखी।

और फिर, उसने मुझे सबसे पहले एक लाल कसाक दिया जिस पर "ज़ागामे" लिखा था, एक राक्षस का नाम जो नौ कब्रिस्तानों पर नियंत्रण रखता है, और उसने मुझसे यह कहा: "जब तुम आधी रात को घर पहुँचोगे, तो तुम अपने सारे कपड़े उतार दोगे और यह कसाक पहनोगे, तुम मंत्रोच्चार करोगे और बिस्तर पर चले जाओगे।" मैंने यही किया। सुबह जब मैं उठा, तो मैंने अपने तकिए के नीचे देखा और एक छोटा सा पैकेट था। जब मैंने इसे खोला, तो अंदर एक हरा पाउडर था। फिर मैंने वह पाउडर लिया और मैं होटल में पहलवान से मिलने चला गया। जब मैं वहाँ पहुँचा, तो उसने मुझसे यह फिर से कहा: "चूँकि तुम ही वह हो जो शक्ति की तलाश में अकेले आए हो, रात को तुम कब्रिस्तान जाओगे और एक खोपड़ी खोदोगे।" और रात को, मैं एक कुदाल लेकर वहाँ गया, मैंने वह सड़क ली जो "कोलवेज़ी" की ओर जाती है।

मैं कटौजेम्बे कब्रिस्तान में रुका। [...] जब मैंने वह सब कर लिया जो पहलवान ने मुझे कब्रिस्तान में करने को कहा था, तो मैं वापस देखने गया उसे। जब मैंने उसे वह सब दे दिया जो मैंने कब्रिस्तान में लिया था,

तो उसने मुझसे यह कहा: अब, पैसे लो, जो पाउडर तुम्हें मिला है उसे उस पर छिड़क दो, और जाकर उसे सड़क पर दो अलग-अलग जगहों पर फेंक दो। मैं गया और मैंने उसकी सिफारिशों के अनुसार काम किया। एक दिन बाद, मैं पहलवान को देखने के लिए वापस आया, और जब मैं उसके स्थान पर पहुँचा, तो मैंने देखा कि जो खोपड़ी मैंने उसे दी थी वह खून से भरी हुई थी। यह खून उन दो लोगों का था, जिन्होंने मेरे द्वारा सड़क पर फेंके गए पैसे उठाए थे। मेरे प्रिय, सावधान रहो, क्योंकि तुम अपना जीवन वास्तव में हास्यास्पद कीमत पर बेच सकते हो। ऐसे लोग हैं जो, जब उन्हें सड़क पर पैसा मिलता है, तो वे हर तरफ देखते हैं और अगर वे देखते हैं कि वहाँ कोई नहीं है, तो वे इसे उठाते हैं और अपनी जेब में रख लेते हैं। यह बहुत खतरनाक है!

और जब खोपड़ी खून से भर गई, तो उसने मुझे दिया, मुझे इसे पीने के लिए कहा, और मैंने इसे पी लिया। फिर उसने मुझसे कहा: तुम पाउडर के बचे हुए हिस्से से नदी में छींटे मारोगे। तुम ऐसी नदी की तलाश करोगे जो बहुत ज़्यादा चलती हो। और फिर मैं नकोलोमोनी में पोला नदी पर गया। वहाँ बहुत से युवा लोग थे जो वहाँ नहाते थे और बहुत सी महिलाएँ भी थीं जो कपड़े धोने के लिए वहाँ जाती थीं। और पहलवान ने मुझे यह भी बताया: "जब तुम पाउडर से छींटे मारोगे, तो वहाँ नहाने वाले लोग अपने आप राक्षसों के संपर्क में आ जाएँगे, और वहाँ कपड़े धोने वाले लोगों के कपड़े राक्षसों से संक्रमित हो जाएँगे। इसलिए, जो लोग इन कपड़ों को पहनेंगे, वे पीड़ित होंगे, और जब वे दर्द में होंगे, तो तुम्हें सफलता मिलेगी। "मैंने वह सब किया जो उसने मुझे बताया था, मैंने इस पाउडर से नदी में छींटे मारे और दो दिन बाद, वहाँ दो लड़के मर गए। [...] उनकी दीक्षा का एक और क्रम।

और अगले दिन, मैं पहलवान के घर वापस आया, और उसने मुझसे कहा: "आज हम समापन करने जा रहे हैं।" [...] पहलवान के घर में

दीक्षा जारी है। भाई अपनी गवाही जारी रखता है: उसके कमरे में, लकड़ी का एक टुकड़ा था जिससे उसने मुझे मारना शुरू किया। और जब वह मुझे मार रहा था, मुझे लगा कि वह मुझे खरोंच रहा है। और उसके बाद, लकड़ी का टुकड़ा भी टूट गया। बाद में, उसने लड़ाई का रुख अपनाया और मेरी छाती पर चार बार फोरआर्म वार किए। जब कोई कुश्ती में फोरआर्म वार के बारे में बात करता है, तो वह फोरआर्म के बारे में बात कर रहा होता है, यह छाती के स्तर पर एक वार होता है। उसने मुझे चार बार मारा, लेकिन मुझे लगा कि वह मुझे खरोंच रहा है। मैं हिला भी नहीं था, मैंने उसकी तरफ देखा, और फिर पहलवान ने मुझे मारना शुरू कर दिया। उसने मेरी तरफ देखा और मुझसे कहा: "वैसे भी, तुम एक महान व्यक्ति हो।"

और उसके बाद, उन्होंने मुझे लक्स (फ्रेंच में "सवोन लक्स") नामक एक साबुन दिया। जब आप इस साबुन को ध्यान से देखते हैं, तो आपको एक महिला की तस्वीर दिखाई देती है। वह अंधकार की दुनिया की एक महिला है, उसका नाम श्रीमती सोफी है। इसलिए जब आप यह साबुन खरीदें, तो इसका उपयोग करने से पहले इसे शुद्ध करें। भगवान की इच्छा से, मैं उन विभिन्न महिलाओं के बारे में भी बताऊँगी जिन्हें आप सौंदर्य लोशन (डिप्रोसोन, रिको, जोहाना ...) और यहाँ तक कि मेकअप उत्पादों (लाल, मौवे ...) पर देखते हैं और मैं उन राक्षसों के बारे में बात करूँगा जो उन चीजों पर कार्य करते हैं।
फिर उसने मुझे यह साबुन दिया। उसके कमरे के एक कोने में एक फूलदान था, और उसके अंदर पानी और कुछ जड़ें थीं। और उसने मुझे वहाँ जाकर नहाने के लिए कहा। नहाने के बाद, उसने मुझसे कहा: "अपने बालों में झाग को रखो, उसे हटाओ मत।" और उसने मुझे अपने बगल में बिस्तर पर लेटने के लिए कहा और उसने मुझसे फिर कहा: तुम्हें मुर्गे की बाँग पर झाग हटा देना चाहिए, लेकिन अगर तुम सो गए और मुर्गे की बाँग नहीं सुनी, तो जान लो कि तुम अपनी नींद में ही मर

जाओगे। और उस दिन, प्रिय, मैं पहलवान के बगल में बिस्तर पर खुली आँखों से लेटा हुआ था। मैं अक्सर कहता हूँ कि शैतानवादी बहुत गंभीर होते हैं। क्योंकि जब कोई उनसे कुछ करने के लिए कहता है, तो वे तुरंत उसका पालन करते हैं। जब लूसिफ़ेर ने हमें उदाहरण के लिए बताया कि हम 1 बजे अटलांटिक महासागर के तल पर एक बैठक करेंगे, तो आधी रात को हम सभी पहले से ही वहाँ थे, क्योंकि अगर हम केवल एक मिनट की देरी से पहुँचते हैं, यानी 1:01 बजे, तो शैतान हमें अपने आप मार देगा। लेकिन ईश्वर के बच्चों के बीच ऐसा नहीं है। यदि चरवाहा उन्हें कोई आदेश देता है, तो हर कोई उसका पालन नहीं करता।

प्रिय, 1 शमूएल 15:22 में बाइबल हमें बताती है: "आज्ञा पालन करना बलिदान से बेहतर है"। मैंने आज्ञा का पालन किया और लगभग 3 बजे जब मुर्गे ने बाँग दी, मैं जल्दी से उठा और फूलदान में से सारा झाग हटाने चला गया और वापस बिस्तर पर चला गया। लगभग 5 बजे, पहलवान ने मुझे जगाया और मुझसे कहा: "अब फूलदान ले लो, जाओ और सड़क पर इसकी सामग्री उंडेल दो।" मैं बाहर गया, और मैंने स्वास्थ्य केंद्र में जाकर फूलदान की सामग्री उंडेल दी जो कि मिशेल कासोंगो और सामाजिक भवन के जंक्शन के पास है। उसके बाद, मैं पहलवान से मिलने वापस गया, और लगभग 7 बजे, उसने मुझसे कहा: "कुछ ही मिनटों में, हम देखेंगे कि क्या तुम सफल हुए हो।"

कुछ मिनट बाद, मुझे ऐसा लगा जैसे किसी ने मेरे पेट में छुरा घोंपा हो। मुझे लगा कि मेरे शरीर में कुछ बहने लगा है, मुझे लगा जैसे वह छाती तक जा रहा है और नीचे बांह तक जा रहा है। जब वह बांह तक पहुंचा, तो मुझे एहसास हुआ कि यह मेरे शरीर में एक बड़ी कील थी। और उसने मुझे यह बताया: जो कील आप देख रहे हैं वह "टार्जन इंजन" की शक्ति है, और यह उस पहले व्यक्ति की आत्मा के साथ काम करती है

जिसने सड़क पर आपके द्वारा डाली गई चीज़ पर पैर रखा हो। इसलिए मैं बुत, उस शक्ति और जगुआर की खाल के साथ बाहर निकल गया।

बहुत से लोग कहते हैं, "नहीं, अगर कोई मुझे मार सकता है तो उसे मेरे परिवार का सदस्य होना चाहिए।" इतना निश्चित मत होइए! जिस व्यक्ति ने सड़क पर जो कुछ मैंने डाला था उस पर पैर रखा, वह मेरे परिवार का सदस्य नहीं था। प्रभु यीशु के साथ अपना दिन शुरू करना सीखें। क्योंकि जब आप रात को सोते हैं, तो जादूगर, शैतानवादी, जादूगर लगातार जाल बिछाते रहते हैं। और आज हम बहुत से लोगों को नारे लगाते हुए देखते हैं। जब वे कहीं पहुँचते हैं और पाते हैं कि उन्होंने किसी चीज़ को रौंद दिया है, तो वे कहते हैं: "कोई प्रभाव नहीं।" प्रिय, सावधान रहें। "कोई प्रभाव नहीं" कोई नारा नहीं है। यदि आप ईश्वर के भय में नहीं चलते हैं, और ऐसा होता है कि आप ऐसी चीज़ों पर पैर रखते हैं, भले ही आप "कोई प्रभाव नहीं" कहें, मैं आपको विश्वास दिलाता हूँ, इसके परिणाम होंगे। यशायाह 54:17 की आयत कहती है: "तुम्हारे विरुद्ध गढ़े गए कोई भी हथियार सफल नहीं होंगे, और तुम अपने ऊपर दोष लगाने वाली हर जीभ का खंडन करोगे। यहोवा के सेवकों की यही विरासत है, और यही मेरी ओर से उनका न्याय है," यहोवा की यही वाणी है।" यह केवल उन लोगों के लिए है जो परमेश्वर के भय में चलते हैं। इसलिए यदि आप अपना दिन यीशु के साथ शुरू करते हैं, तो वह आपके आगे सड़क पर चलेगा और दुष्टों के सभी जाल को नष्ट कर देगा जो वहाँ आपका इंतजार कर रहे हैं। आपके वहाँ से गुजरने से पहले प्रभु आपके रास्ते में आने वाली सभी बुरी आदतों को खत्म कर देगा।

कुश्ती के परिणाम

मुझे पता है कि ऐसे पहलवान हैं जो पहले ही गवाही दे चुके हैं। लेकिन वे हवा के रहस्य में नहीं थे, वे नहीं जानते थे कि राक्षस कैसे काम करते हैं। वे केवल अपना प्रदर्शन कर रहे थे, उन्हें खुद नहीं पता था कि वे दर्शकों के साथ क्या कर रहे हैं। मैं लूसिफ़र के बगल में एक शैतानवादी था। मेरे पास 406 राक्षस थे जो मेरी सेवा में थे, और मैंने देखा कि कैसे लूसिफ़र ने इस दुनिया में राक्षसों को भेजा। यहां तक कि जब पहलवान खुद का विज्ञापन करते हैं और सड़क पर गाते हुए गुजरते हैं, तो वे बहुत से लोगों को आकर्षित करते हैं। वे सभी लोग शैतान की योजनाओं से अनजान हैं।

अध्याय 7 – कुश्ती दंगल आध्यात्मिक परिणाम और स्तुति की शक्ति

जब पहलवान सड़क से गुजरते हैं, तो सबसे पहले, अगर कोई गर्भवती महिला है, तो वह गर्भपात के माध्यम से अपने आप ही अपना गर्भ खो देगी। दूसरे, वे छोटी लड़कियों की प्रजनन क्षमता भी चुरा लेते हैं। कुछ लड़कियाँ ऐसी हैं जो खुद को बांझ पाती हैं क्योंकि वे छोटी उम्र में पहलवानों का पीछा करती थीं। तीसरे, वे छोटी लड़कियों को शादी करने के मौके से वंचित करते हैं। बाइबल सभोपदेशक 7:14 में यह कहती है: "जब समय बुरा हो, तो सोचो।" प्रिय, सोचो, जिस स्थिति से तुम गुज़र रहे हो, उसके मूल का पता लगाने की कोशिश करो। तुम लोगों की निंदा करना शुरू कर सकते हो, जबकि तुम्हारा दुर्भाग्य इस तथ्य से आया हो सकता है कि, जब तुम छोटे थे, तो तुम पहलवानों की ओर आकर्षित हुए थे जो गुजर रहे थे और जिनका तुम पीछा कर रहे थे, इस बात से अनजान कि तुम क्या कर रहे थे। यिर्मयाह 33:3 में परमेश्वर कहता है: "मुझ से प्रार्थना करो और मैं तुम्हें उत्तर दूंगा और तुम्हें बड़ी-बड़ी और कठिन बातें बताऊंगा जिन्हें तुम नहीं जानते।"

इसलिए जब पहलवान स्टेडियम में एक दूसरे के खिलाफ़ लड़ते हैं, तो वे सबसे पहले कुश्ती के ज़रिए सीखी गई लड़ाई की तकनीकों से शुरुआत करते हैं। कुश्ती के बारे में, सबसे पहले ग्रीको-रोमन कुश्ती होती है, उसके बाद ओलंपिक फ्रीस्टाइल कुश्ती होती है, और अंत में आत्मरक्षा होती है। मैंने भी ये सभी लड़ाई की तकनीकें कीं जिनका मैंने अभी उल्लेख किया है। और फिर, वे दूसरे चरण में जाते हैं। लड़ाई का यह चरण शैतानी है, यह इस स्तर पर है कि आप शक्ति का प्रदर्शन देखते हैं।

लड़ाई के दौरान किसी समय तुरही बजाई जाती है। इसके दो काम हैं: प्रतिद्वंद्वी के राक्षसों की सेना को रोकना और उस पहलवान के पक्ष में राक्षसों की सेना को बुलाना। जब कोई राक्षस शैतान की दुनिया से निकलकर आता है, तो वह स्टेडियम में घुस जाता है, रिंग में पहुँचने से पहले दर्शकों के सिर पर चढ़ जाता है। इसलिए जब आप ध्यान से देखते हैं, तो पाते हैं कि कुश्ती देखने गए लोग घर लौट आते हैं। थके हुए। इसलिए, जब ये राक्षस रिंग में आते हैं, तो उन्हें बुलाने वाला पहलवान अपने प्रतिद्वंद्वी को गिराने के लिए उनका इस्तेमाल करता है। प्रतिद्वंद्वी या तो गिर जाएगा, रेफरी गिनती करेगा, और फिर वह फिर से उठ जाएगा, या प्रतिद्वंद्वी गिरने की कोशिश करेगा। किसी बिंदु पर, आप देखेंगे कि वह विरोध करना शुरू कर देता है, और जब वह विरोध करता है, तो इसका मतलब है कि आए हुए राक्षस उसे नीचे गिराने में सक्षम नहीं हैं।

तो, दूसरा व्यक्ति अपने प्रतिद्वंद्वी को सम्मोहित कर देगा। और जब वह उसे सम्मोहित करता है, तो आप उसे कुछ इशारे करते हुए देखते हैं। लोग नहीं जानते कि इसका क्या मतलब है। वास्तव में, जब वह उन इशारों को करता है, तो वह आए राक्षसों को ले जाता है और उन्हें दर्शकों की भीड़ में वापस भेज देता है। जब ये राक्षस भीड़ में जाते हैं, तो वे मौजूद लोगों की जीवन प्रत्याशा को कम कर देते हैं। और जब वे पहलवान के पास लौटते हैं, तो वह अपने प्रतिद्वंद्वी पर प्रहार करने के लिए इसका इस्तेमाल करता है, और इस तरह वह लड़ाई जीत जाता है। जब वह जीतता है, तो दर्शक यह जाने बिना ही प्रशंसा करना शुरू कर देते हैं कि यह आदमी सिर्फ इसलिए जीत गया क्योंकि उसने उनकी जीवन प्रत्याशा को कम करके प्राप्त की गई शक्ति का इस्तेमाल किया।

प्रिय, केवल परमेश्वर ही जानता है कि हम इस धरती पर कितने साल बिताने वाले हैं। लेकिन इस तरह के दिखावे की वजह से शैतान ने पहले ही बहुत से लोगों की जीवन प्रत्याशा को कम कर दिया है। यही कारण है कि कुछ लोग जल्दी मर जाते हैं। हम जानते हैं कि हम सभी मरेंगे। लेकिन अगर किसी को मरना है, तो उसे परमेश्वर के नियत समय पर मरना चाहिए, न कि शैतान द्वारा नियत समय पर। क्योंकि तुम, जो पहले ही कुश्ती मैच देखने के लिए स्टेडियम जा चुके हो, जान लो कि शैतान ने पहले ही तुम्हारी जीवन प्रत्याशा को कम कर दिया है। और अगर तुम्हारे बच्चे या तुम्हारे पति कुश्ती पसंद करते हैं, और पहले ही कुश्ती मैच देख चुके हैं, तो यह भी जान लो कि शैतान ने पहले ही उनकी जीवन प्रत्याशा को कम कर दिया है। तुम कितनी बार ऐसे स्टेडियम गए हो जहाँ कुश्ती मैच हो रहा हो?

आपके पास अभी कितने साल बचे हैं?

जब आप किसी ऐसे स्टेडियम में जाते हैं जहाँ कुश्ती का मैच हो रहा होता है, तो आप अब ईश्वर की उपस्थिति में नहीं होते, आप अब ईश्वर द्वारा सुरक्षित नहीं होते, और शैतान आपके साथ जो चाहे कर सकता है। लेकिन उम्मीद मत छोड़िए, क्योंकि गंभीर मामलों का आदमी, जो प्रभु यीशु है, आपको वे साल वापस देगा जो शैतान ने आपके जीवन से चुराए हैं, अगर आप पश्चाताप करते हैं। अब यीशु के पास आएँ, उन्हें अपने उद्धारकर्ता और अपने प्रभु के रूप में स्वीकार करें, और वे उन सभी आशीर्वादों को बहाल करेंगे जो शैतान के एजेंटों ने आपसे चुराए हैं, वे सभी साल जो पहलवानों ने आपके जीवन से छीन लिए हैं। यदि आप यीशु के पास आते हैं, तो वह आपको वापस कर देगा अपनी आँखों से

हर आँसू पोंछ डालो। बाइबल हमें योएल 2:25 में बताती है कि मैं उन वर्षों का बदला चुकाऊँगा जो टिड्डियों ने खाए हैं - बड़ी टिड्डी और युवा टिड्डी, दूसरी टिड्डियाँ और टिड्डी दल - मेरी बड़ी सेना जिसे मैंने तुम्हारे बीच भेजा था। यदि आप यीशु को अपना प्रभु बनाते हैं, तो आपके दुश्मन आपके सामने काँप उठेंगे। व्यवस्थाविवरण 33:29 हमें बताता है: हे इस्राएल, तुम धन्य हो! तुम्हारे जैसा कौन है, जो प्रभु द्वारा बचाया गया है? वह तुम्हारी ढाल और सहायक और तुम्हारी महिमामय तलवार है। तुम्हारे दुश्मन तुम्हारे सामने काँप उठेंगे, और तुम उनके ऊँचे स्थानों को रौंदोगे।

स्तुति और आराधना की शक्ति

हमारे परमेश्वर के लिए प्रसन्न होने का रहस्य उसकी स्तुति और आराधना करना है, क्योंकि वह अपने लोगों की स्तुति और आराधना में रहता है। जब हम अपने परमेश्वर की आराधना करते हैं, तो वह स्वर्ग को खोलता है और वे सभी अच्छी चीजें जो हम खोज रहे हैं, हमारे जीवन में उतर आती हैं। जान लें कि आप जो भी अच्छी चीजें खोज रहे हैं, वे परमेश्वर के हाथ में हैं। आपको बस उसकी सही तरीके से आराधना करनी है और वह आपको आपके दिल की इच्छाएँ पूरी करेगा। लेकिन क्योंकि शैतान यह जानता है, उसने पहले ही आराधना को पुनर्निर्देशित कर दिया है। शैतान ने उस आराधना को अपने लिए निर्देशित कर लिया है जो सामान्य रूप से परमेश्वर के लिए होनी चाहिए, मनुष्यों को ऐसे काम करने के लिए प्रेरित करके जो परमेश्वर की महिमा को नहीं दर्शाते हैं। बाइबल कहती है कि हमें हर परिस्थिति में परमेश्वर को महिमा देनी चाहिए। लेकिन अगर आप अपने जीवन की अच्छी तरह से जाँच करें, तो आपको एहसास होगा कि आप जो करते हैं, आप कैसे जीते हैं, आप कैसे व्यवहार करते हैं, वह परमेश्वर

की महिमा को नहीं दर्शाता है। और जान लें कि जब आप ऐसे काम करते हैं, तो आप अनजाने में शैतान की आराधना कर रहे होते हैं। जान लें कि ऐसे शैतान हैं जो आपको वे सभी काम करने के लिए प्रेरित करते हैं, और इस गवाही के माध्यम से, प्रभु आपकी आँखें खोल रहे हैं। शैतान के पास अब आराधना नहीं होगी। अब से केवल हमारे परमेश्वर की ही पूजा की जाएगी।

शैतान और उसका संगठन

प्रिय, जब आप किसी दुश्मन से लड़ना चाहते हैं, तो उसे और उसकी चालों और रणनीतियों को जानना वास्तव में अनिवार्य है। और जब आप उन्हें जान लेते हैं, तो आप उपयुक्त हथियारों का उपयोग कर सकते हैं। आप दाईं ओर से हमला कर सकते हैं, जबकि आपका दुश्मन बाईं ओर है, और इस मामले में, उसे मारना मुश्किल है। इस कारण से, आपको शैतान और उसके संगठन के बारे में जानना होगा।

चौथी आज्ञा - गरीबी

चौथी आज्ञा कहती है : ईसाइयों को दशमांश और चढ़ावा न देने के लिए कहकर उन्हें गरीबी में रखो।

पाँचवी आज्ञा - ईसाइयों में नफरत फैलाना और चर्चों में विभाजन पैदा करना

पाँचवी आज्ञा कहती है : जाओ और ईसाइयों के बीच नफरत फैलाओ और चर्चों में विभाजन पैदा करो। ऐसी चीजें हैं जो हम देखते हैं। आप एक ही चर्च के लोगों को देखेंगे, एक ही समुदाय के, जो एक दूसरे से बात नहीं करते हैं लेकिन खुद को ईसाई कहते हैं। मत्ती 5:23-24 में यीशु ने कहा: इसलिए यदि आप वेदी पर अपनी भेंट चढ़ा रहे हैं और वहाँ आपको याद आए कि आपके भाई के मन में आपके खिलाफ़ कुछ है, तो अपनी भेंट वहीं वेदी के सामने छोड़ दें और जाएँ। पहले अपने भाई से मेल-मिलाप करें और फिर आकर अपनी भेंट चढ़ाएँ। यदि आप ऐसा नहीं करते हैं, तो आप अपना समय बर्बाद कर रहे हैं। यूहन्ना 15:12 कहता है: एक दूसरे से प्यार करो जैसा मैंने तुमसे प्यार किया है। रोमियों 13:8 कहता है: एक दूसरे से प्यार करने के अलावा किसी चीज़ का कर्ज न लें, क्योंकि जो दूसरे से प्यार करता है, उसने व्यवस्था को पूरा किया है। जब ईसाइयों के बीच नफरत होती है तो शैतान को यह पसंद आता है। यह साँप की सेवकाई है। और यहाँ, शैतान कई महिलाओं को बदनामी और दुर्भावनापूर्ण गपशप में इस्तेमाल करता है। जब एक साँप एक बिंदु से दूसरे तक जाना चाहता है, तो वह कभी भी सीधे रास्ते पर नहीं चलता है। यदि बिन्दु उसके सामने भी हो तो भी वह टूटी हुई रेखा बनाएगा।

शैतान इसी तरह काम करता है। कुछ लोग, खास तौर पर महिलाएँ, घर-घर जाकर बदनामी करती हैं और अपनी चुगली से वे उन लोगों के बीच कई टकराव और गंभीर समस्याएँ पैदा करती हैं जो उनकी बात सुनते हैं। ऐसी महिलाएँ हैं जो इस क्षेत्र में विशेषज्ञ हैं: यह शैतान का काम है। जहाँ तक विभाजन की बात है, यह शैतान का सिद्धांत है, फूट डालो और राज करो। जान लें कि आपकी जो भी समस्या है, उसका समाधान हमेशा भगवान के सामने होता है।

छठी आज्ञा - उपदेश मत दो, सिखाओ और परमेश्वर की महिमा करो

छठी आज्ञा कहती है : ईसाइयों को परमेश्वर की महिमा का प्रचार, शिक्षा और गवाही देने की अनुमति न दें। प्रचार और शिक्षा के संबंध में, यह रोमियों 10:17 में कही गई बातों से संबंधित है: इसलिए विश्वास सुनने से आता है, और सुनना मसीह के वचन के माध्यम से होता है। इस प्रकार, शैतान नहीं चाहता कि परमेश्वर के बच्चों को सिखाया जाए। वह नहीं चाहता कि कोई भी परमेश्वर के बच्चों को सिखाए, क्योंकि अगर उन्हें सिखाया जाता है, अगर उन्हें उपदेश मिलता है, तो उनका विश्वास मजबूत होगा। क्योंकि जैसे ही किसी के पास विश्वास होता है, स्वचालित रूप से, वह आसानी से शैतान का विरोध कर सकता है और परमेश्वर के लिए सुखद हो सकता है। यही कारण है कि वह हमें चर्चों में भेज रहा था ताकि हम शिक्षाओं के साथ-साथ लोगों को भी परेशान करें। और मैंने आपको बताया कि कैसे हम प्रचारकों की जबान बंद करने में सफल हुए।

जब मैं गवाही देता हूँ, तो मैं यीशु के द्वारा मेरे जीवन में किए गए कामों के लिए आभारी हूँ, यीशु ने मुझे जो मुक्ति दी है, वह उसने मुझे निःशुल्क दी है। मैंने इसके लिए कुछ भी भुगतान नहीं किया, लेकिन यह अनुग्रह से है और मुझे अपनी कृतज्ञता दिखाने के लिए गवाही देनी चाहिए।

सातवीं आज्ञा – बहुविवाह फैलाओ

सातवीं आज्ञा कहती है: जाओ और बहुविवाह फैलाओ और मेरे पास कई आत्माएँ होंगी। आजकल, कुछ चर्च हैं जो बहुविवाह का समर्थन

करते हैं, और कुछ पादरी भी हैं जो बहुविवाह को बढ़ावा देते हैं। जान लें कि यह शैतान की आज्ञा है। जब हम उत्पत्ति 2:24 पढ़ते हैं तो बाइबल कहती है: इसलिए एक आदमी अपने पिता और अपनी माँ को छोड़ देगा और अपनी पत्नी को पकड़ लेगा, यहाँ एक स्पष्ट है: वह अपनी पत्नी को पकड़ लेगा, न कि अपनी पत्नियों को। जान लें कि ईश्वर की इच्छा है कि हर आदमी की एक ही पत्नी हो अगर वह शादीशुदा है, तो बहुविवाह और सहवास ईश्वर के सामने पाप हैं। इस आज्ञा का दूसरा पहलू कहता है: "मेरे पास कई आत्माएँ होंगी।" इसका सीधा सा मतलब है कि बच्चे, जो इन मनगढ़ंत विवाहों में पैदा होंगे, वे आत्माएँ हैं जो पहले से ही लूसिफ़ेर के निपटान में हैं।

ऐसे विवाह जो परमेश्वर की इच्छा के विरुद्ध हैं, पाप हैं और इस पाप का उन बच्चों पर गंभीर प्रभाव पड़ता है जो इस विवाह से पैदा होंगे, क्योंकि वे पहले से ही अभिशाप के अधीन पैदा हुए हैं। आप जो एक बहुविवाही विवाह से उत्पन्न हुए हैं, आपने अपने माता-पिता से ऐसे विवाह में पिता बनने के लिए नहीं कहा। आप जो कर सकते हैं, वह है अपने माता-पिता के इस पाप के लिए परमेश्वर से क्षमा मांगना और प्रभु यीशु से अपने लहू से आपको पवित्र करने और उस पाप को मिटाने की विनती करना। और इस तरह, यीशु का लहू आपको स्वतंत्र कर देगा और शैतान का आपके जीवन पर कोई अधिकार नहीं रहेगा।

आठवीं आज्ञा – ईसाइयों को छवियों और मूर्तियों की पूजा के अधीन करें

आठवीं आज्ञा कहती है: ईसाइयों को छवियों और मूर्तियों की पूजा के अधीन करो। आप कुछ ईसाइयों को देखेंगे जिनके घरों में लाल दिल वाले झूठे यीशु की छवियाँ और मरियम की छवियाँ हैं। बाइबल कहती

है कि जो व्यक्ति सत्य को दबाता है, उस पर शाप हो। मैं कैथोलिक धर्म के बारे में सच्चाई जानता हूँ और अगर मैं इसे आपको नहीं बताता, तो मैं शापित हो जाऊँगा। मैं पवित्र जादू के बारे में विस्तार से बात करूँगा, क्योंकि मुझे एक स्पेनिश कैथोलिक पादरी द्वारा उस जादू में दीक्षित किया गया है। मैं जानता हूँ कि कैथोलिक धर्म के बारे में बात करना युद्ध को भड़काना है, क्योंकि कैथोलिक धर्म एक पूरी सरकार है। कई शैतानवादी छुपते हैं कैथोलिक चर्च में और वे मुझसे लड़ने की कोशिश करेंगे। मुझे डर नहीं है! मैं एक बात जानता हूँ, जब तक यीशु ने मुझे जो मिशन दिया है वह पूरा नहीं हो जाता, मैं नहीं मरूँगा, चाहे मेरे खिलाफ कुछ भी किया जाए! मैं यह जानता हूँ और मुझे विश्वास है। बाइबल कहती है: यदि परमेश्वर हमारे लिए है, तो हमारे खिलाफ कौन हो सकता है? वे मेरे खिलाफ लड़ेंगे लेकिन कभी मुझ पर विजय नहीं पाएँगे, कभी नहीं।

जान लें कि परमेश्वर का बच्चा मृत्यु से नहीं डर सकता, क्योंकि उसके लिए मृत्यु बस एक नींद है, और जब तुरही बजेगी, तो वह हवा में प्रभु से मिलने के लिए उठ खड़ा होगा। यदि परमेश्वर का बच्चा अभी भी मृत्यु से डरता है, तो यह कम से कम इस बात का प्रमाण है कि उसके जीवन में अभी भी पाप है। और यदि वह मृत्यु से डरता भी है, तो क्या वह शाश्वत है? फिर क्या? यीशु के लिए मरना बेहतर है क्योंकि भले ही आप छिप जाएँ, भले ही आपके पास दुनिया के सबसे कुशल डॉक्टर हों, जान लें कि मृत्यु आपको लेने कब आएगी, किसी की राय नहीं पूछेगी। इससे पहले कि बहुत देर हो जाए, बेहतर होगा कि आप जीवित परमेश्वर के साथ मेल-मिलाप कर लें।
बहुत से लोग मानते हैं कि अगर वे आज मर जाते हैं, तो यह अंत है। नहीं, मैं आपको सच बताने के लिए बाध्य हूँ, अगर आप पाप में मरते हैं, तो जान लें कि यह दुख की शुरुआत है। पाप के जीवन को त्याग दें क्योंकि यह पाप ही है जो आपके जीवन में शैतान को प्रवेश देता है।

शैतान को पाप में अपनी ताकत मिलती है। यहाँ तक कि बाइबल भी हमें बताती है कि मृत्यु का डंक पाप है।

नौवीं आज्ञा - प्रलोभन के प्रति प्रतिरोध को कमजोर करने के लिए पूर्वजों की पूजा और टेलीविजन

नौवीं आज्ञा। नौवीं आज्ञा के दो भाग हैं:

पूर्वजों की पूजा

पहला भाग कहता है: ईसाइयों या पूरी मानवजाति को पूर्वजों की पूजा के अधीन करो। पूर्वजों की पूजा की बात करते हुए, मैं आपको एक व्यावहारिक उदाहरण दे सकता हूँ। ऐसे लोग हैं जो अनजाने में, खाते समय कुछ खाना फर्श पर गिरा देते हैं और खुद से कहते हैं: यह पूर्वजों के लिए है। और कुछ मिनट बाद, आप देखते हैं कि खाना अभी भी वहीं पड़ा है, और कभी-कभी, चींटियाँ भी आती हैं और उस पर बैठ जाती हैं। मेरे प्यारे, यह वास्तव में बेतुका है! यह शैतान है जो आपको इस तरह से सताता है! क्या आपके पूर्वज चींटियाँ बन गए?
मैं आपको पूर्वजों की पूजा के अभ्यास का एक और उदाहरण दूंगा। यह कबीलाईवाद के बारे में है। लूसिफ़र ने खुद हमें बताया कि चर्च में कबीलाईवाद पूर्वजों का पंथ है। कुछ चर्च ऐसे हैं जहाँ कबीलाईवाद पूरे जोरों पर है, लोग अपने कबीलों के अनुसार लोगों को नियुक्त करते हैं। ईश्वर के बच्चों के रूप में, हमारे पास एक ही पिता, ईश्वर है। इसलिए यदि आप ऐसे चर्च देखते हैं जहाँ कबीलाईवाद है, तो जान लें कि वहाँ शैतान का राज है।

पूर्वजों की पूजा की बात करें तो कुछ धर्मों में आपको बताया जाएगा कि ईश्वर तक पहुंचना मुश्किल है, लेकिन फिर भी कुछ लोग हैं जो अपने सांसारिक जीवन के दौरान पूर्णता की ओर अग्रसर हैं और उन्हें संत कहा जाता है। इसलिए वे आपको बताएंगे कि हमें पहले संतों से प्रार्थना करनी चाहिए और फिर वे मरियम को प्रार्थना सौंपेंगे, जो बदले में इसे अपने बेटे यीशु को सौंपेगी और फिर यीशु इसे अपने पिता को सौंपेंगे। प्रिय, ये सारी लंबी कसरतें क्यों? बाइबल 1 तीमुथियुस 2:5 में कहती है: क्योंकि ईश्वर एक है और ईश्वर और मनुष्यों के बीच एक मध्यस्थ है, अर्थात् मसीह यीशु जो मनुष्य है। हमें केवल यीशु के नाम से ही प्रार्थना करनी चाहिए। यीशु ने स्वयं कहा: "और मैं अपने नाम से जो कुछ भी मांगूंगा वह करूंगा।" तो ये लंबी कसरतें क्यों? उद्धार यीशु के नाम के अलावा किसी और नाम से नहीं मिलता है

टेलीविज़न - फ़िल्में और अश्लील फ़िल्में

नौवीं आज्ञा का दूसरा भाग कहता है: ईसाइयों को टेलीविजन के अधीन रखें ताकि वे प्रलोभन का विरोध न कर सकें। आपको बस आज के युवाओं को देखने की जरूरत है। वे टेलीविजन के कारण नष्ट हो गए हैं। वे स्टार बनने की कोशिश करते हैं क्योंकि वे इस या उस संगीतकार की तरह बनना चाहते हैं। वे गंदे तरीके से कपड़े पहनने की कोशिश करते हैं, क्योंकि वे उन सितारों की नकल करना चाहते हैं जिन्हें उन्होंने टीवी पर देखा था ... कृपया ध्यान दें कि हमें कुछ भी नहीं देखना चाहिए।

प्रिय, हम ईश्वर की संतान हैं, हम संसार में हैं, लेकिन संसार के नहीं हैं। आज, ऐसी बहनें हैं जो टेलीविजन के कारण कपड़े पहनना नहीं जानती हैं। ऐसे ईसाई हैं जो बाइबल के दो अंश भी नहीं जानते हैं। लेकिन जब आप उनसे इस या उस फिल्म के बारे में बात करते हैं, तो वे आपको

फिल्म के सभी दृश्य समझा सकते हैं। उन्हें सभी एपिसोड याद हैं और वे आपको उन्हें ऐसे समझाएँगे जैसे कि वे इस फिल्म के निर्माण के दौरान वहाँ मौजूद थे। वे आपको वह भी समझाएँगे जो नहीं कहा गया है। वे आपको उदाहरण के लिए बताएँगे: इस स्तर पर, उन्हें ऐसा करना चाहिए था न कि वैसा। लेकिन उनसे यह न कहें कि वे आपको बाइबल का एक भी अंश बताएँ। बाइबल, वे इसे नहीं जानते होंगे। यह इस प्रकार के ईसाई हैं जो आज चर्चों को भरते हैं।
जान लो कि सब कुछ बीत जाएगा, लेकिन परमेश्वर का वचन हमेशा बना रहता है। फिर भी तुम अल्पकालिक चीजों को महत्व देते हो, और तुम उस वचन की उपेक्षा करते हो जो जीवन देता है, चंगा करता है, बचाता है, आशीर्वाद देता है, और मुक्ति देता है। तुम सबसे महत्वपूर्ण चीज की उपेक्षा करते हो। लेकिन जब बात टीवी शो '24' की आती है, तो तुम नंबर एक हो, जब बात "जेल से भागने" की आती है, तो तुम सब कुछ जानते हो, तुम उन एपिसोड की भी व्याख्या करते हो जो अभी भी प्रक्रिया में हैं और जो अभी तक निर्मित नहीं हुए हैं।

प्रिय, सावधान! कुछ तथाकथित ईसाई फिल्में भी हैं जैसे कराचिका। बहुत से लोग मानते हैं कि यह फिल्म एक ईसाई फिल्म है। जान लें कि इसे बनाने वाले ईसाई नहीं हैं। कौन है जो सिर्फ़ इसलिए प्रभु यीशु को अपनी जान दे चुका है क्योंकि उसने कराचिका फिल्म देखी है? हमने ये फिल्में शैतान की दुनिया में 1999-2000 में आने से पहले ही देख ली थीं। हमने इसे 1994 में राजकुमार टैलस के विभाग में देखा था। राजकुमार टैलस वह दानव है जो उन सभी लोगों पर नकारात्मक प्रभाव डालता है जिनका नाम गुइलेन है।

मानव जाति का अध्ययन करते हुए, लूसिफ़ेर ने हमें बताया: मनुष्य अपने स्वभाव में अच्छाई की तुलना में बुराई की ओर अधिक आकर्षित होता है। इसलिए जब आप यह फिल्म देखते हैं, तो पहले तो वे आपको

रहस्यमयी चीजें दिखाते हैं, यह केवल अंत में होता है कि वे आपको भगवान के सेवक की एक छोटी सी कड़ी दिखाते हैं जो जीतता है। लेकिन जब आप यह फिल्म देखते हैं, तो आपको केवल नकारात्मक चीजें याद आती हैं। यह जादू है। डरावनी, ज़ॉम्बी, पिशाच आदि फ़िल्मों से बचें। इन फ़िल्मों को देखने से बचें। क्योंकि वे डर पैदा करते हैं, और जब आप डरते हैं, तो आप शैतान से नहीं लड़ सकते। कुछ लोग ऐसे भी हैं जो रात में बाहर भी नहीं जा सकते क्योंकि उन्होंने एक डरावनी फ़िल्म देखी है। क्या आप कांपते हुए राक्षसों को भगा सकते हैं? किसी राक्षस को भगाने के लिए, आपको उस पर अधिकार करना चाहिए, लेकिन अगर आप डरते हैं, तो आप उसे कैसे भगा सकते हैं? जान लें कि यह शैतान ही है जो लोगों को ये सभी डरावनी, पिशाच, ज़ॉम्बी... फ़िल्में बनाने के लिए प्रेरित करता है। और डरावनी फ़िल्में बनाने वालों में से अधिकांश शैतानवादी हैं। आने वाले दिनों में मैं आपको कुछ शैतानवादी अभिनेताओं के नाम बताने वाला हूँ, जैसे "ब्लेड" फिल्म बनाने वाले वेस्ली स्नेप्स, वह एक बना-बनाया शैतानवादी है।

फिर भी नौवीं आज्ञा के दूसरे भाग के बारे में, अश्लील फ़िल्में हैं। यहाँ तक कि ऐसे ईसाई भी हैं जिनके घरों में ऐसी फ़िल्में हैं। जब आप इस तरह की फ़िल्में देखते हैं तो आप क्या ढूँढ़ रहे होते हैं? यहाँ तक कि ऐसे युवा भी हैं जो अश्लील फ़िल्में देखने के लिए इंटरनेट पर जाते हैं। आप क्या ढूँढ़ रहे हैं? प्रिय, हमें परमेश्वर का भय मानना चाहिए।

दसवीं आज्ञा कहती है: तथाकथित सृष्टिकर्ता और उसके इकलौते पुत्र का नाम कभी मत लो। क्यों? क्योंकि बाइबल हमें रोमियों 10:13 में बताती है: जो कोई प्रभु का नाम पुकारेगा, वह उद्धार पाएगा। संक्षेप में, ये सभी शैतान की आज्ञाएँ हैं। अब, यदि आप खुद को इन आज्ञाओं में से किसी एक में पाते हैं, जिनका मैंने अभी उल्लेख किया है, तो जान लें

कि शैतान ने आप पर कब्ज़ा कर लिया है। आपको पश्चाताप करना चाहिए और अपने अंदर मौजूद दुष्ट आत्माओं को निकाल देना चाहिए।

प्रिय, यदि ईश्वर इसकी अनुमति देता है, तो मैं आध्यात्मिक नींद या धर्मत्याग के बारे में बात करूंगा। इस धरती पर एक ऐसा व्यक्ति है जिसका कोई मानवीय पिता नहीं है। उसकी माँ यहूदी है और उसका पिता लूसिफ़ेर है। यह व्यक्ति कैप्टन सैमनेली है। वह एक बहु-अरबपति है, और फिलहाल, वह वेटिकन में है क्योंकि पोप का पद एंटीक्रिस्ट की छाया है। इस प्रकार, यह उसके अंदर है कि एंटीक्रिस्ट की आत्मा अवतरित होगी। वह पहले से ही धरती पर है, वह वेटिकन में है और कई गैर सरकारी संगठनों को वित्तपोषित करता है। गैर सरकारी संगठनों से सावधान रहें, दान और उपहारों से सावधान रहें जो कोई आपको देता है। जब आपको वे चीजें मिलती हैं, तो आपको उनका उपयोग करने से पहले उन पर प्रार्थना करनी चाहिए। वे जहरीले उपहार हैं।

मैं तुम्हें शैतान के चर्चों की विशेषताएँ बताऊँगा, मेरे पास चर्चों के नाम बताने के लिए वास्तव में समय नहीं होगा, लेकिन विशेषताओं से, तुम खुद शैतान के चर्चों को पहचानना सीख जाओगे। मैं तुम्हें चर्च में आध्यात्मिक नींद पैदा करने के लिए लूसिफ़ेर की कार्य योजना भी बताऊँगा। यही धर्मत्याग है, जो विश्वास का परित्याग करने के अलावा और कुछ नहीं है। जान लो कि समलैंगिकता, समलैंगिकों और समलैंगिकों के बीच विवाह, लूसिफ़ेर की इच्छा है। यह उन बिंदुओं में से एक है जो उसकी कार्य योजना में हैं।

इस दुनिया में, मेरे प्यारे, दो सेनाएँ आमने-सामने हैं। एक तरफ शैतान की सेना है, और दूसरी तरफ यीशु की सेना है। शैतान की सेना के लिए, सेनापति लूसिफ़र खुद है। जहाँ तक ईश्वर की सेना का सवाल है,

सेनापति यीशु है, राजाओं का राजा। इन दोनों सेनाओं में से प्रत्येक के दो भाग हैं। शैतान की सेना का अदृश्य भाग शैतान, पतित स्वर्गदूत और राक्षस हैं। दृश्यमान भाग जादूगर, जादूगर, पहलवान, रोसिक्रुशियन, सभी मनुष्य हैं जो शैतान के लिए काम करते हैं। यीशु की सेना के लिए, जो भाग अदृश्य है वह यीशु और स्वर्गदूत हैं जो ईश्वर के प्रति वफादार रहे, और दृश्यमान भाग चर्च है। कोई भी चर्च नहीं, बल्कि वह जहाँ पवित्र आत्मा की अभिव्यक्ति स्वीकार की जाती है।

अध्याय 8 - शैतान के दुश्मन और शैतान की सेना

यीशु की सेना शैतान की सेना से ज़्यादा शक्तिशाली है। जान लें कि यीशु अपनी सेना के लिए सैनिकों की भर्ती कर रहे हैं। यदि आप यीशु की सेना में प्रवेश करते हैं, तो आपके पास शैतान की सेना को रौंदने का अधिकार, शक्ति होगी। यीशु ने स्वयं कहा: मैंने तुम्हें साँपों और बिच्छुओं को रौंदने और शत्रु की सारी शक्ति पर विजय पाने का अधिकार दिया है; कुछ भी तुम्हें नुकसान नहीं पहुँचाएगा। इसलिए, यदि आप यीशु की सेना में प्रवेश करते हैं, तो आपके पास जादूगरों, जादूगरों, पहलवानों, रोसिक्रुशियन, एकांकर, राक्षसों और यहाँ तक कि शैतान को रौंदने की शक्ति होगी, और कुछ भी तुम्हें नुकसान नहीं पहुँचाएगा। अय्यूब 7:1 में बाइबल कहती है: क्या मनुष्य के लिए पृथ्वी पर कठिन सेवा नहीं है? ... यदि आप यीशु की सेना में प्रवेश करते हैं, तो आपके साथ चिन्ह होंगे। मरकुस 16:17-18 और ये चिन्ह उन लोगों के साथ होंगे जो विश्वास करते हैं: मेरे नाम से वे दुष्टात्माओं को निकालेंगे; वे नई-नई भाषा बोलेंगे; 18 वे अपने हाथों से साँपों को उठा लेंगे; और जब वे घातक विष पीएँगे, तब भी उन्हें कुछ भी हानि नहीं होगी; वे बीमार लोगों पर हाथ रखेंगे और वे चंगे हो जायेंगे।"

शैतान के दुश्मन

लूसिफ़र के शत्रुओं की तीन श्रेणियाँ हैं। पहली श्रेणी में स्त्री है क्योंकि वह वही है जिसने उस बच्चे को जन्म दिया जो शैतान के कामों को नष्ट करने आया था। क्योंकि वह वही है जो शैतान के कामों को नष्ट करने

वाले परमेश्वर के सेवकों को जन्म देती रहती है। दूसरी श्रेणी में वह कोई भी व्यक्ति है जो परमेश्वर की आज्ञाओं का पालन करता है और यीशु की गवाही को मानता है। कोई भी व्यक्ति जो परमेश्वर की आज्ञाओं का पालन करता है और यीशु की गवाही को मानता है। जिसने अपना जीवन यीशु को समर्पित कर दिया, वह स्वतः ही शैतान का शत्रु है। तीसरी श्रेणी में वह व्यक्ति आता है जो स्त्री से जन्मा है, जिसमें जादूगर भी शामिल हैं जो अभी भी शैतान के लिए काम कर रहे हैं। शैतान के लिए, शत्रुओं के अलावा कुछ नहीं है। जादूगर, ध्यान रखें कि शैतान आपके साथ नरमी से पेश नहीं आएगा क्योंकि आप उसके लिए काम करते हैं। जब आप मरेंगे, तो सूक्ष्म दुनिया में जंजीरें और ताला आपका इंतजार कर रहे होंगे।

मृत्यु का रहस्य

आइये व्यवस्थाविवरण 30:19, सभोपदेशक 8:8 और यूहन्ना 14:6 पढ़ें।

व्यवस्थाविवरण 30:19: आज के दिन मैं आकाश और पृथ्वी को तुम्हारे विरुद्ध साक्षी करके कहता हूं, कि मैं ने तुम्हारे आगे जीवन और मरण, आशीष और शाप रखे हैं। इसलिये अब जीवन को चुन लो, कि तुम और तुम्हारे वंश जीवित रहें।

सभोपदेशक 8:8: "किसी मनुष्य में वायु को रोकने की शक्ति नहीं है, और न ही किसी को अपनी मृत्यु के दिन पर शक्ति है। जैसे युद्ध के समय कोई भी व्यक्ति मुक्त नहीं होता, वैसे ही दुष्टता करने वालों को भी नहीं छोड़ा जा सकता।"

यूहन्ना 14:6: यीशु ने उत्तर दिया, "मार्ग और सत्य और जीवन मैं ही हूँ। बिना मेरे द्वारा कोई पिता के पास नहीं पहुँच सकता।

तुम्हारे सामने जीवन और मृत्यु है। तुम्हें खुद ही चुनाव करना होगा। अगर तुम गलत चुनाव करोगे, तो तुम और तुम्हारे वंशज शापित होंगे। लेकिन अगर तुम सही चुनाव करोगे, तो तुम धन्य होगे, तुम और तुम्हारे वंशज, जैसा कि हमने अभी पढ़ा है। बहुत से लोग मानते हैं कि अगर वे मर जाते हैं तो यह अंत है। लेकिन जान लो कि पापी के लिए, मृत्यु दुख की शुरुआत है। मैं लूसिफ़ेर की दुनिया में रहा हूँ। मैं सूक्ष्म दुनिया में था। मैंने भयानक चीजें देखीं, मेरे प्रिय। तुम्हारे लिए, जिन्हें यह गवाही देने का सौभाग्य मिला है, तुम्हारे पास प्रभु के सामने कोई बहाना नहीं होगा।

मेरी मृत्यु 20 दिसंबर, 2003 को हुई। और लोग मुझे दफनाने के लिए जाने की तैयारी कर रहे थे। लेकिन इस बीच, मैं पहले से ही सूक्ष्म दुनिया में था, पैरों से मुंह तक जंजीरों में जकड़ा हुआ, एक बड़े ताले के साथ। मैं आपको प्रभु के सामने अपने जीवन को व्यवस्थित करने के लिए आमंत्रित करता हूं। किसी भी व्यक्ति के पास हवा को रोकने की शक्ति नहीं है। किसी के पास अपनी मृत्यु के दिन को नियंत्रित करने की शक्ति नहीं है।

जब मृत्यु आएगी, तो आप चाहे जो भी हों, मृत्यु आपसे नहीं डरेगी।

शैतान की सेना

शैतान की सेना में शैतानी और शैतानी लोग हैं। शैतानी लोग स्वर्गदूत हैं जो लूसिफ़र के साथ गिर गए। लेकिन शैतानी लोग शैतान के लिए काम करने वाले इंसान हैं, जबकि शैतानी लोग विद्रोही स्वर्गदूत हैं। वे दूसरे स्थान पर हैं। और उनकी संख्या 144 000 है। इसका मतलब है कि लूसिफ़र द्वारा भ्रष्ट किए गए ईश्वर के स्वर्गदूतों में से तीसरा। 144, 000 में से शैतान ने 72 को ले लिया। उन्हें 72 देवता कहा जाता है। इन्हीं 72 देवताओं के साथ उसने अपनी सरकार बनाई। उसने 72 को नौ

समूहों में विभाजित किया। और कैथोलिक "चर्च" में, जो कि शैतानी चर्च के अलावा कुछ नहीं है, नौ समूहों को स्वर्गदूतों के नौ आदेश कहा जाता है। और यहाँ मैं आपका ध्यान आकर्षित करता हूँ: आपको स्वर्गदूतों से कभी प्रार्थना नहीं करनी चाहिए। आपको यीशु के नाम पर ईश्वर से प्रार्थना करनी चाहिए। यीशु के नाम पर ही हमें सुरक्षा मिलती है। आपको कभी भी फ़रिश्तों को नहीं बुलाना चाहिए क्योंकि शैतान ने अपने फ़रिश्तों को परमेश्वर के फ़रिश्तों के नाम दिए हैं। परमेश्वर के बच्चों के रूप में, हमें फ़रिश्तों को बुलाने की ज़रूरत नहीं है क्योंकि परमेश्वर के सामने हम फ़रिश्तों से ज़्यादा मूल्यवान हैं।

नौ समूहों के लिए, शैतान ने पहले को सेराफिम कहा, (फिर भी भगवान की सेना में सेराफिम भी हैं)। दूसरे, करूब; तीसरे, गुण; चौथे, सिंहासन या अधिकारी; पाँचवाँ, प्रभुत्व; छठा, शक्तियाँ; सातवाँ, प्रधानताएँ; आठवाँ, महादूत; नौवाँ, स्वर्गदूत। और उसके बाद, शैतान ने एक त्रिमूर्ति बनाई। त्रिमूर्ति के बाद, लूसिफ़र की दिव्यता कहलाने वाली चीज़ आती है, फिर लूसिफ़र की राजसीता आती है, उसके बाद चार राजा आते हैं, लूसिफ़र और राक्षसों का मंत्रालय। लूसिफ़र के छह मंत्री हैं, जो सप्ताह के एक दिन के प्रभारी हैं। और चूँकि सप्ताह में सात दिन होते हैं, इसलिए लूसिफ़र खुद एक मंत्री के रूप में काम करता है। जान लें कि राक्षस 24 घंटे काम करते हैं। लेकिन जो घंटे मैं आपको बताने जा रहा हूँ, वे व्यस्त घंटे हैं, वे घंटे जब राक्षसों को भेजने का निर्णय लिया जाता है।

अंधेरे साम्राज्य के संचालन के दिन और घंटे

सोमवार: रात्रि 11 बजे से 12 बजे तक; प्रातः 3 बजे से 4 बजे तक

सोमवार: जो प्रभारी है वह स्वयं लूसिफ़र है। वह रात 11 बजे से 12 बजे तक और सुबह 3 बजे से 4 बजे तक काम करता है। उसका काम सभी क्षेत्रों में विनाश करना है। जब आप जॉन 10:10 पढ़ते हैं, तो एक चोर के बारे में बात करता है जो केवल चोरी करने, मारने और नष्ट करने के लिए आता है। इसलिए यदि आप सोमवार को ध्यान से देखिए, आप पाएंगे कि वहां नीरसता है। चीजें ठीक नहीं चल रही हैं।

मंगलवार: सुबह 9 से 10 बजे तक; रात्रि 9 से 4 बजे तक

मंगलवार: जो प्रभारी है वह नब्रोथ है। वह सुबह 9 से 10 बजे तक और शाम 9 से 10 बजे तक काम करता है। उसका काम दुनिया में लूसिफ़ेर के सम्मान और महिमा को फैलाना है। वह वही है जो मनुष्यों को शैतान की महिमा को दर्शाने वाले काम करने के लिए प्रेरित करता है। जब आप झूठ बोलते हैं या जब आप सांसारिक संगीत सुनते हैं, तो वह किसकी महिमा है? प्रिय, जब मैं "गोल्ड-एज़े" की दुनिया में था, वह दुनिया जो ज़्यूस नामक पहाड़ के ड्रैगन द्वारा संचालित है, मैंने संगीतकारों को देखा, जो सांसारिक संगीत बनाते हैं। ऐसे संगीतकार थे जिन्होंने दो सिर वाले साँपों को निगल लिया, ऐसे संगीतकार जिन्होंने तीन सिर वाले साँपों को निगल लिया। और आप देखेंगे कि जब कोई संगीतकार गाता है, तो वह आवाज़ बदलता है। खैर, वास्तव में केवल एक ही आवाज़ है जो उसकी है, और दो अन्य आवाज़ें ऐसी आवाज़ें हैं

जो राक्षसों द्वारा गाई जाती हैं। और अपने घर में इस संगीत को सुनकर, आप वहाँ राक्षसों को आमंत्रित करते हैं।

यह अजीब बात है प्यारे। घर में ऐसे लोग हैं जिनके घर में शैतान है जो सांसारिक संगीत के माध्यम से राज करता है। लेकिन जब उन्हें समस्याएँ होती हैं, तो वे जल्दी से यीशु के पास जाते हैं: "यीशु, मेरी मदद करो, मेरी मदद करो।" नहीं! यीशु आपकी मदद नहीं करेंगे क्योंकि आपके घर में शैतान का राज है। यहाँ मैं माता-पिता का ध्यान आकर्षित करता हूँ। अपने बच्चों की सनक के आगे न झुकें। क्योंकि जब वे आपके घर में सांसारिक संगीत बजाते हैं, तो राक्षस आ जाते हैं और घर में हर कोई उन राक्षसों से पीड़ित होता है। जब राक्षस आते हैं और घर में गंदगी फैलाते हैं, तो रुकावटें और कठिनाइयाँ आती हैं, और कोई भी बच नहीं पाता। ईश्वर के बच्चों के रूप में, हमें यह जानना चाहिए कि हम दुनिया के बिना दुनिया में हैं। बेकार की चीजों के कारण आप स्वर्ग से चूक सकते हैं।

शैतान के काम करने वाले स्वर्गदूतों में बहुत सारे राक्षस होते हैं। शैतान वहाँ है और राक्षसों को भेजने के लिए निर्णय लेता है। शैतान के एक अकेले स्वर्गदूत के पास राक्षसों की कई सेनाएँ हो सकती हैं, और राक्षसों की एक सेना में 13 000 राक्षस होते हैं। जब आप शैतान के लिए काम करने वाले इस स्वर्गदूत की आज्ञा मानते हैं, तो आप जो कर रहे हैं वह एक आराधना है जो लूसिफ़ेर को निर्देशित है। फिर भी अगर आप अपने काम के ज़रिए शैतान की पूजा करते हैं, तो भगवान आपको कैसे आशीर्वाद दे सकते हैं? क्या शैतान आपको आशीर्वाद दे सकता है? शैतान के पास कोई आशीर्वाद नहीं है, फिर कैसे हो सकता है वह तुम्हें आशीर्वाद देता है? वह भी शापित है, उस पर भी शाप है। अगर तुम उसकी पूजा करोगे, तो तुम भी उसकी तरह शापित हो जाओगे।

बुधवार: रात्रि 9 बजे से 10 बजे तक

बुधवार : जो प्रभारी है वह एस्टारोटे है। मैं इस बिंदु पर जोर देना चाहूंगा। वह रात 9 बजे से 10 बजे तक काम करता है। उसका काम दुनिया में गर्व और आत्मसम्मान फैलाना है। ऐसे लोग हैं जो जटिल हैं। जब वे कहीं पहुँचते हैं, तो सभी को पता होना चाहिए कि वे वहाँ हैं। अन्य लोगों के पास कहने के लिए कुछ नहीं होता। जब वे वहाँ होते हैं, तो वे हमेशा खुद को आगे रखने की कोशिश करते हैं। "मैं सब जानता हूँ"। तुम क्या जानते हो? हमेशा मैं, मैं, मैं कहते रहते हो! तुम कौन हो? यदि प्रभु यीशु तुम्हारी साँस को हटा देते हैं, तो तुम धूल बन जाओगे जिसे कहीं फेंक दिया जाएगा। अहंकार पतन से पहले आता है। बाइबल याकूब 4:6 में कहती है "... परमेश्वर अभिमानियों का विरोध करता है, परन्तु दीनों पर अनुग्रह करता है।" बाइबल हमें याकूब 4:10 में भी बताती है "प्रभु के सामने दीन बनो, तो वह तुम्हें ऊँचा उठाएगा।" सम्मान से पहले नम्रता आती है। अभिमान, अभिमान क्यों? माता-पिता के सामने अभिमान, हर जगह अभिमान! यदि तुममें अभिमान है, तो जान लो कि तुम्हारे अंदर शैतान हैं। अभिमान के कारण शैतान ने स्वयं स्वर्ग में अपना स्थान खो दिया है। शैतान का यह दूत परमेश्वर के तथाकथित सेवकों के साथ भी काम करता है। इसीलिए आप ऐसे लोगों को देखेंगे जो घमंड से भरे हुए प्रचार करते हैं। जब आप परमेश्वर के लोगों को घमंड से प्रचार करते हुए देखें, तो जान लें कि वे शैतान के बहकावे में हैं।

गुरुवार: सुबह 9 से 10 बजे तक; रात्रि 9 से 12 बजे तक; प्रातः 3 से 4 बजे तक

गुरुवार: जो प्रभारी है वह अकाम है। वह सुबह 9 से 10 बजे तक, रात 9 से आधी रात तक और सुबह 3 से 4 बजे तक गंभीरता से काम करता है। उसका काम चर्चों और परिवारों में नफरत और विभाजन फैलाना है। यह लूसिफ़ेर की पाँचवीं आज्ञा के साथ मेल खाता है जो कहती है: जाओ और चर्चों के भीतर नफरत और विभाजन फैलाओ।

शुक्रवार: रात्रि 11 बजे से मध्य रात्रि तक

शुक्रवार: जो प्रभारी है वह बेके है। वह रात 11 बजे से आधी रात तक काम करता है। उसका काम लोगों को परमेश्वर के काम से हटाना और उन्हें धन के साथ-साथ इस दुनिया के अधिकार के अधीन करना है। यदि आप अपने जीवन का अच्छी तरह से विश्लेषण करते हैं, तो आप देखेंगे कि जिस तरह से आप परमेश्वर की सेवा करते थे और जिस तरह से आप अब उनकी सेवा कर रहे हैं, उसके बीच एक अंतर है। आप देखेंगे कि आप काफी पीछे चले गए हैं। यह राक्षस ही है जो इसके लिए जिम्मेदार है। वह आपको सीधे शाप की ओर ले जाता है। क्योंकि बाइबल हमें यिर्मयाह 48:10 में बताती है: "जो प्रभु के काम में आलस करता है, उस पर शाप हो! ..." और यीशु ने स्वयं प्रकाशितवाक्य 2:4-5 में कहा: "फिर भी मैं तुम्हारे विरुद्ध यह कहता हूँ: तुम
अपने पहले प्यार को त्याग दिया है। याद करो कि तुम किस ऊंचाई से गिरे हो! पश्चाताप करो और वही करो जो तुमने पहले किया था..." लेकिन बेके अकेले काम नहीं करते। वह पंचार्ड नामक एक राक्षस के साथ काम करते हैं। यह वह राक्षस है जो मृत लोगों की आत्माओं का समन्वय करता है। यही कारण है कि कैथोलिक संप्रदाय में, शुक्रवार को एक requiem mass होता है।

यहाँ मैं थोड़ा विषयांतर करना चाहता हूँ। अंतिम संस्कार के समय, यदि इस शैतानी संप्रदाय का कोई अनुयायी मर जाता है, तो आप देखेंगे कि लोग ताबूत को उठाकर दरवाजे के सामने रख देते हैं। वे सभी दरवाजे बंद कर देते हैं, और आप देखेंगे कि ये तथाकथित पुजारी एक अनुचर के साथ वहाँ आते हैं। अनुचर एक फूलदान पकड़े रहता है जिसमें पवित्र जल नामक कुछ पानी होता है। इस फूलदान में स्प्रिंकलर नामक कुछ होता है। पुजारी इसे लेकर ताबूत पर ताकत से पानी छिड़कना शुरू कर देता है। और उसके बाद ही कोई दरवाजा खोलेगा, और लोग अंदर जाएँगे, यहाँ तक कि ताबूत भी, और प्रार्थना शुरू हो जाएगी।

एक पल में, आप पुजारी को यह कहते हुए सुनेंगे: "यह विश्वास का रहस्य महान है।" कभी-कभी, कोई इसे गाता है। फिर पुजारी धूपदान लेगा, ताबूत के चारों ओर घूमना शुरू कर देगा, और आप देखेंगे कि ताबूत धुएं से घिरा हुआ है। जब वह कहता है: "यह विश्वास का रहस्य महान है", उस पल से, एक सफेद पत्थर है जो पवित्र स्थान के बाईं ओर है, वह पत्थर अपने आप खुल जाता है और राक्षसों की चार सेनाएँ प्रवेश करती हैं। जब वे प्रवेश करते हैं, तो वे उस जनसमूह में भाग लेने वाले लोगों के सिर पर चलते हैं। फिर वे ताबूत के चारों ओर के धुएं में प्रवेश करेंगे। और फिर आप धूप की गंध महसूस करेंगे। जब आप इस गंध को अंदर लेते हैं, तो राक्षस आपके अंदर प्रवेश करते हैं। और यहाँ, मैं उस ईश्वर से अपील करता हूँ जिसने मुझे एक गवाह के रूप में बचाया। अगर मैं जो कह रहा हूँ वह सच नहीं है, तो मेरे ईश्वर को मुझे अभी भी मारना चाहिए। मैं जो कह रहा हूँ वह सच है और सभी पुजारी इसे जानते हैं।

सलाह का एक छोटा सा टुकड़ा। इस शैतानी चर्च में कभी प्रवेश न करें। उदाहरण के लिए, यदि आपके पड़ोस में कोई मर जाता है, यदि

वह व्यक्ति इस शैतानी संप्रदाय का सदस्य है, यदि आप उसके अंतिम संस्कार में जाना चुनते हैं, तो जैसे ही वे अपने मंदिर के सामने पहुँचते हैं, तब तक बाहर रहें जब तक वे अपनी बकवास समाप्त न कर लें। जब वे बाहर आएँगे, तो आप उनके साथ कब्रिस्तान जा सकते हैं, बस इतना ही। जब मैं शैतानवादी था, तो मेरे पास रहस्यवादी पुस्तकें थीं। मेरे पास नया संशोधित मानक संस्करण बाइबिल (nrsv), यरूशलेम की बाइबिल थी। मैं आपको समझाऊंगा कि कोई व्यक्ति
ड्यूटेरोकैनोनिकल पुस्तकों और अपोक्रिफा का उपयोग कैसे करता है, कैसे कोई व्यक्ति
उन्हें रहस्यमय प्रार्थनाओं में बदल देता है। सच्ची बाइबिल में 66 किताबें हैं। जो किताबें जोड़ी जाती हैं, सिराच, ग्रीक एस्तेर, ग्रीक डैनियल, मैकाबीज़, ये सभी किताबें शैतान द्वारा जोड़ी गई किताबें हैं।
मेरे पास मूसा की छठी और सातवीं पुस्तक थी। लेकिन बाइबिल में, पेंटाटेच में पाँच पुस्तकें हैं: उत्पत्ति, निर्गमन, लैव्यव्यवस्था, संख्याएँ और व्यवस्थाविवरण। लेकिन शैतानवाद में, मूसा की छठी और सातवीं पुस्तक है। मेरे पास एक पुस्तक थी जिस पर "मंत्र" लिखा था। मेरे पास ग्रिमोइरेस भी थे (ग्रिमोइरेस जादू के मंत्रों की एक पुस्तक है)। मेरे पास सेंट पीटर का ग्रिमोइरेस पेंटाकल, सेंट जॉन द बैपटिस्ट का ग्रिमोइरेस पेंटाकल, सोलोमोनिक जादू का ग्रिमोइरेस, पोप पायस XII का शैतानी पेंटाग्राम था। और जब आप ग्रिमोइरेस पढ़ते हैं, तो अंत में लिखा होता है: "हर पुजारी एक जादूगर है।" मैं आपको सच बताता हूँ, हर पुजारी एक जादूगर है।
क्या आपको सबूत चाहिए? जब आप कब्रिस्तान जाते हैं, तो आप एक जादूगर को देखते हैं, वह एक कब्र पर आता है, कब्र में हड्डियाँ होती हैं। जादूगर दो मोमबत्तियाँ लेता है, उन्हें वहाँ रखता है और मंत्रोच्चार करना शुरू कर देता है। आप कैथोलिक चर्च में भी जाते हैं, वहाँ सामने, वेदी पर, जब पुजारी पवित्र स्थान से बाहर निकलता है, तो वह अपने अनुचरों और अन्य सेवकों के साथ आता है, वे मंच के स्तर पर सामने

पहुँचते हैं। हर कोई घुटने टेकता है और पुजारी अकेले ऊपर जाता है। वह वहाँ पहुँचता है और उसे वेदी को चूमना पड़ता है। मुझे बाइबल में उत्पत्ति से लेकर रहस्योद्घाटन तक का एक अंश बताइए, जहाँ यह कहा गया है कि एक पुजारी को, मास कहने के लिए, वेदी को चूमना चाहिए।

प्रिये, क्या होता है? दो पत्थर हैं, इसे ही शुद्धिकरण की अवधारणा कहा जाता है। ये दो पत्थर यरूशलेम में काटे गए थे। जहाँ यीशु की कब्र थी, वहाँ प्रवेश द्वार पर एक पत्थर था, और अंदर, एक और पत्थर था जहाँ प्रभु का शरीर रखा गया था। वे लोग यरूशलेम गए, प्रवेश द्वार पर जो पत्थर था, उसमें से उन्होंने एक हिस्सा काटा और अंदर के पत्थर से उन्होंने दूसरा हिस्सा काटा। प्रवेश द्वार के पत्थर से काटे गए हिस्से को पेट्रास कहा जाता है, और अंदर के पत्थर से काटे गए हिस्से को पेट्रोस कहा जाता है। उन्होंने दो पत्थर लिए और उन्हें आर्मस्ट्रांग की दुनिया में ले आए। और जब वे वहाँ पहुँचे, तो रहस्यमय समारोहों के माध्यम से, उन्होंने उन पत्थरों को बड़ा कर दिया। जहाँ भी वे एक मंदिर बनाना चाहते हैं जो इस धर्म को समाहित करेगा, उन्हें आर्मस्ट्रांग की दुनिया में जाकर उन दो पत्थरों के टुकड़े काटने होंगे।

पहला पत्थर, पेट्रास, वह है जिसे मंदिर बनाते समय पवित्र स्थान के बाईं ओर नींव की नली पर रखा जाता है। इन दो पत्थरों के साथ, जब कोई शैतानवादी अंधकार की दुनिया में जाना चाहता है, तो वह एक मंत्र पढ़ता है जो मिसल नामक पुस्तक में है (यह एक प्रार्थना पुस्तक है)। वे ऐसे शब्द पढ़ते हैं जिनका मैं यहाँ उल्लेख नहीं कर सकता। और उसके बाद, जब वे किसी ऐसी जगह जाते हैं जहाँ इस धर्म का निर्माण करने वाली कोई इमारत है, तो वे केवल तीन बार मुड़ सकते हैं, और स्वचालित रूप से पवित्र स्थान का पत्थर दिखाई देगा (वे इसे रात में

करते हैं) और जैसे ही वे इसे छूते हैं, वे इसके माध्यम से प्रवेश करते हैं और शैतान की दुनिया में चले जाते हैं।

दूसरा पत्थर वह है जिसे वेदी का पत्थर कहते हैं। उस पत्थर को वहाँ रखा जाता है। ये शिक्षाएँ युवा लोगों को भी दी जाती हैं जो धर्मविधि में सहायक के रूप में सेवा कर रहे हैं। और धर्मविधि में, उन्हें बताया जाता है कि इस स्थान को "वेदी गुहा या वेदी कब्र" कहा जाता है। खुद ही देख लो, भगवान के चर्च में एक कब्र! प्रिय, ऐसी चीजें हैं जो वास्तव में स्पष्ट हैं। कोई चर्च में कब्र कैसे पा सकता है? और इसलिए जब कोई वहाँ जाता है, तो उस पत्थर के पास, अवशेष होते हैं। कभी-कभी वे हड्डियाँ होती हैं। यदि चर्च में किसी संत का नाम है, तो कोई उस संत के अवशेष रख देगा। और जब पुजारी आता है, जब वह वेदी को चूमता है, तो वह अपने आप आधा मनुष्य, आधा पशु बन जाता है, उसकी जीभ सर्प की जीभ बन जाती है। और वह मास पढ़ना शुरू कर देता है। इससे अंधकार की दुनिया से संपर्क बनता है।

लेकिन ऐसा करने वाले पुजारी और कब्रिस्तान में मिलने वाले जादूगर के बीच क्या अंतर है? दो मोमबत्तियाँ जीवन के षडयंत्रकारी वृक्ष के दो स्तंभों का प्रतिनिधित्व करती हैं। दाईं ओर की मोमबत्ती को दया का स्तंभ कहा जाता है, बाईं ओर की मोमबत्ती को कठोरता का स्तंभ कहा जाता है। और यह सौर देवताओं के उतरने की अनुमति देता है। और अब, जब कोई धूपदान लेता है, धूप डालता है, तो धुआँ उठता है। यह नौवें उत्सर्जन तक पहुँचने के लिए है, जो कि लूसिफ़र का उत्सर्जन है, ताकि चर्च में लूसिफ़र के प्रभाव को कम किया जा सके। बहुत सावधान रहें, मैं जो कुछ भी आपको बता रहा हूँ वह सच है। अब हम शनिवार को काम करने वाले दानव के बारे में बात करते हैं।

शनिवार: रात्रि 11 बजे से मध्य रात्रि 12 बजे तक

शनिवार: जो दानव प्रभारी है उसका नाम नबाम है। उसके पास दो काम हैं। वह रात 11 बजे से आधी रात तक काम करता है।
उसका पहला काम है: इंसानों को ज़िद्दी बनने के लिए उकसाना। यह शैतान ही है जो बहुत से लोगों को ज़िद्दी बनने के लिए उकसाता है। किसी की सलाह पर तब तक अमल करें जब तक कि वे अपने कामों के दुष्परिणाम न देख लें। तभी उन्हें वह सलाह याद आएगी जो किसी ने उन्हें दी थी। उदाहरण के लिए, कोई आपसे यौन अनैतिकता छोड़ने के लिए कहता है। आप ऐसा करने पर अड़े रहते हैं। लेकिन जिस दिन आप गर्भवती हो जाती हैं और आपको गर्भवती करने वाला भाग जाता है, आपको वह सलाह याद आने लगती है जो किसी ने आपको दी थी, और आप खुद से कहते हैं "काश मैं समझ पाता कि उसने मुझे क्या कहा था..." या कोई आपसे कहता है, धोखा मत करो, और आप उसकी बात नहीं मानते। एक दिन कोई आपको धोखा देते हुए पकड़ लेता है, तो कोई आपको परीक्षा में शून्य अंक देता है। और केवल उसी क्षण आपको वह सलाह याद आने लगती है जो किसी ने आपको दी थी।
कुछ लोग यह कहकर सापेक्षता स्थापित करते हैं कि "कभी-कभी परिणाम सलाह से बेहतर होते हैं।" सावधान रहें! क्योंकि परिणाम अलग-अलग होते हैं। अगर कोई आपसे कहता है: यौन अनैतिकता छोड़ो, और आप उसकी बात नहीं मानते, और एक दिन आप सुनते हैं कि जिस आदमी से आप डेटिंग कर रही थीं, वह एड्स से मर गया। आप देखते हैं कि परिणाम कितने गंभीर हो सकते हैं? लेकिन हम जो परमेश्वर की संतान हैं, उनके लिए बाइबल कहती है 1 शमूएल 15:22:
... आज्ञा पालन बलिदान से उत्तम है, और ध्यान देना मेढ़ों की चर्बी से उत्तम है।

उनका दूसरा काम: यह है कि मनुष्य को स्टारडम की ओर प्रेरित करना। आज आप युवा पुरुषों को बालियाँ, ढीले बाल, लटों में बाल पहने हुए देखते हैं। क्योंकि उन्होंने इस संगीतकार या उस स्टार को लटों में बाल रखते हुए देखा है, और वे उनकी नकल करना शुरू कर देते हैं। ये राक्षस चर्च में भी गंभीरता से काम करते हैं। आप इसे लोगों के पहनावे में साफ तौर पर देख सकते हैं। कुछ लोग ऐसे भी हैं जो चर्च में एक-दूसरे से प्रतिस्पर्धा करने के लिए आते हैं, और ईश्वर की खोज करने के बजाय खुद को आगे रखते हैं। चर्च में, ये राक्षस अक्सर गाना बजानेवालों के समूहों, प्रशंसा समूहों, खासकर कोरस-गायकों में काम करते हैं। कोरस-गायक ऐसे होते हैं जो ईश्वर की महिमा के लिए गाने के बजाय प्रशंसा पाने के लिए गाते हैं। इसी तरह, ईश्वर के चर्च में पहले से ही धुनें और सांसारिक नृत्य पेश किए जा चुके हैं। प्रिय, अच्छी तरह से समझ लें कि आपको ईश्वर का भय मानना चाहिए। यहोशू 24:14 में बाइबल कहती है: अब यहोवा का भय मानो और पूरी ईमानदारी से उसकी सेवा करो। जिन देवताओं की पूजा तुम्हारे पूर्वज नदी के उस पार और मिस्र में करते थे, उन्हें दूर करो और यहोवा की सेवा करो।

और शनिवार को, वह संगीत के दानव, संकाई के साथ काम करता है। आप संगीतकार पेपे काले को जानते हैं, वह पहले ही मर चुका है। जब आप सुनते हैं अपने पुराने एल्बमों में, उन्होंने संकाई के बारे में बात की। संकाई का मतलब है जादू। ईश्वर के कुछ बच्चे हैं जो कहते हैं: "मैं सांसारिक कांगोली संगीत नहीं सुनता। मुझे ज़ौक, धीमा, रेगे, रॉक संगीत पसंद है।" ऐसे ईसाई हैं जिनके घरों में ऐसी चीजें हैं। उनके पास ज़ौक, धीमा, आदि की सीडी, डीवीडी हैं, सेलीन डायोन और अन्य की। क्या आप जानते हैं कि सेलीन डायोन लूसिफ़ेर की पुजारिन हैं? मैडोना, शकीरा, ब्रिटनी स्पीयर्स ... और यह सूची आगे बढ़ती जाती है। लेकिन ऐसे ईसाई, भाई और बहन हैं जिनके घरों में ऐसी चीजें हैं। जान लें कि यह शैतान की महिमा है। क्या आप "किबुइसा मपिम्पा" एल्बम जानते

हैं? मेरे पास आपको यह समझाने का समय नहीं है। किबुइसा मपिम्पा, ए ला क्यू-लेउ-लेउ, एफ़्राकाटा जहाँ कहा गया है: "ईश्वर महान है, मनुष्य छोटा है, यह सभी जानते हैं।" जिस ईश्वर का उल्लेख किया गया है, वह सृष्टिकर्ता ईश्वर नहीं है। और यहां तक कि मुस्लिम धर्म में जिस ईश्वर का उल्लेख किया गया है। जब वे कहते हैं "अल्लाहु अकबर," ईश्वर महान है, तो यह सृष्टिकर्ता ईश्वर नहीं है, यह कोई और है।

जिस व्यक्ति ने एफ़्राकाटा गाया था, उसकी शादी एक जलपरी से हुई थी जिसका नाम एकाचाका था। जब वह 1998 में पेरिस के ओलंपिया में फ्रांस के एक पौराणिक संगीत हॉल में अपना संगीत कार्यक्रम करने जा रहा था, तब भी मैं उस समय एक शैतानवादी था। यहाँ तक कि मेरी शादी के दिन भी, जब मैं अंधकार की दुनिया में हेलेन से शादी कर रहा था, उस दिन हमने जो संगीत सुना वह उस आदमी का संगीत था। उसका असली नाम अचराम है, जिसका मतलब है एंटोनी क्रिस्टोफ़ अगबेपा मुम्बा। वह आदमी जिसने "एफ़्राकाटा", "वी12", "अफ़ेयर डी'एटैट" गाया..., एक तैयार शैतानवादी है। यहाँ तक कि जिसने "अ ला क्यू-लेउ-लेउ", "किबुइसा मपिम्पा", "अल्टीमेटम", "लोई", "ड्रोइट डे वेटो" गाया, उन सभी गीतों की प्रेरणा लूसिफ़र ने ही दी थी, यहाँ तक कि सेलीन डायोन का गीत "पोर क्यू टू माईम्स एनकोर" (अंग्रेजी: "सो दैट यू लव मी अगेन") भी लूसिफ़र से ही प्रेरित था। मेरी शादी के लिए, हमने एल्बम "मैगी" का एक गाना बजाया, जिसका शीर्षक है "पेटिट ना लंदन।" यही हमने दूसरी दुनिया में मेरी शादी के दिन बजाया।

रविवार : दोपहर 12 बजे से रात 1 बजे तक

रविवार: जो व्यक्ति प्रभारी है वह अकील है, जो गरीबी का दानव है। वह वही है जो लोगों से आग्रह करता है कि वे परमेश्वर को कुछ न दें। वह काम करता है लोगों को गरीबी में रखने के लिए दोपहर 12 बजे से रात 1 बजे तक। शैतान को गरीबी पसंद है। वह चाहता है कि परमेश्वर के बच्चे गरीबी में रहें। क्योंकि अगर वे गरीब हैं, तो वे प्रभु में लंबे समय तक नहीं रहेंगे, वे फिर से लूसिफ़ेर के पास वापस चले जाएँगे। गरीबी लोगों को लूसिफ़ेर की ओर ले जाती है। जब कोई गरीब होता है तो वह आसानी से जादूगर बन जाता है। आपको गरीबी से लड़ने के लिए सब कुछ करना चाहिए। और आप इससे तभी लड़ सकते हैं जब आप जानते हैं कि परमेश्वर को कैसे देना है, जब आप जानते हैं कि परमेश्वर के काम का समर्थन कैसे करना है। परमेश्वर को देना ही गरीबी से लड़ने का एकमात्र तरीका है।

आइए हम मृत्यु के रहस्य के बारे में बात करें। मैं सभी का ध्यान इस ओर आकर्षित करता हूँ क्योंकि यह एक ऐसा मामला है जो हम सभी को चिंतित करता है। मृत्यु एक ऐसी नियुक्ति है जिसे कोई भी चूक नहीं सकता। आप जो भी हों, आप मृत्यु से बच नहीं सकते। आपको ध्यान देना चाहिए कि असली समस्या मरना नहीं है बल्कि यह जानना है कि मृत्यु के बाद आप कहाँ जाएँगे।

अध्याय 9 - कोलाहल की दुनिया - टार्टरस की दुनिया, पराग की दुनिया और एस्ट्रल दुनिया

पंडेमोनियम की दुनिया तीन भागों से बनी है: टार्टरस की दुनिया, पोलियुन की दुनिया और सूक्ष्म दुनिया। हम केवल सूक्ष्म दुनिया में रुचि रखते हैं।

सूक्ष्म जगत

सूक्ष्म जगत: सूक्ष्म जगत वह स्थान है जहाँ वे सभी लोग जाते हैं जो मसीह से दूर मरते हैं, अर्थात वे सभी जो पाप में मरते हैं। मैं आपको इस दुनिया के बारे में बताता हूँ क्योंकि मैं वहाँ था, मैंने इसे देखा, यह एक भयानक जगह है। इसे तीन भागों में विभाजित किया गया है:

सूक्ष्म जगत, गुलाम क्वार्टर

पहला भाग "सूक्ष्म दुनिया, गुलाम क्वार्टर" है। यह वह स्थान है जहाँ सभी बुतपरस्त और सभी पाखंडी ईसाई अपनी मृत्यु के बाद जाते हैं। इस दुनिया में, लोग नंगे पैर भी चल सकते हैं, लेकिन वहाँ, ऐसा नहीं है, लोग गर्म राख पर चलते हैं। और यह केवल एक पूर्वानुभव है, क्योंकि अंत नरक है, शैतान के साथ जलती हुई गंधक की आग की झील। जब आप मसीह से दूर, बुतपरस्त या पाखंडी ईसाई के रूप में मरते हैं, तो यह आपकी पीड़ा की शुरुआत है।

मेरे प्यारे, ईसाई होने का मतलब सिर्फ़ बाइबल रखना नहीं है, ईसाई होने का मतलब सिर्फ़ अलग-अलग भाषाएँ बोलना नहीं है। ईसाई होने का मतलब है परमेश्वर की इच्छा के अनुसार चलना, फिर से जन्म लेना; ईसाई होने का मतलब है जीवन की नवीनता में चलना। ईसाई होने का यही मतलब है।

लेकिन अगर आप पाप में मरते हैं, बुतपरस्त या पाखंडी ईसाई के रूप में, तो आपको सीधे दास क्वार्टर में भेजा जाएगा, और वहाँ, आपके द्वारा किए गए पाप के अनुसार रास्ते आवंटित किए जाएंगे। झूठ बोलने वालों के लिए एक रास्ता है, हस्तमैथुन करने वालों, शराबी आदि के लिए एक और रास्ता है। शैतान वास्तव में बहुत अच्छी तरह से संगठित है। और जो मैं आपको समझा रहा हूँ, वह वो चीजें हैं जो मैंने अपनी आँखों से देखी हैं, क्योंकि मैं वहाँ था। और यहीं पर रोना और दाँत पीसना है। जान लें कि आपके द्वारा किए गए पाप के अनुसार आपको एक रास्ता आवंटित किया जाएगा। आप खुद से कह सकते हैं: "मैं झूठा हूँ, अनैतिक हूँ, तो मुझे कौन सा रास्ता आवंटित किया जाएगा?" जान लें कि आपके द्वारा किए गए पापों में से एक ऐसा है जिसे आप दूसरों से ज़्यादा पसंद करते हैं। जिसे आप खुद कहते हैं: "मेरा पसंदीदा पाप," जिसे आप कभी स्वीकार नहीं करते। आप ईश्वर के एक आदमी के सामने पहुँचते हैं, आप अपना कबूलनामा करते हैं लेकिन उस पाप को स्वीकार नहीं करते। यह जान लें कि जिस पाप को आप स्वीकार नहीं करते, वही आपके लिए मार्ग प्रशस्त करेगा।

लूसिफ़ेर भट्टी

सूक्ष्म जगत का दूसरा भाग लूसिफ़र भट्टी है। जब मैं वहाँ था, तो मैंने आग की एक बड़ी झील देखी। यह एक ऐसा विभाग है जिसे लूसिफ़र स्वयं नियंत्रित करता है। और जब मैं वहाँ था, तो मैंने झील से धुआँ

निकलते देखा, और वहाँ लोग रो रहे थे। लेकिन वे लोग कौन थे जिन्हें मैंने वहाँ पाया? वे सच्चे ईसाई थे, जिन्होंने पृथ्वी पर अपने जीवन के दौरान शैतान से लड़ाई लड़ी थी, लेकिन जिन्होंने पाप किया था और अपनी मृत्यु से पहले अपने पापों का पश्चाताप नहीं किया था। मैं दोहराता हूँ, वहाँ यह झील, लूसिफ़र भट्टी, मैंने इसे देखा, और वहाँ से धुआँ निकल रहा था, चीख-पुकार मची थी, लोग रो रहे थे। वे लोग आग में थे, उन्होंने आग का दर्द महसूस किया, लेकिन वे भस्म नहीं हुए। जब हम प्रार्थना करते हैं, तो हम राक्षसों को भगाते हैं, हम अंधकार की दुनिया में आग भेजते हैं और इसका शैतान के शिविर में भयानक प्रभाव पड़ता है। हम जो प्रार्थनाएँ यहाँ कर रहे हैं, उनके कारण शैतान असहज है, उसकी चीज़ें नष्ट हो गई हैं और उसका संगठन अस्थिर हो गया है। इसलिए, तुम जो शैतान से लड़ते हो, यदि तुम पाप करते हो और तुरन्त पश्चाताप करने से मना कर देते हो, तब भी जब कोई तुम्हें सलाह देने आता है, यदि तुम अपने आप को इस तरह के तर्कों से जीतने देना चुनते हो जैसे: "क्या मैं अकेला हूँ जिसने यह पाप किया है? इस या उस व्यक्ति ने भी यह पाप किया था, है न? यहाँ तक कि पादरी ने भी यह किया था", तो जान लो कि शैतान तुम्हारे जीवन की घात में बैठा है।

प्रिय, तुम्हें यह जान लेना चाहिए कि उद्धार एक व्यक्तिगत मामला है और तुम्हारा न्याय तुम्हारे पादरी के अनुसार नहीं किया जाएगा। जान लो कि तुम्हारा न्याय तुम्हारे द्वारा किए गए कार्यों के अनुसार किया जाएगा। यदि तुम एक ईसाई हो जो शैतान से लड़ता है और प्रार्थना के द्वारा उसके कार्यों को नष्ट करता है, और ऐसा होता है कि तुम पाप करते हो, तो तुरंत पश्चाताप करो, इसे स्वीकार करने में देरी मत करो क्योंकि शैतान किसी को निगलने के लिए इधर-उधर घूमता रहता है। प्रभु से विनती करो कि वह तुम्हें क्षमा करे और अपने बहुमूल्य लहू से तुम्हें पवित्र करे। बाइबिल कहती है: "जो पवित्र है वह पवित्र बना रहे।"

यदि तुम, जो शैतान से लड़ता है, पाप करते ही तुरंत पश्चाताप नहीं करता, तो वह तुम्हें परमेश्वर से दूर ले जाने और तुम्हें मार डालने के लिए तुम्हारे विश्वास में एक कदम पीछे ले जाएगा। और जब वह तुम्हें मार देगा, तो तुम दासता की कोठरी में नहीं जाओगे। तुम्हारे लिए, यह भट्ठी है जो तुम्हारा इंतजार कर रही है। यदि तुम अपने जीवन को देखो, तो तुम देखोगे कि जिस तरह से तुम पहले परमेश्वर की सेवा कर रहे थे और जिस तरह से तुम अब उसकी सेवा कर रहे हो, उसके बीच एक धीमापन है। यह शैतान का काम है। अगर आप अपने आलस्य के समय में पश्चाताप नहीं करते हैं, तो शैतान आपके जीवन तक पहुँच जाएगा, वह आपको मार देगा और सीधे आग की भट्टी में ले जाएगा। उस दिन तुम मुझे याद करोगे, लेकिन तब तक बहुत देर हो चुकी होगी, वास्तव में बहुत देर हो चुकी होगी।

हैडिस

तीसरा भाग पाताल लोक है। यहीं पर वे सभी मनुष्य जाते हैं जिन्होंने अपने विवेक से शैतान के लिए काम किया: जादूगर, जादूगर, रोसिक्रुशियन, पहलवान...,। जादूगर, जान लो कि जब तुम मरोगे, तो शैतान तुम्हें धन्यवाद नहीं देगा क्योंकि तुमने उसकी सेवा की, वह तुमसे नहीं कहेगा "अच्छा और वफादार सेवक, जैसा कि तुमने धरती पर रहने के दौरान मुझे 200 लोगों की पेशकश की थी, अपना इनाम पाओ।" नहीं, अभी समय रहते अपनी आँखें खोलो, यह वह नहीं है जो वह तुम्हें बताएगा। इसके विपरीत, वह तुम्हें ले जाएगा और तुम्हें एक कोठरी में भेज देगा। पाताल लोक में, कई कोठरी हैं और प्रत्येक कोठरी में, एक व्यक्ति है जिसके मुंह के स्तर पर एक बड़ी जंजीर और एक ताला है। जब मैं वहाँ था, मैंने राष्ट्रपति मोबुतु को देखा, मैंने उन्हें जंजीरों और एक ताले के साथ वहाँ छोड़ दिया। मैंने वहां कई लोगों को छोड़ दिया:

लुआम्बो मकियादी, पेपे काले..., वे सभी लोग सूक्ष्म दुनिया में ताले लगाकर जंजीरों में जकड़े हुए हैं, और सूची वास्तव में लंबी है, मैं उन सभी का उल्लेख नहीं कर सकता।

जब कोई व्यक्ति मरता है तो क्या होता है?

जब कोई व्यक्ति मर जाता है, तो आमतौर पर उसके शरीर को धोया जाता है, उसे ताबूत में रखा जाता है और उसे दफनाने के लिए कब्रिस्तान ले जाया जाता है। कब्रिस्तान के रास्ते में, आंसू बहाते हुए परिवार विलाप करता है, रोता है, कहता है: हमने अपना ऐसा-ऐसा रिश्तेदार खो दिया... मैं आपको एक बात बता दूं: जान लें कि ताबूत में जो है वह सिर्फ शरीर है, लेकिन वह व्यक्ति खुद ताबूत के ऊपर है और आपसे ज्यादा रो रहा है। यही कारण है कि पुजारी, ताबूत को चर्च में लाने से पहले, उस पर स्प्रे करना शुरू कर देता है, ताकि ताबूत के ऊपर मौजूद इस आत्मा को नियंत्रण में लाया जा सके। जब आप ताबूत को कब्रिस्तान ले जा रहे होते हैं, तो वह व्यक्ति, उसके भीतर का आदमी ताबूत के ऊपर होता है और आपसे ज्यादा रो रहा होता है। वह व्यक्ति अपने परिवार के सदस्यों को पकड़ने के लिए ताबूत के ऊपर से भी निकल जाता है, लेकिन वह व्यक्ति निकल जाता है क्योंकि उसका शरीर अमूर्त हो गया है। उस क्षण, वह व्यक्ति रोता है और यहां तक कि सुसमाचार प्रचारकों को खोजने की कोशिश करता है जो उसे परमेश्वर का वचन सुनाएं ताकि वह विश्वास कर सके, लेकिन तब तक बहुत देर हो चुकी होती है।

जिस वचन की आप अभी उपेक्षा करते हैं, एक समय ऐसा आएगा जब आप उसे ढूँढ़ेंगे और नहीं पाएँगे। मृतक व्यक्ति ताबूत के ऊपर आँसू बहा रहा है। और उस समय, भले ही वह चिल्लाए: "यीशु, यीशु, आओ और मेरी मदद करो, आओ और मेरी मदद करो," यीशु नहीं आएगा,

क्योंकि यीशु मृतकों का परमेश्वर नहीं है, बल्कि वह जीवितों का परमेश्वर है। जब तक आप जीवित हैं, अपने जीने के तरीके को बदलें। जब तक आप जीवित हैं, तब तक आपके पास परमेश्वर के साथ मेल-मिलाप करने का अवसर है। अब जब आप इसे जानते हैं, तो इस अंतिम अवसर का लाभ उठाएँ और यौन अनैतिकता, झूठ, दुर्भावनापूर्ण गपशप, ठगी, जादू-टोना, सभी बुरे कामों को त्याग दें जो आप कर रहे हैं, उन्हें अभी त्याग दें। परमेश्वर, आपके प्रति अपने महान प्रेम में, एक बार फिर, आपको पश्चाताप करने का अवसर देता है। बाइबल व्यवस्थाविवरण 30:19 में कहती है: "... मैंने तुम्हारे सामने जीवन और मृत्यु, आशीर्वाद और शाप रखे हैं। अब जीवन को चुनो, ताकि तुम और तुम्हारे बच्चे जीवित रहें। प्रियजन, जीवन को चुनने का अर्थ है प्रभु यीशु को प्रभु और व्यक्तिगत उद्धारकर्ता के रूप में स्वीकार करना क्योंकि वह मार्ग, सत्य और जीवन है। आज ही अपना जीवन यीशु को दे दो। यदि आप यीशु को चुनते हैं, तो आप अपनी मृत्यु के बाद अधोलोक या सूक्ष्म दुनिया में नहीं जाएँगे, बल्कि आप विश्राम स्थल पर जाएँगे, क्योंकि बाइबल कहती है: धन्य हैं वे मरे हुए जो अब से प्रभु में मरते हैं, वे अपने श्रम से विश्राम करेंगे, क्योंकि उनके कर्म उनके पीछे-पीछे आएंगे। जो लोग यीशु में मरते हैं, उन्हें डरने की कोई बात नहीं है, क्योंकि जीवन का मुकुट स्वर्ग में उनका इंतजार कर रहा है।

अध्याय 10 - मेरा धर्म परिवर्तन

मुझे शैतान को त्यागने के लिए किसने प्रेरित किया? प्रियजन, यदि आप चाहते हैं कि प्रभु यीशु आपके जीवन में हस्तक्षेप करें, तो सत्य बोलने का जोखिम उठाएँ। बहुत से लोग अपने उद्धार को रोकते हैं क्योंकि वे सत्य नहीं बोलना चाहते हैं। आपको सत्य बोलने का जोखिम उठाना चाहिए। मैं अच्छी तरह जानता हूँ कि दुनिया सत्य को पसंद नहीं करती। जब आप सत्य बोलते हैं, तो दुनिया शायद आपको अस्वीकार कर देगी, आपका परिवार शायद आपको त्याग देगा, आपके मित्र शायद आपको अस्वीकार कर देंगे। लेकिन यीशु जो सत्य है, वह आपको कभी नहीं त्यागेगा। ऐसी कुछ बातें हैं जिन्हें आपने पहले ही स्वीकार कर लिया है, लेकिन कुछ ऐसी भी हैं जिन्हें आप अपने पास रखते हैं और कहते हैं: यह मेरा रहस्य है। जान लें कि यह उन बातों के कारण है जिन्हें आप अपने अंदर रखते हैं, कि शैतान आपके जीवन पर अपनी मजबूत पकड़ बनाए रखता है। हर किसी के द्वारा अस्वीकार या त्याग दिए जाने के डर से, आप खुद को झूठ का कैदी या गुलाम बनाना पसंद करते हैं! नहीं, प्रियजन, सत्य बोलने का जोखिम उठाएँ और प्रभु आपको मुक्त कर देंगे।

बहुत से लोग खुद को इस समीकरण के सामने पाते हैं। और वहाँ से, वे नहीं जानते कि आगे कैसे बढ़ना है, कैसे मुक्ति पाना है। लेकिन मैं आपको एक सलाह देता हूँ: सच बोलने का जोखिम उठाएँ, चाहे परिणाम कुछ भी हों, यीशु आपको कभी निराश नहीं करेंगे। मैंने जोखिम उठाया, मैंने सच बोला और इस सच्चाई के कारण, मेरे परिवार ने मुझे अस्वीकार कर दिया, मेरे माता-पिता ने मुझे बाहर निकाल दिया, मेरे भाई-बहन मुझे अब और नहीं चाहते थे, मेरे जितने भी दोस्त थे, उन्होंने मुझे अकेला छोड़ दिया। लेकिन प्रभु यीशु, जो सत्य हैं, जो

मुसीबत में हमेशा मौजूद रहने वाले सहायक हैं, उन्होंने मुझसे मुलाकात की और मेरी मदद की। यही कारण है कि आज मैं भी जीवित लोगों में गिना जाता हूँ। प्रभु में प्रिय, मुझे नहीं पता था कि एक दिन मैं भी एक ईसाई बनूँगा। लेकिन परमेश्वर यह जानता था। परमेश्वर जानता था कि एक दिन मैं शैतान के बंधन से मुक्त हो जाऊँगा और उसने वही किया।

मैं आपको यह बताते हुए कभी नहीं थकता कि यीशु को हमारे जीवन में हस्तक्षेप करने के लिए, हमें परिणामों से डरे बिना सच बोलने का जोखिम उठाना चाहिए। जब मैं शैतान की सेवा कर रहा था, तो एक समय ऐसा आया जब मुझे एक उच्च पदस्थ राक्षस से मिलना पड़ा जिसका मिशन मेरे अंदर मृत्यु की वृत्ति को जगाना था। और इस राक्षस से मिलने के लिए, मुझे अनुष्ठान करने पड़े। इसलिए पृथ्वी पर मेरी बाकी यात्रा के दौरान, यह वह राक्षस था जिसने मुझे शैतान की सेवा करना सिखाया। और उनसे मिलने के लिए मुझे भूमिगत स्थान पर जाना पड़ा। और वहाँ पहुँचने के लिए मुझे एक मृत शरीर खरीदना पड़ा। किसनगानी के मेरे गुरु, जिन्होंने मुझे भारतीय जादू में दीक्षित किया था, ने मुझे तलाश करने के लिए कहा [...] यहाँ भाई उन चीज़ों का उल्लेख करता है जिन्हें उसके गुरु ने उसे तलाश करने के लिए कहा था। [...] अपने गुरु द्वारा मांगी गई सभी चीज़ें प्राप्त करने के बाद, वह उनसे मिलने के लिए वापस आया। वह आगे कहता है: मैं अपने गुरु के पास गया, और जब मैंने दरवाज़ा खटखटाया, तो उन्होंने दरवाज़ा खोला और मुझे देखकर बहुत खुश हुए। फिर उन्होंने मुझसे कहा: "तुम एक बहादुर आदमी हो," और उन्होंने मेरा हाथ हिलाया और मैं उनके साथ अंदर चला गया। जब हम अंदर थे, तो उन्होंने मुझसे कहा: आज तुम एक यात्रा पर जाओगे। [...] इसे ही सूक्ष्म प्रक्षेपण या आत्मा की यात्रा कहा जाता है।

क्या आपने कभी सूक्ष्म यात्रा के बारे में सुना है? जब कोई इस यात्रा पर जाने के लिए तैयार हो रहा होता है, तो उसे गुप्त कमरे में प्रवेश करने के लिए दो दरवाजों से गुजरना पड़ता है। पहला दरवाजा बाहर से खुलता है और इस कमरे के बाहर रहने वाला व्यक्ति भी इसे खोल सकता है। दूसरे दरवाजे के लिए, केवल अंदर रहने वाला व्यक्ति ही इसे खोल सकता है, क्योंकि जब कोई सूक्ष्म प्रक्षेपण करता है, तो सबसे पहले, वह विघटित होना शुरू होता है। वह या तो विघटित हो सकता है या खंडित हो सकता है। और अगर उस समय जब वह शरीर छोड़ता है और अभी भी अपनी यात्रा में है, कोई दूसरा व्यक्ति कमरे में प्रवेश करता है और शरीर को इस अवस्था में देखता है, तो यात्रा पर गया व्यक्ति अपने शरीर में वापस नहीं आ पाएगा और स्वचालित रूप से, यह मृत्यु है जो उसके पीछे होगी। इस तरह पेपे काले काबा सेले की मृत्यु हो गई। यह मोहिनी "मैमौना" है जिसने उसे मार डाला, क्योंकि उसकी दो पत्नियाँ थीं: एक मनुष्यों की इस दुनिया में और दूसरी शैतान की दुनिया में, विशेष रूप से पोलियुन की दुनिया में, मोहिनी "मैमौना" का विभाग।

कुरान

"मैमुना" वह मोहिनी है जिसका इस्तेमाल लूसिफ़र ने मोहम्मद को कुरान का रहस्योद्घाटन देने के लिए किया था। मैं यह कहने के लिए विषयांतर करता हूँ कि अल्लाह ईश्वर यहोवा, सृष्टिकर्ता नहीं है। अल्लाह स्वयं लूसिफ़र है। लोग कहते हैं कि इस्लाम ईश्वर की इच्छा के प्रति अंध समर्पण है। नहीं, यह सच नहीं है। इस्लाम लूसिफ़र शैतान की इच्छा के प्रति अंध समर्पण है। षडयंत्रकारी दुनिया में, मोहम्मद को पूर्व का मसीह विरोधी कहा जाता है। इन सबका उद्देश्य दो ब्लॉक

बनाना है। क्योंकि इस दुनिया में, दो ब्लॉक हैं: लैटिन ब्लॉक और अरब ब्लॉक।

पाँच महाद्वीपों में से, जो महाद्वीप शैतान को सबसे ज़्यादा डराता है, वह है अफ़्रीका; क्योंकि वहाँ ऐसे लोग हैं जो गंभीरता से प्रार्थना करते हैं। मैं आपसे एक भूतपूर्व शैतानवादी के रूप में बात कर रहा हूँ। यही कारण है कि अफ़्रीका शैतान का मुख्य लक्ष्य है। पश्चिमी शैतानवादी दान करते हैं, धन जुटाते हैं और उसे अफ़्रीका भेजते हैं। यह सब उनके दान के ज़रिए लोगों को कमज़ोर करने के लिए है जो शैतान द्वारा ज़हर दिए गए उपहारों के अलावा और कुछ नहीं हैं। आप कई गैर सरकारी संगठनों, मानवीय एजेंसियों का जन्म देखेंगे। क्या आपको लगता है कि यूरोप में ऐसे लोग नहीं हैं जो पीड़ित हैं? हम सभी जानते हैं कि दान घर से शुरू होता है। वे उन लोगों की देखभाल क्यों नहीं करते जो अपने महाद्वीप में पीड़ित हैं, लेकिन केवल अफ़्रीका की देखभाल करना चाहते हैं?
जब हम इस गुप्त कमरे में थे, तो दोनों दरवाज़े बंद थे और मेरे गुरु के पास दो चाबियाँ थीं। उस कमरे में कोई खिड़की नहीं थी, बस एक छोटा सा छेद था जिसका इस्तेमाल वेंटिलेशन के लिए किया जाता था। मैं उस छोटे से छेद से अपना हाथ भी नहीं डाल सकता था। जब मैं वहाँ गया तो मैंने भयानक चीजें देखीं। वहाँ अलग-अलग रंगों के कैसॉक, चैसबल और स्टोल थे। जब पुजारी कपड़े पहनता है, तो वह पहले कैसॉक पहनता है, फिर चैसबल और अंत में स्टोल जिसे कोई गले में पहनता है, और ये स्टोल अलग-अलग रंगों के होते हैं।

प्रत्येक रंग के साथ एक विशेष समारोह और शैतानी सब कुछ जुड़ा हुआ है। मैंने कुछ चित्र भी देखे: एक झूठे यीशु की छवि जिसके लाल हृदय से चमक निकल रही थी। "मैरी मार्गो" की छवि थी। मैं जानता हूँ कि हममें से बहुत से लोग पेंटेकोस्टल बनने से पहले कैथोलिक थे, और

हमारे बीच कुछ ऐसे भी हैं जो यह भी कह सकते हैं: "मैंने अपने जन्म से लेकर अब तक कैथोलिक चर्च में पैर नहीं रखा है।" भले ही आप कभी कैथोलिक चर्च में न गए हों, लेकिन जान लें कि आप अनजाने में ही "मैरी मार्गो" का सम्मान कर चुके हैं। प्राथमिक विद्यालय की कक्षा 5 तक पढ़ने वाला कोई भी व्यक्ति गिनी (कोनाक्री) के शैतानवादी कैमारा लेय के पाठ के माध्यम से "मैरी मार्गो" की पूजा कर चुका है। यह एक पाठ है जिसे पाठ के रूप में दिया गया था। लोग इसे अक्सर गाते भी थे: "ब्लैक वुमन, वुमन ऑफ अफ्रीका" (मूल रूप से फ्रेंच में, "फेमे नोइर, फेमे अफ्रीकेन।") बहुत से लोगों का मानना था कि कैमारा लेय ने यह कविता अपनी माँ के सम्मान में लिखी थी। नहीं! यह उसकी माँ के लिए नहीं था, यह लूसिफ़ेर के लिए था, यह मैरी मार्गो के लिए था। कैमारा लेय एक शैतानवादी था।

वहाँ सभी रंगों की मालाएँ भी थीं (हमारे पास पवित्र जादू के बारे में बात करने का समय नहीं था), मानव रक्त से भरा एक कलश, शीर्ष पर लाल कपड़ा, [...] पाँच कंकाल और चार बाइबल: नया संशोधित मानक संस्करण बाइबल (एनआरएसवी), यरूशलेम की बाइबल, पवित्र शास्त्रों का नया विश्व अनुवाद और बाइबल वर्बम एक्सएक्सएल कैन। [...] यहाँ भाई उन सभी घृणित कार्यों का वर्णन करता है, जिनसे उसे डोरोस से मिलने के अधीन किया गया था, जिसे उसका शिक्षक होना था। उनके गुरु ने एक शैतानी चर्मपत्र लिया और उससे कहा: अपने परिवार के सभी सदस्यों के नाम अपने माता-पिता और साथ ही अपने भाइयों और बहनों से शुरू करें। उनमें से किसी को भी न छोड़ें। मैंने अपने माता-पिता के नाम के साथ-साथ अपने भाइयों और बहनों के नाम भी दिए। [...] मेरे प्रिय, यह हिस्सा, मुझे इसे समझाना पसंद नहीं है। यह वास्तव में मुझे बहुत दुखी करता है, लेकिन मैं इसे करता हूं क्योंकि यह भगवान की महिमा के लिए है।

[...] दीक्षा के अन्य क्रमों का संक्षिप्त विवरण। वह आगे कहते हैं: जब मैं अपने परिवार के सदस्यों के नाम बता रहा था , तो क्या वे ही थे जिन्होंने मुझे वहाँ भेजा था? क्या वे ही थे जिन्होंने मुझे इस जादूगर से मिलने के लिए कहा था? मैं अपने स्वार्थ के लिए वहाँ अकेला गया था और मैंने निर्दोष लोगों के नाम बताए।

आज बहुत से लोग सिर्फ़ इसलिए कुछ कष्टों से गुज़रते हैं क्योंकि उनके परिवार के किसी सदस्य ने अपने अपराधियों और स्वार्थी हितों के लिए जादूगरों की सभा में जाकर परिवार के हर सदस्य का नाम लिख दिया। यही बात कुछ परिवारों में होने वाले कष्टों को उचित ठहराती है। मेरे भाई-बहनों और मेरे माता-पिता ने मेरे साथ ऐसा क्या किया कि मैंने उनका नाम शैतान को दे दिया? आप भी जो मेरी बात सुन रहे हैं, आपने अपने परिवार के उन जादूगरों के साथ ऐसा क्या किया कि उन्होंने आपके परिवार के सभी सदस्यों के नाम शैतान को दे दिए? कभी-कभी जब मैं इसके बारे में सोचता हूँ, तो मुझे बहुत दुख होता है। क्योंकि आपने अपने परिवार के उन दुष्टों के साथ कुछ भी गलत नहीं किया, इसलिए जान लें कि आप परमेश्वर में शरण पा सकते हैं और जादूगरों द्वारा आपको दी जाने वाली इन सभी पीड़ाओं से मुक्त हो सकते हैं। क्योंकि जो लोग यीशु के लहू से ढके हुए हैं, उनके लिए कोई अनुचित अभिशाप नहीं आता। यीशु में आपको डरने की कोई ज़रूरत नहीं है, भले ही आपके परिवार के जादूगरों ने अपनी सभाओं में आपका नाम पहले ही दे दिया हो, जान लें कि यीशु का खून आपके खिलाफ़ घोषित सभी शापों को रद्द कर देगा। क्रूस पर, यीशु ने लिखित संहिता को, उसके नियमों के साथ, रद्द कर दिया है, जो हमारे खिलाफ़ था और जो हमारे विरोध में खड़ा था।

[...] वह समारोह के अन्य चरणों का वर्णन करता है जब तक कि वह डोरोस से नहीं मिला, वह दानव जो बाद में उसका शिक्षक बनेगा। वह आगे कहता है: और उसके बाद, जब मैं वहाँ था, मैंने अपने सामने एक

कंकाल के आकार का दानव देखा। यह उस कंकाल की तरह था जिसे आप हमेशा शरीर रचना विज्ञान की किताबों में देखते हैं। वह मेरे सामने खड़ा था और वह बात कर रहा था। जब मैं उसे देख रहा था, तो मैंने एक नीली रोशनी देखी जो उसकी आँखों के खोखले से निकल रही थी और उसने कहा: डरो मत, क्योंकि यह एकतरफा यात्रा नहीं है। मैं तुम्हारे अंदर मृत्यु की वृत्ति जगाऊंगा। तुम्हारी मृत्यु की वृत्ति इतनी शक्तिशाली होगी कि तुम जीवन के किसी भी रूप से घृणा करोगे, और तुम उस नियति को पूरा करने के लिए अन्य ब्रह्मांडों में जाओगे जो मैंने तुम्हारे लिए चुनी है। और इस दानव को अब मुझमें अवतार लेना था, उसे मेरे अंदर होना था और वही हुआ। वह मेरे अंदर प्रवेश कर गया, और मैं वापस लौट आया।

और उसके बाद, मैंने शैतान की सेवा करना जारी रखा। और एक दिन शैतान ने मुझे बुलाया और मुझसे कहा: मेरे बेटे, मैं चाहता हूँ कि तुम यहाँ आओ, मेरे साथ रहो, और हमेशा मेरे साथ रहो। उस उद्देश्य के लिए, तुम्हें मानव दुनिया में मरना होगा। उसने मुझसे कहा और मैं बहुत खुश था। मैंने खुद से कहा: मेरा स्वामी चाहता है कि मैं अब उसके साथ रहूँ। मोहित होना वास्तव में एक बुरी बात है। कोई शैतान के साथ रहकर कैसे खुश रह सकता है? जान लो कि शैतान में, केवल मृत्यु और अभिशाप हैं। लेकिन यीशु में जीवन और आशीर्वाद हैं। और जब मैं शैतान के साथ रहने की कोशिश कर रहा था, तो उसने मुझसे कहा: "तुम्हें मेरे साथ एक समझौता करना होगा, तुम 6 जनवरी 2006 को मर जाओगे।" और उस समझौते की पुष्टि करने के लिए, मुझे अपना खून देना पड़ा। इस प्रकार, शैतान ने मेरे शरीर के एक हिस्से पर चोट पहुंचाई, और मेरा खून बह गया और एक प्याला भर गया, जिसे शैतान ने मेरी उपस्थिति में पी लिया। अब भी, मेरे पास उस चोट का निशान है। [...] भाई बताते हैं कि शैतान द्वारा उसका खून पीने के बाद क्या हुआ।

और उसके बाद, मैं विनाश के देवता "शिव" बन गया। मुझे 406 राक्षस दिए गए। उनमें से एक देवदूत "नेमाडेल" था। वह उन देवदूतों में से है जिन्हें लूसिफ़ेर ने स्वर्ग से भगा दिया था। मैं तब शैतान के लिए काम कर रहा था। एक इंसान के तौर पर, मैं हफ़्ते में दो दिन इस दुनिया में रहता था। लेकिन बाकी दिनों में, मैं शैतान था। शैतान के साथ रहना। मेरे शरीर में जो कंकाल था, उसके अलावा मुझे दूसरा कंकाल भी दिया गया और शैतान ने मुझे सिखाया कि चर्चों से कैसे लड़ना है, चर्चों को आध्यात्मिक नींद या धर्मत्याग में कैसे डुबोना है, दानिय्येल के सप्ताहों की गिनती कैसे करनी है और यीशु की वापसी की तैयारी कैसे करनी है।

यीशु की वापसी

यहाँ मैं एक पल के लिए विषय से हटना चाहूँगा: प्रभु यीशु जल्द ही आ रहे हैं। हम एक ऐसे दौर में हैं जिसे: अनुग्रह का समय कहा जाता है। प्रभु यीशु की मृत्यु दानिय्येल के 69वें सप्ताह के अंत में हुई। जब 69वाँ सप्ताह समाप्त होता है, तो हम सीधे 70वें सप्ताह में चले जाते हैं। लेकिन इस सप्ताह में जाने के बजाय, एक रहस्य है जिसे शैतान नहीं जानता। वह रहस्य एक अस्थायी ठहराव है। दानिय्येल के इस साप्ताहिक कालक्रम में, एक अस्थायी ठहराव है।
यह अस्थायी रोक क्यों? इसका उद्देश्य उन सभी राष्ट्रों को यह जानने देना है जो सुसमाचार को नहीं जानते हैं। यह ठीक यही समय है, अनुग्रह का समय। और बाइबल कहती है: अंत तब आएगा जब राज्य का सुसमाचार पूरी दुनिया में प्रचारित किया जाएगा। लेकिन आज, जब आप ध्यान से देखेंगे, तो वे राष्ट्र भी जो सुसमाचार के विरोधी थे, यीशु को स्वीकार करते हैं और सुसमाचार पूरी दुनिया में प्रचारित किया जाता है। जब आप भारत जाते हैं, तो आपको भारतीय ईसाई मिलते

हैं। अगर आप इराक में भी जाते हैं, तो आपको इराकी ईसाई मिलेंगे, और जापान में भी ईसाई हैं। यह इस बात का प्रमाण है कि सुसमाचार पहले ही सभी राष्ट्रों तक पहुँच चुका है और हम अब अनुग्रह के समय के अंत में हैं। इसके अलावा हम पहले से ही प्रभु यीशु द्वारा दिए गए संकेतों को देख रहे हैं, और यहाँ तक कि युगांतशास्त्र के दो मुख्य नायक भी पहले से ही वहाँ हैं। हमारे पास बुतपरस्त रोमन साम्राज्य और लेविटिकल पूजा, लेविटिकल पुजारी हैं। क्योंकि यीशु पर यहूदियों ने आरोप लगाया था, लेकिन रोमनों ने उसे मार डाला।

सत्तरवें सप्ताह में जाने के लिए, इन दो नायकों को फिर से प्रकट होना पड़ा। अब रोमन साम्राज्य पहले से ही यूरोपीय संघ (ईयू) के साथ मौजूद है। यूरो नामक एक एकल मुद्रा है। एक सेना है, एक संविधान है; यहाँ तक कि यूरोपीय संघ के अध्यक्ष की भी तलाश की जा रही है। और जब आप आज इजरायल-फिलिस्तीनी युद्ध देखते हैं, तो वे यरूशलेम के मंदिर के पुनर्निर्माण के लिए मस्जिद को ध्वस्त करने के लिए गाजा पट्टी पर लड़ते हैं। हालाँकि, मसीह विरोधी खुद को भगवान घोषित करते हुए, भगवान के मंदिर में खुद को स्थापित करने के लिए जाएगा। यह मसीह विरोधी कैप्टन "सैमैनेली" है। जब मैं शैतान के साथ था, तब भी उसने हमें अपने चर्चों की विशेषताएं बताई थीं। यहाँ कांगो में शैतान के 69 चर्च हैं। सभी चर्च जो सार्वभौमिकता को स्वीकार करते हैं, वे पहले से ही शैतान के हाथों में हैं। आपको सार्वभौमिक सेवाओं में कभी शामिल नहीं होना चाहिए क्योंकि यह शैतानी है।

उसके बाद, मैंने शैतान की सेवा करना जारी रखा। शैतान ने मुझे मध्यस्थों के माध्यम से जाने के बिना सीधे उससे बात करने का अधिकार दिया था। और उसने मुझे अटलांटिक महासागर के तल पर पूरी दुनिया के महान शैतानवादियों की सभी बैठकों में भाग लेने का अधिकार भी दिया था। मैं वह सब कर रहा था और मैं हवा के रहस्य में

तीसरे दर्जे का प्रतिनिधि बन गया। हालाँकि, जब मैं वापस लौटा, तो मैं अब एक सामान्य व्यक्ति नहीं था: मैं 50% मानव और 50% शैतान था। [...] और इस दुनिया में होने के नाते, मैं खुद से कह रहा था: मैं 6 जनवरी 2006 को मर जाऊंगा, लेकिन जब मैं मरूंगा, तो कोई मुझे दफना देगा और मुझे भूल भी जाएगा। इसलिए यह सुनिश्चित करने के लिए कि मुझे भुलाया न जाए, मरने से पहले, मुझे एक बच्चा पैदा करना होगा। लेकिन मेरे अंदर पहले से ही मेरे बाएं हाथ में एक साँप था, और उसका मिशन किसी भी महिला या लड़की को मारना था जो मेरे साथ सो सकती थी क्योंकि मैं अंधेरे की दुनिया में विवाहित था।

पादरियों के साथ सोने वाली महिलाएं

जिस पादरी ने मुझे पवित्र जादू में दीक्षित किया, उसने मुझे एक लाल रूमाल दिया और मुझसे कहा: यदि तुम इस रूमाल को अपने ऊपर रखकर किसी स्त्री के साथ सोओगे, तो वह नहीं मरेगी, लेकिन अपने पूरे जीवन में, वह कभी शादी नहीं करेगी। उन महिलाओं या लड़कियों को देखो जो पादरी के साथ बाहर जाती हैं, वे कभी शादी नहीं करतीं। यौन अनैतिकता जारी रखो, एक दिन तुम एक शैतानवादी से मिलोगे जिसके पास रूमाल होगा, और वह तुम्हें ब्रह्मचर्य की निंदा करेगा। लेकिन अगर तुम यीशु के पास वापस आते हो, और स्वीकार करते हो और यौन अनैतिकता छोड़ देते हो, तो यीशु तुम्हारे शापों को आशीर्वाद में बदलने में सक्षम है।

तो मुझे एक लड़की मिल गई। मैं उसके साथ बाहर जाता था, और हर बार, मेरे पास वह रूमाल होता था। वह लड़की मुझे जानती थी, वह मेरी आध्यात्मिक स्थिति को जानती थी, वह जानती थी कि मैं शैतानवादी था। लिकासी में, मैं शैतानवाद में क्या कर रहा था, यह कोई रहस्य नहीं था। मेरे परिवार को यह पता था, मेरे भाई-बहनों को

यह पता था, मेरे दोस्तों और यहाँ तक कि उस लड़की को भी यह पता था। लेकिन वह मेरे पैसों से आकर्षित थी। यह दुखद है! मैंने "मैरी मार्गो" की एक मूर्ति ली और उसे दे दी। मैंने उससे कहा: जब भी तुम चाहो नींद में, आपको इसे अपने तकिए के नीचे रखना होगा और यही हुआ। बिना जाने, वह पहले से ही लूसिफ़ेर के हाथों में थी। इसलिए मैं उसके साथ बाहर जा रहा था, जब तक कि वह मुझसे मिलने नहीं आई और मुझे बताया कि वह गर्भवती है। मैं बहुत खुश था। मैंने खुद से कहा था: अब एक महिला है जो मेरे बच्चे के साथ गर्भवती है, जब मैं मर जाऊंगा, तो मुझे उस बच्चे के लिए धन्यवाद दिया जाएगा जो पैदा होगा। और फिर, मैंने उसे पैसे दिए और वह चली गई।

मैं लिकासी में था और अयस्क की तलाश में काकांगा गया था। मैंने काकांगा में दो सप्ताह बिताए थे और मेरा दाहिना हाथ सड़ने लगा था। मेरा दाहिना हाथ पूरी तरह से सड़ चुका था। उसके बाद, मैं काकांगा छोड़कर लिकासी लौट आया। मैं सभी स्वास्थ्य केंद्रों, क्लीनिकों, अस्पतालों आदि में गया। इस तथ्य के बावजूद कि मुझे एंटीबायोटिक्स दिए गए थे, मेरे हाथ की स्थिति और भी खराब होती जा रही थी। सभी ने मेरा हाथ देखा जो सड़ रहा था और उसमें से स्राव निकल रहा था। वह तरल पानी और बैटरी में पाए जाने वाले पाउडर के मिश्रण जैसा था। इसलिए चूँकि मैंने उपचार की व्यर्थ कोशिश की थी, इसलिए मैंने राक्षसों को बुलाने का निर्णय लिया। एक रात मैं धर्मनिरपेक्ष स्कूल के खेल के मैदान में गया। जब मैं वहाँ पहुँचा, तो मैंने मंत्र पढ़े और मुझे उत्तर मिला। मुझे बताया गया: यह आपकी पत्नी हेलेन है, जो आपके हाथ के सड़ने के लिए जिम्मेदार है। वह आपसे नाराज़ है, क्योंकि आपने मानव दुनिया में एक लड़की को गर्भवती कर दिया। यदि आप चाहते हैं कि आपका हाथ ठीक हो जाए, तो आपको यह स्वीकार करना होगा कि यह लड़की और उसका बच्चा मर जाएँ। उसके बाद ही तुम्हारा हाथ ठीक हो सकता है, नहीं तो इसे काटना

पड़ेगा। और मुझे तुरंत जवाब देना पड़ा। और अचानक, मैंने कहा: अगर मेरा हाथ काटना पड़े तो काट दिया जाए, लेकिन यह लड़की ज़िंदा रहेगी।

[...] भाई ने संक्षेप में बताया कि जब उसे कब्रिस्तान की दुनिया में आमंत्रित किया गया था, तब क्या हुआ था। उन्होंने आगे कहा: आपको न तो शैतान के लिए और न ही जादूगरों के लिए खेद महसूस करना चाहिए, क्योंकि वे भी, जब वे हमारे आशीर्वाद चुराते हैं, तो उन्हें हमारे लिए खेद महसूस नहीं होता। पहले, मुझे 2006 में मरना था, और बाद में, तारीख बदलकर 6 जनवरी, 2005 कर दी गई। प्रियजन, मुझे जो समय सीमा दी गई थी, उसके बाद भी मैं जीवित हूँ। शैतान झूठा है, वह झूठ का पिता है। यदि शैतान आपको धमकाता है, यदि जादूगर आपको धमकाते हैं, तो आपको यीशु के नाम पर उनका विरोध करना चाहिए। बाइबल कहती है: शैतान का विरोध करो, और वह तुम्हारे पास से भाग जाएगा। यदि आप जादूगरों की धमकियों के आगे झुकने के जाल में फंस जाते हैं, तो उनका आप पर प्रभाव पड़ेगा, लेकिन यदि आप उन्हें नहीं मारते हैं, तो वे आपको मार देंगे। यदि तुम यीशु के नाम पर उनका विरोध करोगे, तो वे तुम्हारे पास से भाग जाएँगे। यही सिद्धांत है।

और उसके बाद, मैं वापस आ गई। 2002 में, उस लड़की ने एक बच्ची को जन्म दिया, उसका नाम लेटिसिया है और वह लीकासी में रहती है। जब मैं उस लड़की के साथ थी, तब मैंने शैतान की सेवा करना जारी रखा और मुझे पता था कि मैं 2005 में मर जाऊँगी। और 2002 के अंत में, मैंने खुद से कहा: अंधकार की दुनिया में, मेरे पास बहुत सारा पैसा है और जब मैं मर जाऊँगी, तो मेरी बेटी का भविष्य सुरक्षित नहीं होगा। हमारा ईश्वर सभी को पश्चाताप करने का अवसर देता है, यहाँ तक कि जादूगरों को भी। शैतान इन सभी विचारों से अवगत नहीं था, शैतान को

नहीं पता था कि मेरे विचारों में क्या चल रहा था। और मैंने खुद से कहा: "आपको अपने पैसे का हस्तांतरण करना होगा ताकि आपकी मृत्यु के बाद, आपकी बेटी का भविष्य सुनिश्चित हो सके।" इसलिए मैं शैतान के पास अपना अनुरोध प्रस्तुत करने गई। और उसने मुझसे कहा: इससे कोई फर्क नहीं पड़ता, इसके लिए, आप मुझे केवल दो लोग देंगे, और वे दो लोग आपका हस्तांतरण करेंगे। मेरे लिए जो कई लोगों को मारने के लिए इस्तेमाल किया गया था, दो लोगों की बलि देना केवल एक हवा होगी! फिर उन्होंने मुझसे कहा: तुम्हें अपने खून से हस्ताक्षर करने होंगे। और मैंने हस्ताक्षर कर दिए।

2002 के अंत में शैतान ने मुझसे कहा: मुझे ट्रांसफर के लिए इन दो लोगों की ज़रूरत है। लेकिन ये दो लोग वो नहीं हैं जिन्हें तुम पैसे फेंककर या दुर्घटना करके मार डालोगे। मैं जिन दो लोगों की माँग कर रहा हूँ, उन्हें तुम्हारे परिवार से, तुम्हारे विस्तारित परिवार से नहीं, बल्कि तुम्हारे परमाणु परिवार से लिया जाना चाहिए। और उसने मुझे एक समय सीमा दी और मुझसे कहा: अंत 5 फरवरी, 2003 है। अगर तुम इस अवधि के भीतर इसे महसूस नहीं करते, तो तुम ही मर जाओगे। और जब तुम मरोगे, तो तुम मेरे साथ नहीं रह पाओगे। तुम अधोलोक में चले जाओगे, सूक्ष्म दुनिया में। क्या तुम देखते हो कि शैतान कैसे बदलता है? मैंने उसके लिए जो कुछ भी किया था, उसके बावजूद... वह, जिसने मुझे उसे डैडी कहने के लिए कहा था। तुम उस तरह के डैड को देखते हो? एक डैड जो गंभीर नहीं है। अब मुझे अपने भाई-बहनों और अपने माता-पिता, दो लोगों के बीच से चुनना था। मुझे नहीं पता था कि किसकी बलि देनी है, मुझे डर था, मैं शैतान की सेवा में था। एक तरफ़ तो मैं उससे डरता था, और दूसरी तरफ़ मैं अपने परिवार के सदस्यों की बलि नहीं देना चाहता था। फिर मेरे अंदर वह लड़ाई थी। और चूँकि मैं जानता था कि शैतान क्या है, इसलिए मुझे खुद को उसके हवाले करना पड़ा, और मैंने सेवा जारी रखी।

एक दिन, एक बड़ी बैठक में, शैतान ने हमें सच्चे ईसाइयों को फंसाने, सूक्ष्म दुनिया के लिए आत्माओं को जीतने के लिए कई रणनीतियाँ दीं। और अंत में, उसने प्रत्येक शैतानवादी को एक कार्य दिया। मेरा कार्य था कि मैं जाकर दस लोगों को मार डालूँ, मेरे परमाणु परिवार में उसके द्वारा अनुरोध किए गए दो लोगों के अलावा। और हम गए और मैंने एक यातायात दुर्घटना की, और 13 लोग मारे गए। उसके बाद, हम एक और बैठक में गए। और उस बैठक में, प्रत्येक शैतानवादी को अपने कार्य की रिपोर्ट देनी थी। और शैतान अपने सिंहासन पर बैठा था, और हम सभी वहाँ थे। हम बहुत थे, और हमें बारी-बारी से रिपोर्ट देनी थी। पहला आगे बढ़ा, अपनी रिपोर्ट दी और अपने स्थान पर लौट आया। मैं नौवां व्यक्ति था। मैं भी गया और अपनी रिपोर्ट दी। मैंने कहा कि मुझे जो कार्य सौंपा गया था, वह 10 लोगों को मारना था और मैंने 13 लोगों को मार डाला। और इसके लिए, मुझे खुशी हुई। इस प्रकार, मैं अपने स्थान पर लौट आया। दसवां व्यक्ति भी आगे बढ़ा।

टोगो का एक शैतानवादी 15वाँ व्यक्ति आगे बढ़ा। उसने यह कहना शुरू किया: मुझे जो काम सौंपा गया था, उसमें मैं असफल रहा। तब शैतान क्रोधित हो गया। वह उठ खड़ा हुआ, शैतानवादी को गालियाँ देने लगा, उसने इस असफलता का कारण जानने की कोशिश की। फिर वह फिर से अपने सिंहासन पर बैठ गया। संबंधित व्यक्ति ने बोलना शुरू किया। उसका काम टोगो में एक पादरी को मारना था। और वह पादरी के घर पहुँचा, छत में घुस गया। वह पादरी को मारने के लिए रात का इंतज़ार करने लगा। बिस्तर पर जाने से पहले पादरी घुटनों के बल बैठ गया और प्रार्थना करने लगा। और इस व्यक्ति ने कहा: "वह प्रार्थना कर रहा था और जब वह प्रार्थना कर रहा था, तो मुझे कुछ भी महसूस नहीं हुआ। मैं अभी भी छत पर था; मैं प्रार्थना के अंत का इंतज़ार कर रहा था। लेकिन उसकी प्रार्थना के अंत में पादरी ने कहा:

यह यीशु के नाम पर है। "उसने क्राइस्ट भी नहीं कहा। हम सभी जो कमरे में थे, फर्श पर फेंक दिए गए। हम सभी फर्श पर थे। प्रिय, जब हम फर्श पर थे, मैंने लूसिफ़ेर के सिंहासन को देखा, वह भी अपने सिंहासन पर नहीं था, वह भी हम सब की तरह फर्श पर था। वह जो हमें बता रहा था कि वह सभी चीज़ों से ऊपर है, उसने हमें बताया था कि उसकी शक्ति सबसे ऊपर है और उस दिन, वह भी, हम सब की तरह, अपने सिंहासन से गिर गया और फर्श पर था।

नाम पर जमीन पर शैतान ...

हे मेरे प्रिय, शैतान ज़मीन पर है। बाइबल कहती है: यीशु के नाम के आगे हर घुटने को झुकना चाहिए। यहाँ तक कि शैतान को भी राजाओं के राजा के आगे घुटने टेकने चाहिए। क्योंकि राजाओं के राजा यीशु को वह नाम दिया गया जो हर नाम से ऊपर है, और उस नाम के आगे हर घुटने को झुकना चाहिए, हर जीभ को यह स्वीकार करना चाहिए कि यीशु प्रभु है। मैंने शैतान को फर्श पर देखा। मैंने अपनी आँखों से लूसिफ़ेर को फर्श पर देखा। और उसके बाद वह उठ खड़ा हुआ और उस आदमी को गालियाँ देने लगा, जिसने उस नाम का उल्लेख किया था, उसे पकड़ लिया गया और मार दिया गया। सलाह का एक टुकड़ा: यदि आप एक जादूगर हैं, और ऐसा होता है कि कोई आपको एक ईसाई को मारने के मिशन पर भेजता है, यदि आप असफल होते हैं, तो जान लें कि यह ईश्वर की कृपा है। यदि आप असफल होते हैं, तो रिपोर्ट देने के लिए अपने शिविर में वापस न जाएँ, आपको मार दिया जाएगा। यदि आप असफल होते हैं, तो जल्दी से चर्च में जाएँ और जो कुछ आपने किया है उसे स्वीकार करें, वे आपके लिए प्रार्थना करेंगे और आप मेरी तरह छुटकारा पाएँगे। और जैसे ही शैतान उठा, उसने हमसे कहा: "इस घटना के बारे में चिंता मत करो, जल्द ही मैं इस

दुनिया में शासन करने जा रहा हूँ, मैं तुम्हें महत्वपूर्ण पद दूंगा। जान लो कि मैं उस कमज़ोर को उसके सिंहासन से उतार दूँगा, उस कमज़ोर को, जिसे मैं नहीं जानता कि क्या कहा जाता है, मैं उसे सिंहासन से उतारने जा रहा हूँ।" और जब उसने ऐसा कहा, तो हमने उसका अभिनंदन किया, हालाँकि यह बहुत पहले की बात नहीं है कि हम सभी फर्श पर गिर गए थे।

मेरे ऊपर एक समय सीमा लगाई गई थी। और जब मैं लिकासी की ओर मुड़ा, तो मैंने खुद से कहा: जब हम वहाँ थे, तो नाम का उल्लेख किया गया था, वह शारीरिक रूप से वहाँ नहीं था, एक ने बस उसका नाम लिया और हम सभी को जमीन पर गिरा दिया गया। इस प्रकार, यह जो मुझ पर यह समय सीमा लगा रहा है, निश्चित रूप से कोई है जो उससे ऊपर है। तो मैं क्या करने जा रहा हूँ? जैसा कि उसने मुझ पर यह समय सीमा लगाई है, मैं वहाँ जाऊँगा जहाँ उस नाम का उल्लेख किया जाएगा। मैं वहाँ जाऊँगा और मुझ पर लगाई गई समय सीमा रद्द हो जाएगी; क्योंकि वह सबसे शक्तिशाली नहीं है। और इस तरह मैंने उद्धार पाने के लिए चर्च जाना शुरू कर दिया, क्योंकि मैंने पहचान लिया कि मैं जिस स्वामी की सेवा कर रहा था वह दूसरे स्वामी से कमतर था जो यीशु मसीह है। शैतान ने मुझ पर एक समय सीमा लगाई थी, और मुझे उसकी समय सीमा के अनुसार मरना था। इसलिए मैं चर्च गया। मुझे उद्धार मिला, शैतान ने मुझ पर जो समय सीमा लगाई थी वह रद्द हो गई है। मैं 2005 में नहीं मरा। और आज, मैं अभी भी जीवित हूँ।

मेरी डिलीवरी में एक साल लग गया: 3 फरवरी, 2003 से 3 फरवरी, 2004 तक, अस्पताल में। मैं 23 चर्चों में गई। मेरे परिवार ने मुझे अस्वीकार कर दिया। शुरुआत में, मैंने तुमसे कहा: तुम्हें सच बोलने का जोखिम उठाना चाहिए। मैंने अपने परिवार में सच बोला, और उसके कारण, मुझे भगा दिया गया। मुझे त्याग दिया गया, लेकिन यीशु ने मुझे

नहीं छोड़ा। यह शैतान के लिए मुझे जाने देना आसान नहीं था। मेरे सभी रहस्यों के साथ, उससे प्राप्त सभी प्रशिक्षण के साथ (उसने मुझे ईसाइयों से लड़ने, नष्ट करने, परमेश्वर के कार्य को तोड़फोड़ करने के लिए प्रशिक्षित किया। उसने मुझे बहुत सारी रणनीतियाँ और तकनीकें दीं)। जब मैं अपना जीवन प्रभु यीशु को देने की कोशिश कर रहा था, तो शैतान, यह अच्छी तरह से जानता था कि अगर मैं मुक्त हो गया और उसके रहस्यों को उजागर करना शुरू कर दिया, तो परमेश्वर के कई बच्चे मजबूत हो जाएँगे और कई लोग मुक्त हो जाएँगे, उसने मुझसे गंभीरता से लड़ाई की। शैतान के साथ समझौता करना बहुत आसान है, लेकिन उससे अलग होना बहुत मुश्किल है।

मैं एक बात पर ज़ोर देना चाहूँगा। अगर आपको प्रभु यीशु के हस्तक्षेप की ज़रूरत है, तो आपको सच बोलने का जोखिम उठाना चाहिए। अगर आप सच बोलते हैं तो हर कोई आपसे नफ़रत कर सकता है, आपका परिवार आपको अस्वीकार कर सकता है, आपके दोस्त आपको छोड़ सकते हैं, लेकिन यीशु आपको नहीं छोड़ेंगे। आप जो सच बोलने जा रहे हैं, उसके कारण यीशु आपको कभी नहीं छोड़ेंगे क्योंकि वे स्वयं सत्य हैं। वे एक वफ़ादार मित्र हैं।

जब आप संकट में हों, तो ईश्वर से मदद मांगें। और यहाँ मैं उन लोगों का भी ध्यान आकर्षित करता हूँ जो अभी भी जादू-टोने में शैतान की सेवा कर रहे हैं और जो चर्च में दुष्टतापूर्ण काम कर रहे हैं। सावधान रहें, ईश्वर का मज़ाक नहीं उड़ाया जा सकता। मनुष्य जो बोता है, उसे जल्दी या बाद में काटता है। और जब आप ये काम करते हैं, तो यह न सोचें कि ईश्वर आपको नहीं देखता। वह आपको बदलाव का अवसर देना चाहता है। लेकिन अगर आप उन कामों को करने में लगे रहते हैं, तो जान लें कि एक दिन, जब ईश्वर कहेगा, बहुत हो गया, तो वह आपको मार डालेगा।

आइये हम भजन 60:12, गलतियों 6:7, और यशायाह 66:16 में परमेश्वर का वचन पढ़ें।

भजन 60:12: "शत्रु के विरुद्ध हमारी सहायता कर, क्योंकि मनुष्य की सहायता व्यर्थ है।"

गलातियों 6:7: धोखा न खाओ, परमेश्वर ठट्ठों में नहीं उड़ाया जा सकता, क्योंकि मनुष्य जो बोता है, वही काटेगा।

यशायाह 66:16: क्योंकि यहोवा आग से और अपनी तलवार से सब मनुष्यों का न्याय करेगा, और बहुत से लोग उसके द्वारा मारे जाएंगे।

सम्पूर्ण उद्धार के लिए मेरी खोज - 23 चर्च जो बुरी तरह असफल हुए

जब मैं उस "प्रसिद्ध" बैठक से वापस आया, जहाँ यीशु के नाम का उल्लेख होने पर शैतान हमारे साथ ज़मीन पर गिर गया था , मैंने वहाँ जाने का फैसला किया जहाँ कोई उस नाम का उल्लेख करता है, ताकि ईश्वर के लोग उस नाम का उल्लेख करके मेरे लिए प्रार्थना करें, और ऐसा करने से, मुझे परेशान करने वाले राक्षस भाग जाएँ। एक दिन मैं एक दोस्त, भाई थिएरी से मिला, जो मुझे अपने पादरी के पास ले गया, यह लिकासी में था। यह रात का समय था और वहाँ एक रात्रि जागरण था। हम रात 9:30 बजे वहाँ पहुँचे, वहाँ पादरी और मध्यस्थ थे, वे बड़ी संख्या में थे। मुझे पादरी के पास ले जाया गया, और फिर मैंने उन्हें अपने अतीत के बारे में बताया। जब मैंने समाप्त किया, तो उन्होंने मुझसे कहा: ठीक है, हम आपके मामले का ध्यान रखेंगे, लेकिन फिलहाल, आप उस कोने में बैठने जा रहे हैं, और उन्होंने मुझे एक कुर्सी

दी और मैं बैठ गया और प्रार्थना शुरू हुई। आधी रात को, पादरी ने मुझे बुलाया और मुझसे कहा: वहाँ खड़े रहो। जगह बनाने के लिए वहाँ जो बेंच थी उसे हटा दिया गया, और मुझे बीच में बैठने के लिए कहा गया। मध्यस्थों ने मेरे चारों ओर घेरा बना लिया और प्रार्थना करने लगे। उन्होंने बहुत प्रार्थना की और यीशु का नाम लिया, लेकिन मुझे कुछ भी महसूस नहीं हुआ। उन्होंने आधी रात से लेकर सुबह दो बजे तक इतनी प्रार्थना की, मैं वहाँ था, मैं उन्हें देख रहा था और मुझे कुछ भी महसूस नहीं हो रहा था। उन लोगों द्वारा यीशु के नाम लिए जाने के बावजूद मुझ पर कोई प्रभाव नहीं पड़ा।

यीशु का नाम कई लोगों के लिए क्यों प्रभावशाली नहीं है

प्रियजन, सावधान! जब इस नाम का उल्लेख किसी ऐसे व्यक्ति द्वारा किया जाता है जो पापमय जीवन जीता है, तो कोई प्रभाव नहीं होता है, लेकिन यदि उस नाम का उल्लेख किसी ऐसे व्यक्ति द्वारा किया जाता है जो परमेश्वर के भय में चलता है, तो स्वतः ही प्रभाव होने लगता है। वे लोग थक जाने तक प्रार्थना करते रहे। पादरी दरवाजे के सामने रहने चले गए, और मध्यस्थ प्रार्थना करते रहे। जब उन्होंने मुझमें कोई परिवर्तन नहीं देखा, तो उन्होंने यीशु के नाम पर मुझे घूंसे मारने शुरू कर दिए। वे मुझे यीशु के नाम पर घूंसे मार रहे थे, लेकिन जब वे मुझे घूंसे मार रहे थे, तो मुझे ऐसा लगा जैसे वे मुझे खरोंच रहे हों। और मैंने अपनी रहस्यमयी आँखें खोलीं, मैंने मध्यस्थों को देखा जिन्होंने मुझे घेर लिया था, वे सभी नग्न थे, बिना कपड़ों के। यदि आप परमेश्वर के भय में नहीं चलते हैं, यदि आप पवित्रता का जीवन नहीं जीते हैं, तो राक्षसों को भगाने का जोखिम न उठाएँ, अन्यथा आप यीशु के नाम को शर्मिंदा करेंगे।

जब वे लोग मुझे पीट रहे थे, तो मैं गुस्से में था और मैंने खुद से कहा: यहाँ आकर अपने सारे राज़ बताना शैतान के साथ विश्वासघात है। इसलिए, जब कुछ नहीं हुआ, तो जब मैं वहाँ पहुँचा, तो मैंने सोचा: घर पर, वह मुझे बुरी तरह से पीटेगा। लेकिन मुझे पीटने से पहले, मुझे पहले इन लोगों को पीटना शुरू करना चाहिए था। इसलिए मैंने उन्हें मुक्का मारना शुरू कर दिया। यह गंभीर मुक्का भी नहीं था। मैं केवल उन लोगों को धक्का दे रहा था और वे बेंचों पर गिर रहे थे, और बेंचें टूट रही थीं। उसके बाद, मैं चर्च से चला गया। जब मैं घर पहुंचा, तो दुष्ट आत्माएँ पहले से ही मेरा इंतज़ार कर रही थीं। और वहाँ, उन्होंने मुझे बुरी तरह से पीटा। उन्होंने मुझे मारा और मैं बहुत ज़्यादा खून बह रहा था। मेरी नाक, मेरा मुँह और यहाँ तक कि मेरे कान से भी खून बह रहा था। और अगली सुबह, मैंने खुद से कहा: मैं फिर से भगवान के दूसरे सेवकों की तलाश करूँगा, इस तथ्य के बावजूद कि उन्होंने मुझे मारा। मैं भगवान के दूसरे सेवक से मिलने गया।

प्रिय, यदि आपको मुक्ति की आवश्यकता है, तो आपको मुक्ति पाने की इच्छा दिखाने वाला पहला व्यक्ति होना चाहिए। किसी को आपको मजबूर नहीं करना चाहिए। उन्होंने मुझे रात में मारा, लेकिन अगले दिन, मैं फिर से दूसरे पादरी के पास गया। वहाँ एक भाई था जो मुझे संकुरु के एवेन्यू में ले गया। जब मैं वहाँ पहुँचा, तो वहाँ एक पादरी था जिसका नाम एक व्यक्ति ने "आग" जोड़ा था। इसलिए जब मैं अंदर गया, तो बुधवार का दिन था। इस चर्च की छत कैनवास की चादर थी, दीवार चटाई थी। वहाँ बहुत से लोग थे, मैं अंदर आया, पादरी को देखा, उनसे बात की, और उन्होंने मुझसे कहा: कोई समस्या नहीं है। जाओ और पीछे बैठ जाओ। मैं वहाँ गया और बैठ गया। उन्होंने उपदेश देना शुरू किया। उपदेश के बाद, उन्हें फिर प्रार्थना का नेतृत्व करना था। उन्होंने सभी को खड़े होने के लिए कहा। जब सभी खड़े हो गए, तो

पादरी ने प्रार्थना शुरू कर दी। उन्होंने एक प्रार्थना विषय दिया और श्रद्धालु प्रार्थना में डूब गए, और वे इधर-उधर घूम रहे थे। वह पीछे की ओर आया, जहाँ मैं था, मेरे सामने खड़ा हो गया और बोला: "भाई, मैंने अभी-अभी आपके पीछे एक श्वेत व्यक्ति को देखा। मैंने कहा: ओह, तो मेरे पीछे एक श्वेत व्यक्ति है? चूँकि आप ही हैं जिसने उस श्वेत व्यक्ति को देखा है, आप उसे वहाँ से हटा सकते हैं, आप उसे बाहर ले जा सकते हैं।

प्रियों, कुछ लोग मसखरे होते हैं, खास तौर पर वे जो अपनी जेब और पेट के लिए काम करते हैं, कुछ लोग जोकर होते हैं और उनकी संख्या बहुत ज़्यादा होती है। वे ही लोग हैं जो जादूगरों को भी अविश्वासी बना देते हैं। एक जादूगर जो चर्च में प्रवेश करता है और पादरी को भी मोहित करने में सफल हो जाता है, वह प्रभु यीशु को अपना जीवन कैसे दे सकता है? यदि आपको प्रभु यीशु ने नहीं बुलाया है, तो बेहतर होगा कि आप किसी और की तरह अलग रहें और शिक्षाएँ प्राप्त करें, और सही समय पर, यदि आपको वास्तव में प्रभु ने बुलाया है, तो वह आपको सुसज्जित भी करेगा। हमारा परमेश्वर जब दर्शन देता है, तो वह प्रावधान भी देता है।

फिर वह वहाँ था, और अचानक उसने अन्य भाषाओं में बोलना शुरू कर दिया। जब मैं उसे देख रहा था, तो मुझे एक बिना कपड़ों वाला आदमी दिखाई दे रहा था। और उसने मुझे पकड़ने की कोशिश की। मैंने बस अपने हाथ से इशारा किया, मैंने उसे धक्का दिए बिना बस छुआ, और वह गिर गया और भक्तों पर गिर गया। और जब वह अपने भक्तों पर गिरा, तो प्रार्थना समाप्त हो गई, और मध्यस्थों ने सीटें हिलाना शुरू कर दिया। वहाँ एक खाली जगह थी, और वे लोग प्रार्थना करना जारी रख रहे थे जबकि पादरी जमीन पर था। उन्होंने भी वही गलती की; उन्होंने यीशु के नाम पर मुझे मुक्का मारना शुरू कर दिया। और जब मैंने उन्हें

धक्का देना शुरू किया, तो वे कूद पड़े और चटाई लेकर बाहर चले गए, और अंत में, जब मैं उस जगह से निकला, तो वहाँ केवल छत बची थी। सभी चटाईयाँ गायब हो गई थीं।

एक दिन मेरी बेटी की माँ ने मुझे लिकासी के पास एक पैगम्बर का पता दिया और मैं वहाँ गया। जैसे ही मैं वहाँ पहुँचा, मैंने दरवाज़ा खटखटाया। पैगम्बर अपनी पत्नी के साथ लिविंग रूम में थे। जब मैं अंदर आया, तो मैंने उनका अभिवादन किया, उन्होंने मुझसे मेरे आने का कारण पूछा और मैंने उन्हें बताया। मैंने उन्हें समझाया कि मैं एक शैतानवादी हूँ और मैं मुक्ति की तलाश में हूँ। जब मैं आगे बोलना चाहता था, तो उन्होंने मुझसे कहा: "चुप रहो, चुप रहो! घुटने टेको। जब तुम रास्ते में थे, तो भगवान ने मुझे बताया कि एक आदमी है, एक शैतानवादी जो मेरे पास आ रहा है, और मुझे उसके उद्धार के लिए प्रार्थना करनी चाहिए।"

प्रिय, यीशु के नाम पर झूठ क्यों बोल रहे हो? यदि परमेश्वर ने तुम्हें कोई संदेश नहीं दिया है, तो चुप रहो! उस व्यक्ति पर धिक्कार है जो अपनी जीभ हिलाता है और फिर भी घोषणा करता है, 'प्रभु घोषणा करता है'। फिर उसने मुझसे कहा: "अपने घुटनों पर बैठ जाओ।" और चूँकि मैं ही जरूरतमंद था, इसलिए मुझे आज्ञा माननी पड़ी। मैं घुटनों के बल बैठ गया; उसने मेरे सिर पर हाथ रखे और प्रार्थना करने लगा। जैसे ही उसने मेरे सिर पर हाथ रखे, वह उछल पड़ा और दीवार से टकरा गया। जैसे ही वह उठा, उसने अपनी पत्नी का हाथ पकड़ लिया, और वे दोनों भाग गए, और मुझे घर में अकेला छोड़ दिया।

जब मैंने दरवाज़ा खोला, तो वे पहले से ही बगीचे में थे। जैसे ही उन्होंने मुझे देखा, वे बगीचे से निकलकर सड़क पर चले गए। पड़ोसी भी आ गए, वहाँ बहुत से लोग थे। तो जब मैं आगे बढ़ रहा था, तो नबी और

उनकी पत्नी सड़क छोड़कर दूसरी तरफ़ दूसरे घर में चले गए। वह जो अपनी ज़बान हिलाता था और फिर भी घोषणा करता था, 'प्रभु ने घोषणा की थी'। ऐसे लोग हैं जो मानते हैं कि ईश्वर केवल भविष्यवाणी के ज़रिए काम करता है। नहीं। जान लें कि भविष्यवाणियाँ गढ़ी हुई हैं। सच्चे नबी होते हैं, लेकिन वे सिर्फ़ कुछ ही हैं। लेकिन जो ज़्यादा संख्या में हैं, वे झूठे नबी हैं। क्योंकि मैं भी एक नबी था। मैंने अन्य भाषाओं में बात की, मैंने भविष्यवाणी की। यह दुखद है! तो मैं वहाँ से निकल गया और घर वापस आ गया। घर पर पहले से ही राक्षस मेरा इंतज़ार कर रहे थे। एक बार फिर, उन्होंने मुझे बुरी तरह पीटा। मैं घर पर ही रहा। दो दिन बाद, एक और भाई मुझसे मिलने आया और मुझे दूसरे नबी का पता दिया। मैं वहाँ गया और जब मैं वहाँ पहुँचा, तो मैंने दरवाज़ा खटखटाया। वह अंदर था और उसने मुझसे कहा: "अंदर मत आना! अपने जूते उतारो, क्योंकि जिस जगह तुम खड़े हो वह पवित्र भूमि है। जल्दी से अपने जूते उतारो!" मैंने अपने जूते उतारे और अंदर चला गया।

मैं "पवित्र भूमि" में गया। वहाँ एक चटाई थी और पैगंबर ने मुझसे कहा: "वहाँ बैठो।" और मैं उस तथाकथित पवित्र भूमि में चटाई पर बैठ गया। पैगंबर ने प्रार्थना करना शुरू किया। उन्होंने अन्य भाषाओं में प्रार्थना की और प्रार्थना करते समय, वे राक्षसों को बुला रहे थे। चूँकि मैं एक शैतानवादी था, इसलिए मैं पहले से ही राक्षसों से परिचित था। जब कोई राक्षसों को बुलाता था, तो मेरे लिए यह जानना मुश्किल नहीं था। वह राक्षसों को बुला रहा था, और मुझे एहसास हुआ कि वह मेरे मुकाबले बहुत ही निम्न स्तर का शैतानवादी था। इसलिए मैं उठा और उससे कहा: तुमने मेरे साथ ऐसा करने की हिम्मत कैसे की? मैंने एक इशारा किया, [...] और चला गया। दो दिन बाद, पैगंबर की मृत्यु हो गई।

मैं खोजता रहा। और उसके बाद, मुझे शहर में एक और चर्च का पता दिया गया। मैं वहाँ गया। चर्च और पादरी का घर एक ही बाड़े में था। मैं चर्च में गया, मैंने पादरी से बात की। महिला मध्यस्थ वहाँ थीं। पादरी ने कहा, "आज तुम्हें मुक्ति मिलेगी।" जब उसने मुझे यह बताया, तो मैं खुश था। लेकिन कुछ मिनट बाद, मैंने घोड़े की हिनहिनाहट जैसी आवाज़ सुनी। जब मैंने वह आवाज़ सुनी, तो मैं असहज हो गया क्योंकि यह "करवंडा" नामक एक राक्षस था जो ड्रैगन का सचिव है। समुद्र। फिर वह कोड़े के साथ चर्च में आया। मैं वहाँ खड़ा था, कुछ नहीं कर रहा था, लेकिन मैं पादरी और महिला मध्यस्थों को देख रहा था। "करवंडा" उन्हें गंभीरता से कोड़े मार रहा था। उन्होंने नहीं देखा कि उन्हें कौन कोड़े मार रहा था और वे भाग गए। मैं चर्च में अकेला रह गया था। पादरी घर गया, एक सॉस पैन में गर्म पानी लिया, और चर्च में वापस आ गया। वह अंदर आया, और जैसे ही मैंने हिलने की कोशिश की, उसने वह गर्म पानी मुझ पर डाला और बाहर भाग गया। मैं अकेला रह गया, पूरी तरह से गीला, और मैं चर्च से बाहर चला गया।

इसलिए जब मैं जा रहा था, तो उसने मुझसे कहा: भाई, वहीं रुक जाओ, मैं रुक गया। उसने आकर मुझसे कहा: भाई, भगवान ने मुझे अभी-अभी बताया है कि तुम्हारे उद्धार के लिए, किसी को एक चयन करना चाहिए, किसी को दस पादरियों का गठबंधन बनाना चाहिए। एक पादरी अकेला तुम्हारे लिए प्रार्थना नहीं कर सकता। प्रिय, यह बिलकुल पागलपन है! जब तुम भगवान से डरते हो, तो तुम अकेले सौ या हज़ार शैतानवादियों के खिलाफ़ खड़े हो सकते हो, वे तुम्हारा कुछ नहीं कर सकते क्योंकि जो तुम्हारे साथ हैं वे उन लोगों से ज़्यादा हैं जो उनके साथ हैं।" अगर तुम यीशु के साथ हो, अगर तुममें भगवान का डर है, अगर तुम पवित्रता का जीवन जीते हो, तो तुम अकेले ही राक्षसों की एक पूरी टुकड़ी को नष्ट कर सकते हो।

उसके बाद, मुझे फिर से दूसरे चर्च में ले जाया गया। मैं वहाँ गया और उन्होंने मेरे लिए प्रार्थना करना शुरू कर दिया। वे छह लोग थे। चार लोग मेरे सिर पर हाथ रखने के लिए दौड़े और उन्हें ज़मीन पर पटक दिया गया। इसलिए जब उन्हें ज़मीन पर पटक दिया गया, तो जो दो लोग खड़े रहे, उन्होंने मुझे छोड़ दिया और ज़मीन पर पड़े लोगों की देखभाल करने लगे। फिर मैं चर्च से निकल गया और घर चला गया। उसके बाद, मैं फ़ोयर सोशल एवेन्यू पर एक और चर्च में गया। मैं मुख्य द्वार से अंदर गया, राक्षस नीचे आए और लोगों को मारना शुरू कर दिया, और वे लोग साइड के दरवाजे से बाहर भाग गए। और उस घटना के बाद, मैं वहाँ से चला गया। एक बार फिर, मैं दूसरे चर्च में गया। जैसे ही मैं अंदर गया, राक्षसों ने लोगों को मारना शुरू कर दिया, और वे भाग गए। मैंने उस चर्च को छोड़ दिया, और उसी गली में अगले चर्च में गया, नतीजा वही था। मैं उसी गली में तीसरे चर्च में गया, नतीजा वही था। अंत में, मैं तेईस चर्चों में गया और उन सभी तेईस चर्चों में मुझे अपनी समस्या का समाधान नहीं मिला। जब मैं चर्चों में जा रहा था, तो मैं वहाँ अच्छे इरादे से जा रहा था। मैं वहाँ इसलिए नहीं जा रहा था कि राक्षस लोगों को मारें। मैं सच बोल रहा था। अंत में, जब मैंने जब मैं चर्च जा रहा था, तो वे मुझे दूर से ही देख लेते और लोगों को मेरे पास यह कहने के लिए भेजतेः "भाई, पादरी ने तुम्हें हमारे चर्च में आने से मना किया है, तुम लोगों को डराकर भगा दोगे।"

अब चर्च में मेरी ज़रूरत नहीं थी। फिर भी शैतान मुझे मार देगा अगर मैं उसे अपने परिवार के दो लोगों के बारे में नहीं बताता। इसलिए मैंने अपने परिवार के पास जाकर उन्हें सच्चाई बताने का फैसला किया, इस उम्मीद में कि वे मेरी समस्या का समाधान कर सकते हैं। फिर एक सुबह, मैंने हिम्मत जुटाई, मैं अपने परिवार के पास गया। मेरे पिता वहाँ थे, मेरे भाई-बहन वहाँ थे, सिवाय मेरी माँ के जो जाम्बिया में थी। इसलिए जब मैं पूरे परिवार के साथ लिविंग रूम में था, तो मैंने कहाः

आप सभी जानते हैं कि मैं एक शैतानवादी हूँ। मेरे पिता ने मुझसे कहा: "हाँ मैं जानता हूँ, हाँ मैं जानता हूँ और तुम्हारा पिता शैतान है। जल्दी बोलो, हमारे पास करने के लिए और भी काम हैं।" और मैंने कहा: आप जानते हैं कि मैं एक शैतानवादी हूँ, और जैसा कि मैं अब आपसे बात कर रहा हूँ, मुझे आप में से दो लोगों को मारने के लिए कहा गया है जो यहाँ हैं।

मैंने सच कहा, मैंने सच बोलने का जोखिम उठाया। मेरे पिता ने अपनी सारी हिम्मत जुटाई और कहा: "जैसा कि तुम देख सकते हो, मेरा घर मुर्गीघर नहीं है, यह कसाई की दुकान नहीं है, जहाँ तुम अपने शैतान पिता के लिए जो चाहो ले जाओ। मेरे घर से निकल जाओ, और जान लो कि आज से तुम मेरे बेटे नहीं हो, और ये लोग जिन्हें तुम यहाँ देख रहे हो वे अब तुम्हारे भाई-बहन नहीं हैं।
चर्च अब मुझे नहीं चाहते थे, मेरे परिवार ने मुझे अस्वीकार कर दिया, मेरे सभी दोस्त मुझे छोड़ गए, वे सभी दोस्त जिनके लिए मैं बीयर खरीद रहा था, अब वहाँ नहीं थे और मैं अकेला रह गया था, और मैं पीड़ित था। मुझे नहीं पता था कि कहाँ जाना है। मैं दुकानों के नीचे बाजार में सो रहा था। मैं, जिसने पच्चीस साल तक शैतान की सेवा की थी, मैं, जिसे शैतान ने पिताजी कहने के लिए कहा था, त्याग दिया गया था। मेरे पिता शैतान ने मुझे छोड़ दिया था।

प्रिय, संकट के समय में भगवान से सहायता मांगो। मनुष्य की सहायता व्यर्थ है। मैं दुखी था और शांति पाने के लिए सभी आवश्यक दवाएँ ले रहा था, लेकिन यह असफल रहा। अंत में, मुझे "चाहबा" एवेन्यू पर एक घर मिला और मैं वहाँ रहने लगा। एक रात मैं सो रहा था, सुबह के लगभग चार बजे, मैंने शोर सुना। लोग चिल्ला रहे थे और जब मैं बाहर गया, तो यह चोरी का मामला था। एक ने मुझे बताया कि चोर दाईं ओर गया था, और जो लोग वहाँ थे, उनके साथ मिलकर हमने चोर का

पीछा करना शुरू कर दिया, और जब वह हमें नहीं मिला, तो हम वापस लौट आए।

जब हम वापस आए, तो वहाँ मौजूद लोगों ने कहा: "हमने चोर को नहीं देखा।" फिर चोरी का शिकार हुए परिवार की एक लड़की ने कहा: तुम क्यों कहते हो कि तुम्हें चोर नहीं मिला? चोर वहाँ है। और मैं ही वह व्यक्ति हूँ जिसे उसने चोर बताया। मैंने कहा: मैं चोर हूँ? लेकिन मैंने क्या किया है? यह सब शैतान की वजह से था। मुझे परेशान करने के लिए इस लड़की में आत्माएँ अवतरित हुई थीं, ताकि मैं शैतान से हस्तक्षेप करने का अनुरोध करूँ। इसलिए जब उसने ऐसा कहा, तो मेरे लिए यह अपमानजनक था। मैंने खुद से कहा: मैं चोर हूँ! इसलिए मैंने ध्यान केंद्रित किया और मैंने प्रार्थना की। मुझे बताया गया: यदि आप चाहते हैं कि यह समस्या हल हो जाए, तो पहले वे दो लोग दे दो जिन्हें उसने आपसे मांगा था। मैंने कहा: ठीक है, मैं उन्हें दे दूँगा।
इसलिए जब मैंने कहा: ठीक है, मैं उन्हें दे दूँगा, तो मुझे अपने आप कहा गया: पुलिस स्टेशन जाओ, एक तुम्हें दो पुलिसवाले देगा। मैं वहाँ गया, मैंने शिकायत दर्ज नहीं की थी, मैं वहाँ पहुँचा, जाँच करने वाले पुलिस अधिकारी ने मुझे देखा, और उसने कहा: क्या तुम वही हो? उसने सीधे दो पुलिसवालों को बुलाया। उसने कहा: "इस आदमी के साथ जाओ।" और हम वहाँ से चले गए, जब हम वहाँ पहुँचे, तो उन्होंने उन लोगों को गिरफ्तार कर लिया जिन्होंने मुझ पर आरोप लगाया था। उन्होंने तीन लोगों को गिरफ्तार किया और उन्हें सेल में डाल दिया। उस परिवार का मुखिया एक पादरी था। मैं घर वापस गया, मैंने अपनी काली नोटबुक ली, मैंने अपने निकटतम परिवार के सदस्यों के दो नाम लिए, मुझे केवल उनके नाम काटने थे और कुछ दिनों बाद मृत्यु हो गई।

2 फरवरी 2003 की बात है। मैं जांच करने वाले पुलिस अधिकारी से मिलने पुलिस स्टेशन गया। जैसे ही मैं वहां पहुंचा, उसने मुझे बताया

कि पादरी को रिहा कर दिया गया है। तो मैंने पूछा: उसे क्यों रिहा किया गया है? उसने मुझे बताया कि पादरी उसके लिए दलील देने आए हैं, तो मैंने उससे कहा: "क्या आप इसे स्वीकार करते हैं?" फिर मैंने ध्यान केंद्रित किया, मैंने उसे नियंत्रित करना शुरू किया, और टेलीपैथी के माध्यम से उससे संवाद करना शुरू किया। मैंने आत्माओं के माध्यम से उसके दिमाग में अपने विचार प्रसारित करना शुरू कर दिया। उसने तुरंत एक कागज पर कुछ लिखना शुरू कर दिया और फाइलें लेकर उन्हें सरकारी अभियोजक के विभाग में स्थानांतरित कर दिया। और इस तरह एक व्यक्ति ने उस पिता को उसके घर से उठाया और उसे सरकारी अभियोजक के विभाग में ले गया। 3 फरवरी को, मुझे सरकारी अभियोजक के विभाग में जाना था और जब मैं वहां पहुंचा, तो यह पिता वहां था। वह कांप रहा था और मुझसे विनती कर रहा था, और मैंने उसकी ओर देखा। मैंने कहा, "मैंने इस आदमी को माफ करने के लिए, जबकि यह उसके और उसके परिवार की वजह से है, अपने परिवार के दो सदस्यों को मारने का फैसला किया था। और जब मैं वहाँ था, मैं मजिस्ट्रेट का इंतज़ार कर रहा था, और कुछ ही देर बाद, मजिस्ट्रेट आ गया। वह लिकासी का मजिस्ट्रेट कासोन्गो था। वह आया, मुझे अपने दफ़्तर में बुलाया। उसने मेरी बात सुनी, और उसके बाद, उसने मुझसे कहा: "तुम सही हो, यह आदमी पैसे चुकाने वाला है", और फिर मैं खुश हो गया।

और जब मैं बाहर गया, तो एक पिता वहाँ से गुजर रहा था। वह मेरी बेटी की माँ का चाचा था। जब उसने मुझे देखा, तो उसने मुझसे कहा: "यह पादरी एक महान पिता है। उसकी गवाही अच्छी है। जब हम बहुत छोटे थे, तो उसने ही हमें बड़ा किया था, इसलिए मैं तुमसे विनती करता हूँ, बस अपनी शिकायत वापस ले लो।" "तुम्हें लोगों के साथ घुलना-मिलना आना चाहिए। पिताजी जो अच्छे काम कर रहे थे, उसके कारण एक व्यक्ति उनकी ओर से बोलने आया था, और जब वह व्यक्ति मुझसे

बात कर रहा था, तो मुझे नहीं पता कि मुझे क्या सूझा, मैंने कहा: ठीक है। मैं मजिस्ट्रेट के कार्यालय गया, और उससे कहा: मैं अपनी शिकायत वापस लेता हूँ, कृपया इस पिताजी को रिहा कर दो। फिर उसने मुझसे कहा: भले ही तुम अपनी शिकायत वापस ले लो, एक मजिस्ट्रेट के रूप में, मुझे उससे राज्य का जुर्माना मिलना चाहिए। मैंने उससे कहा: यह तुम्हारे और उसके बीच की समस्या है, जहाँ तक मेरा सवाल है, मामला बंद हो गया है। और इस तरह मेरा मामला खत्म हो गया, लेकिन मेरे भीतर, मुझे पता था कि मेरे परिवार के दो सदस्य मर जाएँगे। यह 3 फरवरी थी। मैं सरकारी वकील के विभाग से निकलकर शहर के केन्द्र में चला गया।

और जब मैं आगे बढ़ रहा था, मेरे पास एक पैकेज था जिसमें एक छोटी बोतल थी। उस छोटी बोतल में, मानव रक्त और इत्र "औसाराबिया" का मिश्रण था, एक किताब जिस पर "लूसिफ़ेर के महानतम रहस्य" शब्द लिखे थे, एक क्रूस और एक रूमाल जो मुझे तब मिला जब मैं भारतीय जादू के भीतर "प्राइमा क्यूरिया" संप्रदाय में शामिल हुआ। यह उस संप्रदाय में था जहाँ राष्ट्रपति मोबुतु और मेरी मुलाकात हुई थी। हमारा देश कांगो, जब यह अभी भी ज़ैरे था, मोबुतु द्वारा शैतान को बेच दिया गया था। जान लें कि हमारा देश केवल प्रार्थना और केवल प्रार्थना से ही दुख से बाहर निकल सकता है। लोगों ने सोचा कि चुनावों के साथ, ऐसी संस्थाएँ स्थापित होंगी जो देश में वापस आ जाएँगी। हम देखते हैं कि क्या हो रहा है, यह और भी बुरा है। हमारा देश केवल प्रार्थना से ही इस अराजकता से बाहर निकल सकता है। इस प्रकार, चर्च का मिशन देश के लिए प्रार्थना करना है। मुझे हमारे देश की बिक्री के बारे में बहुत सी बातें पता हैं, दो स्थानों पर: कांगो नदी के उद्गम स्थल पर और नदी के मुहाने पर, एक रहस्यवादी लॉज से
(जिसमें आठ ड्रेगन हैं), जो "कावेले" के मंदिर "गबाडोलाइट" में स्थित है। मोबुतु के वे सभी लोग जो संक्रमणकालीन सरकार में काम करते

थे, यह सिर्फ एक विकर्षण था। वे लोग दोस्त थे, वे सभी शैतान के एजेंट थे, जो एक ही मालिक के लिए काम करते थे, एक ही उद्देश्य से, लोगों को दुख में डुबाने के लिए।

मेरा अंतिम उद्धार

जब मैं वहाँ से गुज़र रहा था, तो मैंने एक चर्च देखा जहाँ कोई जादू-टोने के बारे में बात कर रहा था। तो जब मैंने यह सुना, तो मैंने खुद से कहा: लेकिन ये लोग अपने चर्चों के साथ, हमेशा जादू-टोने, शैतानवाद के बारे में बात करते हैं, लेकिन अगर कोई शैतानवादी या जादूगर उनके पास उद्धार के लिए आता है, तो वे कुछ नहीं करेंगे। इसलिए मैं वहाँ जाऊँगा, मैं राक्षसों को बुलाऊँगा, वे इन लोगों पर प्रहार करेंगे, ताकि वे फिर से जादू-टोने के बारे में बात न करें। मैं अंदर गया, मैं कहीं बैठा था और ईसाई प्रार्थना कर रहे थे, यह सुबह की प्रार्थना थी। जो प्रार्थना का नेतृत्व कर रहा था उसने कहा: आप सभी, जो बैठे हैं, अपनी सीटें छोड़ दें और आगे आएँ, वहाँ एक खाली जगह थी, मैंने भी अपना पैकेज छोड़ दिया और सच्चे ईसाइयों के साथ आगे चला गया। वहाँ पहुँचकर, मैं किसी भी अन्य व्यक्ति की तरह घुटनों के बल बैठ गया। एक ने प्रार्थना का विषय दिया और लोग अपनी आँखें बंद करके प्रार्थना कर रहे थे। मैं भी अपनी आँखें बंद करके वहाँ था। जब दूसरे प्रार्थना कर रहे थे, मैं राक्षसों का आह्वान कर रहा था। आमतौर पर जब भी मैं राक्षसों का आह्वान करता था, जब राक्षस रास्ते में होते थे, तो मैं अपने हाथ की ओर देखता था और एक छाया दिखाई देती थी।

तो उस दिन, मैं अपने घुटनों पर था और मैंने राक्षसों को बुलाना शुरू कर दिया। मैंने उन्हें बुलाया, लेकिन कोई फायदा नहीं हुआ, क्योंकि जब मैं अपने हाथ को देख रहा था, तो कुछ भी दिखाई नहीं दिया। और जब मैं अभी भी अपने घुटनों पर था, तो मुझे छत पर थोड़ी गर्मी महसूस

हुई और यह थोड़ी गर्मी धीरे-धीरे नीचे आ रही थी और जब यह नीचे आ रही थी, तो इसकी तीव्रता बढ़ रही थी, और जैसे-जैसे इसकी तीव्रता बढ़ रही थी, गर्मी आग बन रही थी। और जब आग ने मेरे सिर को छुआ, तो यह भयानक था, मेरे प्यारे। एक शैतानवादी के रूप में, मैं अंगारों से भरी अंगीठी के सामने जा सकता था, अपना हाथ उसमें डाल सकता था, कुछ अंगारे ले सकता था और फिर से अपना हाथ बंद कर सकता था, और जब मैंने अपना हाथ फिर से खोला, तो अंगारे बुझ गए और केवल कोयला बचा था।

लेकिन उस दिन, जो आग मुझ पर लगी, वह अंगीठी की आग नहीं थी, यह ऐसी आग थी जिसे मैंने पहले कभी महसूस नहीं किया था और जब यह मुझ पर लगी, तो यह केवल मेरे सिर तक ही सीमित नहीं थी, यह मेरे पूरे शरीर में फैल गई, यहाँ तक कि मेरे पैर प्रभावित हुए। और फिर मेरा शरीर मेरे अंदर जलने लगा, यह भयानक था। मैंने बुरी नीयत से यीशु के चर्च में घुसपैठ की। तुम जादूगर, जान लो कि जब भी तुम चर्च में अपने मंत्र पढ़ने के लिए आते हो, तो भगवान तुम्हें देखता है। वह तुमसे नहीं डरता। यह तुम्हारे लिए उसके प्यार की वजह से है, कि वह तुम्हें पश्चाताप करने का समय देकर तुम्हारे प्रति अपना धैर्य प्रदर्शित करना जारी रखता है। लेकिन अगर तुम जो कर रहे हो, उसमें लगे रहो, तो जान लो कि जब भगवान को तुम्हारी दुष्टता से तंग आ जाएगा, तो वह तुम पर अपनी आग भेजेगा और तुम जान जाओगे कि भगवान भगवान है और उसकी शक्ति अन्य सभी शक्तियों से कहीं ऊपर है। उस दिन, तुम जान जाओगे कि कोई जीवित भगवान पर हमला करके बच नहीं सकता, क्योंकि उसकी शक्ति बेजोड़ है। उस दिन, आग मुझ पर आई और मैं सोच रहा था कि कैसे उठूं और भाग जाऊं।

मैं घुटनों के बल पर था और उठने की कोशिश कर रहा था। अगर आप घुटनों के बल पर बैठते हैं और कोई आपसे खड़े होने के लिए कहता है,

तो आपको कितना समय लगता है? शायद एक मिनट से भी कम, है न? लेकिन मैं, उस दिन, उठकर भाग जाना चाहता था, लेकिन मेरे घुटने ज़मीन पर टिके हुए थे, और जब मैं अपनी सारी कोशिशें कर रहा था, तो प्रार्थना कर रहे लोगों ने अपनी आँखें खोलीं और मुझे देखा। यह उस समय था जब प्रार्थना समाप्त हो गई। सभी ने अपनी प्रार्थना मेरी ओर निर्देशित की और पूरा चर्च मुझ पर आग बरसाने लगा। हर कोई मुझ पर आग बरसा रहा था और यह भयानक था। मैंने अपने घुटनों पर दस मिनट बिताए। आप, शैतान के एजेंट, जो इस गवाही को प्राप्त करते हैं, मैं आपको यह बताने के लिए इस अवसर का लाभ उठाता हूँ कि, आप जो भी हैं, जो भी सीढ़ी आपने अपने स्वामी शैतान के साथ पहले ही चढ़ ली है: आपके घुटनों को यीशु के सामने झुकना चाहिए।

और दस मिनट के बाद, मैंने ध्यान केंद्रित किया। चूँकि वहाँ बहुत ज़्यादा गर्मी थी, मैंने अपने गुरु (किसनगानी के गुरु) को बुलाया, और उन्होंने जवाब नहीं दिया। मैंने उस पुजारी को बुलाया जिसने मुझे कैथोलिक जादू में दीक्षित किया था, लेकिन कोई जवाब नहीं मिला। इसलिए मैंने खुद से कहा: "चूँकि ये सभी लोग मुझे जवाब नहीं देना चाहते, इसलिए मैं अब सबसे महान गुरु को बुलाऊँगा", और फिर मैंने लूसिफ़ेर को बुलाया। उस दिन भी लूसिफ़ेर ने जवाब नहीं दिया। शैतान का यीशु के चर्च पर कोई अधिकार नहीं है। और अंत में मैं गिर गया, मैं बेहोश हो गया, मुझे बाहर लाया गया। जब मैं बाहर था, तो राहगीरों को बुलाया गया कि वे आकर उस शैतानवादी को देखें जो गिर गया था। उस दिन, मैं पूरी तरह से अपमानित था क्योंकि यह शहर के केंद्र में था। जब मैं कुछ ताज़ा मिला हवा में, लूसिफ़ेर के साथ संचार बहाल हो गया। और उसने मुझसे कहा: चर्च में वापस जाओ और दो लोगों को मार डालो।

जब कोई मुझे जला रहा था, तो वह वहाँ नहीं था, लेकिन उसने मुझे फिर से अंदर जाने के लिए कहा। शैतान गंभीर नहीं है। प्रिय, यीशु के साथ यही बड़ा अंतर है। जब आप शैतान या राक्षसों के साथ किसी मिशन पर जाते हैं, अगर आप वहाँ पहुँचते हैं, और चीजें जटिल होने लगती हैं, तो राक्षस और शैतान भाग जाएँगे। लेकिन अगर आप यीशु के साथ जाते हैं, और चीजें जटिल हो जाती हैं, तो यीशु आपसे कहते हैं: मेरे पीछे खड़े हो जाओ और मैं खुद तुम्हारी जगह लड़ूँगा। यीशु के साथ यही बड़ा अंतर है।

गवाही का अंत

मैं आपको हमारे साथ न्याय का भजन नामक यह अद्भुत गीत गाने के लिए आमंत्रित करता हूँ, जिसे रचने की कृपा प्रभु ने हमें दी है ताकि हम ईश्वरविहीन मनुष्यों की अत्यधिक मूर्खता को उजागर कर सकें। यह गीत उस गवाही के लिए बिल्कुल उपयुक्त है जिसे आपने अभी पढ़ा है।

न्याय का भजन

हे मनुष्यों, यहोवा से डरो!
क्योंकि एक दिन तुम उसके सिंहासन के सामने खड़े होगे, उसका हिसाब देने के लिए
वे सभी काम जो तुमने पृथ्वी पर किये होंगे।

1. हे महानुभावो, इस संसार के शासको,
हे स्वस्थ, मोटे और बलवान शरीर वाले, तेरा अभिमान तेरे चारों ओर जंजीर की तरह घिरा हुआ है; दुष्टता तुझे वस्त्र की तरह ढक रही है।

2. तुम हमेशा न्याय-व्यवस्था को बिगाड़ते हो,
और तू ने धर्म को पृथ्वी पर गिरा दिया है!
तुम लोगों से उनके अधिकार छीनते हो,
तुम जरूरतमंदों को न्याय से दूर कर देते हो।

3. आप गुप्त रूप से एक साथ आते हैं
और कहते हो, आओ हम निर्दोषों की घात में रहें; तू तो उन्हें
अधोलोक के समान जीवित ही निगल जाता है,
और आप उनके बहुमूल्य सामान पर कब्ज़ा कर लेते हैं।

4. हे पाखंडियों, तुम बड़े-बड़े युद्ध करते हो, और तुम सब शांति
स्थापित करने का ढोंग करते हो; तुम फूट डालते हो और शासन
करते हो,
तुम उन लोगों को नष्ट कर देते हो जो शांति से रह रहे थे।
5. यद्यपि तुम देवताओं के समान रह रहे हो,
तुम सब आम जानवरों की तरह मरोगे,
नरक की आग अंदर नहीं लेगी
पृथ्वी पर आपके पास जो महान पद था उसका लेखा-जोखा रखें।

6. क्षणभंगुर थोड़ी शक्ति के लिए,
आप सभी शैतान के साथ महान समझौतों पर हस्ताक्षर करना चुनते
हैं; और कुछ बैंक नोटों के लिए, आप हजारों निर्दोष लोगों को मौत
के घाट उतार देते हैं।

7. जान लें कि शैतान के साथ आपके द्वारा किये गए सभी समझौते
आपके किसी काम के नहीं होंगे।
सभी मानव बलिदान जो कुछ तुम करोगे वह तुम्हें अवश्य ही नरक में
ले जाएगा।

8. दिन के उजाले में आप अच्छे कपड़े पहनते हैं सूट, जैकेट और टाई में; लेकिन रात के समय जादूगरों के अनुरोध पर तुम सब लोग सड़कों के कोनों पर नंगे घूमते हो!

9. ऐ वहशी! क्या तूने पर्दा नहीं डाला है?
आपके आस-पास हर रोज़ लोग मरते हैं। उनमें से किसी ने भी कभी कुछ नहीं किया
एक बात। वे सब वैसे ही लौट जाते हैं जैसे आए थे।

10. जान लो कि जिन देवताओं ने आकाश और पृथ्वी को नहीं बनाया है, वे सभी नष्ट हो जाएंगे। मैं तुम्हें याद दिला दूं कि, यहां तक कि,
यदि आप सत्ता से चिपके रहेंगे तो आपका अंत हो जायेगा।

11. सम्मान के बेकार पद के लिए, समलैंगिकता, शैतानी संप्रदाय आपके दैनिक अभ्यास बन जाएं:
तुम जीवित परमेश्वर के स्थान पर नरक को चुनते हो।

12. हे मूर्खों, जान लो कि नरक सत्य है, और वह सदा तक रहेगा;
इसलिये यदि तुम मन फिराओ नहीं,
आप निश्चित रूप से इससे बच नहीं पाएंगे।

प्रभु यीशु मसीह की कृपा आप पर बनी रहे! आमीन!

अध्याय 11 - पश्चाताप का आह्वान

अफ़्रीकी राष्ट्रपतियों और विश्व भर के नेताओं के लिए संदेश

महामहिम, प्रिय राष्ट्रपतिगण, जैसा कि आपने अभी इस गवाही में पढ़ा, चीजें वास्तव में वैसी नहीं हैं जैसा आप सोचते हैं। जीवन की वास्तविकता शैतान और आपके विभिन्न आध्यात्मिक सलाहकारों द्वारा आपसे छिपाई गई है।

यदि आपने अपनी अज्ञानता में अपने विभिन्न देशों को शैतान को बेच दिया ताकि आप यथासंभव लंबे समय तक सत्ता में बने रह सकें, तो आपने जो कुछ पढ़ा है उसके बाद आपको अब यह एहसास हो जाना चाहिए कि आपने बहुत बड़ी गलती की है।

समय आ गया है, महामहिम, प्रिय राष्ट्रपतियों, कि आपके और आपके अधीन लोगों के भले के लिए सत्य को आपके सामने प्रकट किया जाए। यह आवश्यक और जरूरी है कि आप समय रहते शाश्वत जीवन की अवधारणा को समझें। मृत्यु के बाद जीवन समाप्त नहीं होता। इसके विपरीत, मृत्यु के बाद ही वास्तविक जीवन शुरू होता है, यानी शाश्वत जीवन। हर व्यक्ति इस उद्देश्य के लिए तैयार किए गए दो स्थानों में से एक में अनंत काल तक रहेगा। वे दो स्थान स्वर्ग और नर्क हैं। हर व्यक्ति को उन दो विकल्पों में से एक चुनना ही पड़ता है क्योंकि कोई तीसरा विकल्प नहीं है।

आपने अभी-अभी, निश्चित रूप से बहुत आश्चर्य के साथ और शायद थोड़े संदेह के साथ, अपने पूर्व समकक्ष मोबुतु सेसे सेको कुकू न्गबेंदु वा

ज़ा बंगा का मामला पढ़ा है, जिन्होंने, मैं आपको कुछ नहीं सिखा रहा हूँ, ज़ैरे पर एक देवता की तरह शासन किया। वह एक सम्मानित व्यक्ति थे जिन्हें अपनी शक्ति पर बहुत गर्व था। उन्हें इतना गर्व था कि उन्होंने सभी से कहा, मैं उद्धृत करता हूँ: "कोई भी पूर्व राष्ट्रपति मोबुतु के बारे में कभी नहीं बोलेगा।"

यह सुनिश्चित करने के लिए कि यह शासन लंबे समय तक चलेगा, तथा अपने लोगों पर बिना किसी चिंता के प्रभुत्व बनाए रखने के लिए, जैसा कि उसने बत्तीस वर्षों तक किया था, उसे सभी प्रकार के समझौतों और बलिदानों के माध्यम से अपने देश को लूसिफ़ेर को बेचना पड़ा। अंत, महामहिम, प्रिय राष्ट्रपतियों, आप इसे जानते हैं। वह वास्तव में नरक में एक अवर्णनीय पीड़ा में है। उसे उसी लूसिफ़ेर द्वारा प्रताड़ित किया जा रहा है जिस पर उसने भरोसा किया था और जिसके लिए उसने अपना देश और लगभग सत्तर लाख ज़ायरीनों का जीवन मुफ़्त में पेश किया था।

आपके पास जनरल ग्नासिंगबे एयाडेमा का मामला भी है, जिन्होंने 38 वर्षों तक टोगो पर एक देवता के रूप में शासन किया। लूसिफ़ेर के लिए किए गए कई मानव बलिदानों के साथ उन्होंने लूसिफ़ेर के सामने एक "सम्मानजनक" स्थान अर्जित किया। शैतान ने उसे उसकी मृत्यु के बाद उसके साथ एक और शासन करने का इतना भरोसा दिलाया था कि वह इस पर विश्वास करने लगा। वह इस पर इतना विश्वास करता था कि वह मृत्यु की ओर जा रहा था, यह विश्वास करते हुए कि उसके बाद जो कुछ भी होगा, उस पर उसका अभी भी अधिकार होगा। इस दृढ़ विश्वास के साथ, मरने से पहले, उसने दंड के जोखिम पर अपने जनरलों को शपथ दिलाई कि वे उसके बेटे को सत्ता में स्थापित करेंगे। मरने के बाद, उसे अपने जीवन की सबसे बड़ी निराशा हुई। वह जो मानता था कि लूसिफ़ेर उसका सम्मान के साथ स्वागत करेगा, जैसा

कि एक अच्छे और वफादार सेवक का होता है, खुद को उसी लूसिफ़ेर द्वारा जंजीरों में जकड़ा हुआ पाता है और उस तरह की यातनाएँ सहता है, जो उसने खुद अपने 38 साल के शासन के दौरान अपने पीड़ितों को नहीं दी थी।

और उसके सेनापति, अपनी अज्ञानता में, अभी भी शैतान के झूठ के कैदी हैं। वे अभी भी मानते हैं कि अगर वे मरने से पहले जो करने के लिए कहा था, वह नहीं करेंगे और अगर वे अंत तक अपना वादा नहीं निभाएंगे, तो उनका राजा उन्हें ज़रूर सज़ा देगा।

महामहिम, प्रिय राष्ट्रपतिगण, मैं आपको एक और उदाहरण देता हूँ। यह आपके पूर्व समकक्ष एल हडज उमर बोंगो ओन्डिम्बा का मामला है। अपनी अज्ञानता में, आप की तरह, वह भी मानते थे कि कोई शैतान पर भरोसा कर सकता है। उन्होंने सत्ता के बदले में अपने देश को शैतान को बेच दिया। उन्होंने गैबॉन पर 42 साल तक पूर्ण अधिकार के साथ शासन किया। उनके देश में, जो लोग दुख में डूबे हुए थे, उनके लिए यह शासन बहुत लंबा था, लेकिन एक ऐसा शासन जो आखिरकार समाप्त हो गया। जैसा कि आप सभी जानते हैं, अपने जीवनकाल में वह बहुत सम्मानित और बहुत प्रभावशाली थे। अपने मेसोनिक लॉज के महान स्वामी और पर्याप्त रूप से उच्च शक्ति के साथ, उन्हें किसी भी चीज़ पर संदेह नहीं था।

अब वह नर्क में है और लूसिफ़ेर द्वारा क्रूरतापूर्वक प्रताड़ित किया जा रहा है, जिसकी उसने फ्रीमेसनरी के माध्यम से ईमानदारी से सेवा की थी और जिसे उसने धरती पर अपना सब कुछ दे दिया था। अब उसे एहसास हुआ कि उसने बहुत बड़ी गलती की है। महामहिम, प्रिय राष्ट्रपतियों, आपको यह संदेश भेजते समय मेरी इच्छा है कि जैसे ही

आप इस धरती को छोड़ेंगे, आपको इस तरह की असुविधा से बचाया जाए। अंत निकट है।

महामहिम, प्रिय राष्ट्रपतिगण, ये तीन उदाहरण आपका ध्यान उस खतरे की ओर आकर्षित करने के लिए पर्याप्त हैं जो आने वाले दिनों में आपके लिए इंतजार कर रहा है, यदि दुर्भाग्य से आप भी ऊपर बताए गए अपने समकक्षों की तरह पृथ्वी को छोड़ देते हैं, अर्थात् यीशु मसीह के माध्यम से ईश्वर के साथ सामंजस्य स्थापित किए बिना।
आप निश्चित रूप से आश्चर्य करेंगे कि क्या अब भी आप लूसिफ़ेर के साथ किए गए समझौते से मुक्त हो सकते हैं, और उन सभी घृणित कामों के बाद क्षमा पा सकते हैं जिनमें आप शामिल थे। मैं आपको जो उत्तर देने जा रहा हूँ, वह आपको आश्चर्यचकित कर देगा। यीशु मसीह आपके सभी कुकर्मों, आपके सभी अपराधों को क्षमा करने के लिए तैयार है, यहाँ तक कि उन अपराधों को भी जिन्हें उल्लेख करना आपको शर्मनाक लगता है क्योंकि वे वास्तव में अपमानजनक हैं। यीशु मसीह आपके द्वारा किए गए सभी असंख्य मानव बलिदानों को क्षमा करने के लिए तैयार है, ठीक वैसे ही जैसे उसने इस गवाही के लेखक को क्षमा किया है।

महामहिम, प्रिय राष्ट्रपतियों, आपको जिस जाल में नहीं फंसना चाहिए, वह है उस झूठ पर विश्वास करना जो शैतान आपको यह संदेश पढ़ने के बाद बताने की कोशिश करेगा। वह निश्चित रूप से आपको याद दिलाएगा कि आपने उसके साथ जो समझौता किया है, वह अपरिवर्तनीय है, और यदि आप पीछे हटने की कोशिश करते हैं तो आप मर जाएंगे। यह सच नहीं है। यदि आप लूसिफ़ेर के बंधन से खुद को मुक्त करने का फैसला करते हैं, और विभिन्न गूढ़ और अन्य लॉज के माध्यम से उसके साथ हस्ताक्षरित किसी भी समझौते को त्याग देते हैं, तो आपको केवल यीशु मसीह को पुकारना होगा और सच्चा

पश्चाताप चुनना होगा, और शैतान अब आप पर शक्ति नहीं रखेगा। आपको बस इस भूतपूर्व शैतानवादी के उदाहरण का अनुसरण करना है जिसकी गवाही आपने अभी पढ़ी है। वह शैतान की दुनिया में आप में से कुछ लोगों से भी बड़ा था, फिर भी वह यीशु मसीह पर भरोसा करके खुद को रहस्यमय दुनिया से मुक्त करने में कामयाब रहा। आप में से कुछ लोग उससे तब भी मिले होंगे जब वह अभी भी वहाँ था, क्योंकि उसे वहाँ से निकले हुए दस साल से भी कम समय हुआ था।

और यदि आप शैतान के बंधन से खुद को मुक्त करना चाहते हैं और उस अपमान से बचना चाहते हैं जो वह वर्तमान में आपके लिए तैयार कर रहा है, पृथ्वी छोड़ो, हम तुम्हारा समर्थन करने और तुम्हारी मदद करने के लिए तैयार हैं। बाइबल हमें प्रेरितों के काम 4:12 में बताती है कि: किसी दूसरे के द्वारा उद्धार नहीं; क्योंकि स्वर्ग के नीचे मनुष्यों को और कोई दूसरा नाम नहीं दिया गया, जिसके द्वारा हम उद्धार पा सकें। यह यीशु मसीह और केवल यीशु मसीह के द्वारा ही है, कि उद्धार संभव है। और कोई भी शक्ति यीशु मसीह के बराबर नहीं है। बाइबल हमें फिलिप्पियों 2:9-11 में यह भी बताती है कि: इस कारण परमेश्वर ने उसको अति महान् भी ठहराया, और उसको वह नाम दिया जो सब नामों से श्रेष्ठ है, कि यीशु के नाम पर स्वर्ग और पृथ्वी पर और पृथ्वी के नीचे हर एक घुटना टिके, और हर एक जीभ अंगीकार करे कि यीशु मसीह ही प्रभु है, जिससे परमेश्वर पिता की महिमा हो।

महामहिम, प्रिय राष्ट्रपतिगण, यदि आप शासक के रूप में पृथ्वी को छोड़ना चाहते हैं और दूसरे राज्य में प्रवेश करना चाहते हैं जहाँ आप शासन करने में सक्षम होंगे, तो यह केवल यीशु मसीह में ही संभव है। यीशु मसीह के साथ एक शाश्वत राज्य हमारी प्रतीक्षा कर रहा है। यदि आप लूसिफ़र के बंधन से खुद को मुक्त करने के लिए आपके लिए बढ़ाए गए ईश्वर के हाथ को नहीं पकड़ते हैं, तो यह अभी भी वही है,

लूसिफ़र, जो आने वाले दिनों में, आपको किसी भी सम्मान से वंचित कर देगा, और पृथ्वी पर आपके पास जो भी उपाधि थी, उसके बावजूद आपको यातना देगा। महामहिम, प्रिय राष्ट्रपतिगण, आप मुझसे सहमत हैं कि राष्ट्रपति पद के सम्मान को छोड़ना, अचानक खुद को एक आम कुत्ते की तरह जंजीरों में पाना, और अनंत काल तक अंतिम डाकू की तरह यातनाएँ सहना, वह नहीं है जो एक सामान्य व्यक्ति चाह सकता है। और मैं आपसे ऐसा नहीं चाहता। इस कारण से, महामहिम, प्रिय राष्ट्रपतिगण, मैंने आपको यह संदेश भेजने का जोखिम उठाया है। यह सुनिश्चित करना आपके ऊपर है कि ऐसा कुछ न हो। केवल एक ही काम है जो आपको करना चाहिए: अब अपने गुरु लूसिफ़ेर को त्याग दें और मास्टर यीशु मसीह को स्वीकार करें जो सर्वशक्तिमान ईश्वर हैं।

इसलिए, हम आपको प्रोत्साहित करते हैं, महामहिम, प्रिय राष्ट्रपतियों, कि अभी भी समय रहते सही चुनाव करें। यह मत भूलिए कि इस धरती पर हमारे दिन गिने-चुने रह गए हैं। हम सभी इस धरती को किसी न किसी तरह से और कभी भी छोड़ देंगे।

एकमात्र सच्चे स्वामी, यीशु मसीह की कृपा आप पर बनी रहे!

अफ़्रीकी ईश्वर सेवकों और दुनिया भर के अन्य नेताओं के लिए संदेश

प्रिय ईश्वर सेवकों, यदि मुझे मोक्ष, स्वर्ग या नरक के बारे में बात करनी होती, तो यह अब आपसे नहीं होती, क्योंकि आप जानते हैं और इन बातों को अच्छी तरह समझो। तुम्हें यह संदेश भेजते समय मेरी इच्छा है कि हम जिस युद्ध में लगे हुए हैं, उसकी शर्तों के संबंध में तुम्हारे मन को जागृत कर सकूँ।

हम सभी अनंत काल तक बंधे हुए हैं, और या तो स्वर्ग या नर्क जाने की संभावना है। स्वर्ग जाने का मार्ग, किसी भी अन्य मार्ग की तरह, अपने संकेत और चिह्न रखता है। और जो लोग गंतव्य पर पहुँचने के इरादे से इस मार्ग का उपयोग करना चाहते हैं, उन्हें इसके नियमों का पूरी तरह से सम्मान करना चाहिए। यदि आप स्वर्ग, नर्क, मोक्ष और अन्य शब्दों से अच्छी तरह परिचित हैं, तो अक्सर आप उनके अर्थ को नहीं समझ पाते। इसलिए मेरे संदेश का महत्व है।

आपने अभी इस गवाही में पढ़ा है कि नरक में ऐसे बहुत से लोग हैं जो धरती पर वही पदवी रखते हैं जो आज आप और मैं धारण करते हैं, ईश्वर के सेवक। वर्तमान में वे अनंत पीड़ा में हैं। क्या हमें अपने मार्ग पर ऐसे चलते रहना चाहिए जैसे कुछ हुआ ही न हो? नहीं प्रिय! अब समय आ गया है कि हम सुनिश्चित करें कि जिस मार्ग पर हम चल रहे हैं, उसके नियमों का अच्छी तरह से पालन किया जाए। अब समय आ गया है कि हम ईश्वर को गंभीरता से लें।
भगवान के वे सभी सेवक जो वर्तमान में लूसिफ़र के प्रतिशोध को झेलते हुए नरक में हैं, वे भी स्वर्ग, नरक, मोक्ष और अन्य शब्दों को जानते थे। उन्हें यह भी विश्वास था कि वे उनका अर्थ समझते हैं। लेकिन नरक में उनकी उपस्थिति हमारे लिए इस बात का प्रमाण है कि वे गलत थे। आप में से कुछ लोगों की तरह, उनमें से कुछ ने लूसिफ़र के साथ समझौते किए थे जैसा कि आपने अभी इस गवाही में पढ़ा है, और सोचा कि वे दंड से बचकर भगवान का मज़ाक उड़ा सकते हैं। कुछ लोगों ने शैतान के साथ घिनौने समझौतों से खुद को दूर रखने का विकल्प चुना, और यहाँ तक कि अपने उन सहयोगियों की भी ज़बरदस्ती निंदा की, जो उनके अनुसार वेश्यावृत्ति में बहुत आगे निकल गए थे। लेकिन वे नहीं जानते थे कि लूसिफ़र के साथ समझौते पर हस्ताक्षर न करना ही नरक से बचने के लिए पर्याप्त नहीं था। वे नहीं जानते थे कि स्वर्ग में प्रवेश करने के लिए, किसी को स्वर्ग के राजमार्ग

संहिता का ईमानदारी से पालन करना चाहिए। दुर्भाग्य से, उनके लिए बहुत देर हो चुकी है, लेकिन आपके लिए बहुत देर नहीं हुई है। आप अभी भी पश्चाताप कर सकते हैं, और मैं आपको ऐसा करने के लिए प्रोत्साहित करता हूँ।

इसलिए मैं आपको पश्चाताप करने और हमारे प्रभु और एकमात्र स्वामी यीशु मसीह के सही सिद्धांत पर जल्दी से वापस लौटने के लिए आमंत्रित करता हूं, ताकि आप उस युद्ध को लड़ सकें जो आपका इंतजार कर रहा है। अगर मैंने आपसे (ईश्वर के अफ्रीकी सेवकों) से विशेष रूप से बात करने का फैसला किया, तो यह आप और आपके देशों पर युद्ध के बोझ के कारण है। आपके राष्ट्रपतियों ने अपनी अज्ञानता में सभी प्रकार के समझौतों के माध्यम से आपके देशों को लूसिफ़ेर को बेच दिया।

आप और सिर्फ़ आप ही यीशु मसीह के नाम पर इन वाचाओं को तोड़ सकते हैं, और अपने देशों को पुनः प्राप्त कर सकते हैं। जबकि हम प्रार्थना करते हैं कि ईश्वर इन राष्ट्रपतियों को पश्चाताप करने और इन वाचाओं से खुद को मुक्त करने की कृपा प्रदान करें, आपको उपवास और प्रार्थना में लड़ने के लिए संगठित होना चाहिए, और अपने देशों को शैतान के हाथों से वापस लेना चाहिए। और ऐसा करने के लिए, आपको खुद ईश्वर के साथ मेल-मिलाप करने की ज़रूरत है, पवित्रता के वास्तविक जीवन में शामिल होने के लिए, सभी अशुद्धता और सभी लालच से दूर, इस युद्ध को सफलतापूर्वक लड़ने में सक्षम होने के लिए।

जादूगरों को संदेश

मैं अंततः आप सभी से अपील करता हूँ जो अभी भी जादू-टोने में लगे हुए हैं। आपने अभी-अभी इस भूतपूर्व महान शैतानवादी की गवाही पढ़ी है। जैसा कि आप स्वयं देख सकते हैं, इस व्यक्ति ने वास्तव में शैतान की सेवा की है। उसने कई अपराध किए, बहुत नुकसान पहुँचाया, और इतने सारे घृणित कार्यों में शामिल रहा कि मानवीय रूप से कहें तो उसे कभी भी क्षमा नहीं दी जा सकती थी। फिर भी यीशु ने उसके पश्चाताप को स्वीकार किया, उसे क्षमा किया, और उसे छुड़ाया। यीशु मसीह आपके लिए वही करने को तैयार है जो उसने उसके लिए किया है।

मैं जानता हूँ कि आप में से बहुत से लोग पहले से ही आश्वस्त हैं कि पश्चाताप करने के लिए बहुत देर हो चुकी है, या उनके लिए शैतान के साथ किए गए समझौते को तोड़ना असंभव है। मैं आपको आश्वस्त करना चाहता हूँ कि यह शैतान का झूठ है। जब तक आप जीवित हैं, पश्चाताप हमेशा संभव है, परमेश्वर की क्षमा हमेशा संभव है, और उद्धार अभी भी संभव है। आपको बस एक सच्चे दिल से शैतान से भागने और उसकी दुनिया से पूरी तरह से नाता तोड़ने का चुनाव करना है, और अपने पूरे दिल से उद्धार की तलाश करनी है। इस पूर्व शैतानवादी का उदाहरण आपको आश्वस्त करने के लिए है। उद्धार पाने के लिए, इस आदमी ने इसकी इच्छा की और इसे खोजा। उद्धार उसे उसके घर में खोजने नहीं आया। उसने परमेश्वर से क्षमा मांगी जैसे एक लालची पैसा चाहता है। उसने अपने पूरे दिल से परमेश्वर की क्षमा मांगी और उसे खोजा। वह उद्धार पाने के लिए कोई भी कीमत चुकाने के लिए तैयार था। इसके लिए, उसने सच बोलने का जोखिम उठाया। हाँ! उसने सच बोलने का जोखिम उठाया, उसे परिणामों का कोई डर नहीं था, वह शर्म के बारे में भूल गया और इस बात की परवाह नहीं की कि लोग क्या कहेंगे। उसने अपने पापों को आंशिक रूप से स्वीकार नहीं किया, उसने अपने पापों को धोखे से स्वीकार नहीं किया। उसने ईमानदारी और निष्ठा से यह किया। आप परिणाम जानते हैं। उसने

भगवान की कृपा और दया प्राप्त की। उसे क्षमा कर दिया गया, मुक्ति पा ली है और अब वह अपने नये स्वामी, प्रभु और उद्धारकर्ता यीशु मसीह की सेवा कर रहा है।

इस पादरी, भूतपूर्व शैतानवादी का उदाहरण आपको सबसे पहले यह समझने में मदद करता है कि आप सभी जो जादू-टोने में लगे रहते हैं क्योंकि आप मानते हैं कि इसके अलावा और कुछ नहीं किया जा सकता, गलत हैं। आप गलती कर रहे हैं। आप शैतान के जाल में फंस रहे हैं। यदि आप सच्चे और सच्चे दिल से पश्चाताप की तलाश करते हैं, तो यीशु मसीह क्षमा और मुक्ति का वादा करता है।

यह उदाहरण आपको यह समझने में भी मदद करता है कि जो लोग शिकायत करते हैं कि उन्होंने ईमानदारी से जादू-टोना कबूल किया है, लेकिन उन्हें मुक्ति नहीं मिली, वे ईमानदार नहीं हैं। जो लोग पूरे दिल से ईश्वर को खोजते हैं, वे ईश्वर को पाते हैं। मैंने हमेशा आपको बताया है कि यह कोई इंसान नहीं है जो बचाता है, बल्कि यह ईश्वर है जो बचाता है। इसका मतलब यह है कि भले ही कोई व्यक्ति आपको बचाने का विकल्प न चुनता हो क्योंकि उसे आप पर संदेह है, ईश्वर जो जानता है कि आप ईमानदार और सच्चे हैं, अगर आप वास्तव में हैं, तो उस व्यक्ति की इच्छा के साथ या उसके बिना आपको बचाएगा। इसलिए, अपने आप को धोखा देना बंद करें, और सच्चा पश्चाताप करें।
मैं जानता हूँ कि कुछ लोग ऐसे भी हैं जो सब कुछ होते हुए भी अपने दिल को कठोर बनाए रखेंगे। कुछ लोग ऐसे भी हैं जो अचेतन जादू-टोने के पीछे छिप जाएँगे और जादू-टोने के बारे में कुछ भी न जानने का आभास देंगे। वैसे भी, अब आप अपनी ज़िद के परिणामों को अच्छी तरह समझ चुके हैं। अब आप अच्छी तरह से जानते हैं कि अगर

आपकी वर्तमान स्थिति में मौत आपको चौंका दे तो आपका क्या होगा।

इस बीच, मैं अभी भी आपसे अपील करता हूँ। प्रभु यीशु अभी भी आप तक पहुँच रहे हैं। और मैं उनके आदेश पर हूँ, और आपके आदेश पर, वह जो मुझसे करने को कहता है, उसे करने के लिए तैयार हूँ, और आप में से उन लोगों की मदद करने के लिए तैयार हूँ जो इस अंतिम अवसर का लाभ उठाने और शैतान के साथ अपनी वाचा तोड़ने के लिए प्रतिबद्ध हैं।
एकमात्र सच्चे स्वामी यीशु मसीह की कृपा आप पर बनी रहे!

झूठे सिद्धांत के खतरे

प्रिय, मैंने अपनी शिक्षाओं में आपको यह याद दिलाना नहीं छोड़ा कि सही सिद्धांत को त्यागने से चर्च में शैतान को खुली छूट मिल गई। पादरी जोनास की गवाही को पढ़ते हुए, आपको एहसास होता है कि शैतान और उसके एजेंट चर्चों में अपने मिशन में सफल होने के लिए जिन सभी दरवाजों से गुजरते हैं, वे सभी सही सिद्धांतों को त्यागने से आते हैं, जैसा कि लूसिफ़ेर ने खुद उनसे कहा था: "यदि परमेश्वर के बच्चे परमेश्वर के वचन में बने रहते हैं, तो वे आसानी से मेरे जाल से बच जाएँगे।" मैं आपको कुछ उदाहरण देता हूँ:

चर्च में शैतान के एजेंटों का एक मिशन चढ़ावे और दशमांश के दौरान नीरसता पैदा करना है। अगर पादरी सही सिद्धांत का पालन करते, तो "दशमांश और चढ़ावे का क्षण" नाम का कोई क्षण भी नहीं होता।

अपनी गवाही में, उन्होंने एक बहन के मामले का उल्लेख किया जो उसे अपने चर्च के नेताओं के सामने अपनी मंगेतर के रूप में पेश करने गई थी। यह सही सिद्धांत से विचलन है। आप विवाह पर उस शिक्षा पर फिर से विचार कर सकते हैं जो मैंने आपके लिए रखी है ।

उन्होंने उन सभी पादरियों और मध्यस्थों के बारे में बात की जिन्होंने उन पर हाथ रखने की कोशिश की, लेकिन अंत में उन्हें फर्श पर गिरा दिया गया। यह अभी भी सही सिद्धांत से विचलन है। हम लोगों पर जल्दबाजी में और बिना विवेक के हाथ नहीं डालते।

उन्होंने उन राक्षसों के बारे में बात की जो अक्सर गायक मंडलियों और स्तुति और आराधना समूहों में काम करते हैं, और जो ज़्यादातर गायक मंडली के सदस्यों का इस्तेमाल करते हैं। अगर पादरी सही सिद्धांत में बने रहते, तो ये चीज़ें अस्तित्व में नहीं होतीं। इसलिए, शैतान और उसके एजेंटों के पास चिपकने के लिए कुछ नहीं होता। यह झूठे सिद्धांत की वजह से है कि लोगों को प्रशंसा पाने के लिए गाने का मौका दिया जाता है। आप चर्च पर दी गई शिक्षा को फिर से पढ़ सकते हैं जो मैंने आपके लिए रखी है। ये सभी शिक्षाएँ हमारी वेबसाइट पर उपलब्ध हैं, और ये मुफ़्त हैं। ध्यान दें कि अगर आप परमेश्वर के वचन को त्याग देते हैं, तो आपको इसकी कीमत चुकानी होगी।
आप पादरियों और परमेश्वर के सेवकों से, जो अज्ञानता के कारण सही सिद्धांत से दूर हो गए थे, पश्चाताप करें और अभी भी समय रहते सही सिद्धांत की ओर लौट आएं, ताकि शैतान और उसके एजेंटों के लिए सभी दरवाजे बंद हो जाएं।

और आप परमेश्वर के बच्चे जो अभी भी ऐसे चर्चों में हैं जहाँ शिक्षाएँ बाइबल से अलग हैं, यदि आपके पादरी पश्चाताप करने और सही सिद्धांत पर लौटने के लिए तैयार नहीं हैं, तो जान लें कि वे लूसिफ़ेर के

उन एजेंटों का हिस्सा हैं जो खुद को परमेश्वर के सेवकों के रूप में छिपाते हैं, परमेश्वर के लोगों को नष्ट करो। यदि आप अपने उद्धार को महत्व देते हैं, तो जल्दी से उन चर्चों से बाहर आ जाओ। जान लो कि परमेश्वर का कोई भी सच्चा सेवक स्वेच्छा से झूठे सुसमाचार में नहीं रह सकता।

अगर आप ऐसे चर्च में हैं जहाँ बेकार पादरी हैं, जैसे कि प्रिय ने अपनी गवाही में बताया है, तो वहाँ से जल्दी से बाहर आ जाएँ। लूसिफ़ेर द्वारा नियंत्रित और निर्देशित चर्चों में आप प्रगति नहीं कर सकते।

पूर्वजों की पूजा

पूर्वजों की पूजा के बारे में बोलते हुए, भाई ने अपनी गवाही में दूसरों के बीच जनजातीयता की बात की, यह बताते हुए कि लूसिफ़र ने उनसे चर्च में पूर्वजों की पूजा के रूप में इसके बारे में बात की थी। इस संबंध में मैं आपको इस बिंदु का एक और तत्व देना चाहूंगा: यह चर्च में नस्लवाद के बारे में है। आप तथाकथित ईसाइयों को पाते हैं जो इतने नस्लवादी हैं कि उनके पास पेंटेकोस्टल या इंजील ईसाइयों की उपाधि भी कोई फर्क नहीं डालती है। इस संख्या में कई तथाकथित पादरी हैं। मुझे यह गवाही आपके साथ साझा करने दें।
मुझे फ्रांस के दक्षिण में एक व्याख्यान देने के लिए आमंत्रित किया गया था, एक ऐसे शहर में जिसका मैं ज़िक्र नहीं करना चाहता। मैंने उन पादरियों और भाइयों के बीच जो समय बिताया, वह खोजों से भरा था, और मैं उनमें से एक को आपके साथ साझा करना चाहूँगा। मुझे यह दिखाने के लिए कि फ्रांस में चर्चों में नस्लवाद कितना व्याप्त है, पादरियों ने मुझे उस क्षेत्र में एक चर्च के बारे में बताया जिसे "चर्च ऑफ़ अफ्रीकियों" कहा जाता है। यह तथाकथित अफ्रीकियों का चर्च, दर्जनों

सदस्यों वाला एक चर्च था। सभी गोरे थे, और उस चर्च में कुल मिलाकर एक अफ़्रीकी था।

आप भी अपने आप से पूछेंगे, जैसा कि मैंने पूछा, कि दर्जनों लोगों के चर्च को "अफ़्रीकियों का चर्च" क्यों कहा जा सकता है, जबकि चर्च में केवल एक अश्वेत है। पादरियों ने मुझे इसका उत्तर दिया। पता चला कि चर्च में एकमात्र अश्वेत पादरी था। और आश्चर्यजनक रूप से, उस चर्च का पादरी विवाहित था। इसलिए अगर मैं आपको बताऊं कि चर्च में कुल मिलाकर केवल एक अश्वेत था, तो आप बाकी का अनुमान लगा सकते हैं।

और वे कौन हैं जो इस चर्च को "अफ़्रीकियों का चर्च" कहते हैं? इस क्षेत्र में अन्य पादरी भी हैं। हेलेलुयाह! यही वह है जो यीशु मसीह का चर्च बन गया है। ये वे लोग हैं जो खुद को ईसाई और पादरी कहते हैं जो ईश्वर की सेवा करने का दावा करते हैं, और यहाँ तक कि यीशु की वापसी का इंतज़ार भी करते हैं। यह बहुत दुखद है! आप समझ सकते हैं कि प्रलोभन कितनी दूर तक जा चुका है। लूसिफ़र वास्तव में चर्चों पर बैठा है।

खिलाड़ियों की प्रशंसा करने वालों के लिए संदेश

अपनी गवाही में प्रिय ने हमें कुश्ती के खिलाफ चेतावनी दी, इसके पीछे छिपी शैतान की सारी चालाकी को उजागर किया। मैं आपको बताना चाहता हूँ कि अगर उसने केवल कुश्ती के बारे में बात की, तो इसका मतलब यह नहीं है कि अन्य खेल शुद्ध हैं। यह सिर्फ इसलिए है क्योंकि वह एक पूर्व पहलवान था, और यह वह खेल है जिसका उसने अभ्यास

किया था और जिसे वह बेहतर जानता है। जान लें कि अन्य खेल कुश्ती की तरह ही शैतानी हैं, और अगर आप अपने उद्धार से प्यार करते हैं, तो आपको अभी उनसे भाग जाना चाहिए, और यीशु मसीह में शरण लेनी चाहिए।

अध्याय 12 - मुक्ति के लिए प्रार्थना – 2 कहानियाँ

अब, आइए एक पादरी और एक 6 साल की लड़की की मुक्ति पर 2 कहानियों को आपके लिए सीखने की अवस्था के रूप में लें

कहानी 1 - क्या मुझे उद्धार का सेवक बनना चाहिए? मैं कैसे उद्धार के मार्ग पर आगे बढ़ा फ्रैंक हैमंड द्वारा - एक पादरी का उद्धार।

"आप उद्धार मंत्रालय में कैसे आए?" यह सवाल मुझसे अक्सर पूछा जाता है। यह निश्चित रूप से ऐसा कुछ नहीं था जिसकी मुझे चाहत थी और जिसे मैं चाहता था। मैं अक्सर लोगों से कहता हूँ, "अगर आप बाहर ज़मीन पर देखेंगे तो आपको मेरे पैरों की उँगलियों से बने निशान मिलेंगे जब मुझे इस व्यवसाय में घसीटा जा रहा था।" प्रभु ने मुझे मंत्रालय के इस पहलू में नहीं बुलाया - उन्होंने मुझे इसमें धकेल दिया! मत्ती 9:38 में यीशु अपने अनुयायियों से प्रार्थना करने के लिए कहते हैं कि फसल का प्रभु मज़दूरों को "भेजेगा"। शाब्दिक अर्थ यह है कि वह मज़दूरों को "धकेलेगा" या "मज़बूर करेगा"। इस तरह से मैंने "बुलावे" का अनुभव किया। प्रभु ने मुझसे नहीं पूछा; उन्होंने मुझे बताया!

यह जानना एक रोमांचक खोज थी कि यीशु "कल और आज और हमेशा एक जैसा है" (इब्रानियों 13:8)। जब मैंने पवित्र आत्मा में बपतिस्मा का अनुभव किया तो मैंने पाया कि बारह प्रेरितों के मरने या शास्त्र के कैनन के पूरा होने पर चमत्कार समाप्त नहीं हुए। चमत्कार आज के लिए हैं। मैं कैथरीन कुलमैन को सुनने गया और उस सेवा में

उपचार के कई चमत्कार देखे। मेरा विश्वास बढ़ गया, और मैं उन दोस्तों के बारे में सोचने लगा जिन्हें उपचार की आवश्यकता थी। एक साथी पादरी मेरे दिल में बस गया था। मैं उसे किसी और से ज़्यादा ठीक होते देखना चाहता था। सोलह साल से उसे लगातार सिरदर्द की समस्या थी। यह सिर में लगी गंभीर चोट का नतीजा था। डॉक्टर कोई समाधान नहीं सुझाया गया। उन्होंने खोजपूर्ण मस्तिष्क शल्य चिकित्सा का सुझाव दिया, लेकिन फ्रेड इतनी कम मदद के वादे के साथ ऐसी खतरनाक सर्जरी के लिए सहमत नहीं हुआ। दर्द के कारण वह सो नहीं पा रहा था और उसकी नसें टूट रही थीं। वह पढ़ाई नहीं कर पा रहा था और अपने उपदेशों के लिए पर्याप्त तैयारी नहीं कर पा रहा था। लगातार दर्द ने उसे क्रोधित और चिड़चिड़ा बना दिया। उसका परिवार भारी तनाव में था। बच्चे कोई शोर नहीं मचा सकते थे। सब कुछ फ्रेड की पीड़ा के इर्द-गिर्द घूमता था।

मैंने फ्रेड से कहा कि मैं उसके लिए तब तक प्रार्थना करता रहूँगा जब तक कि मैं उसे ठीक होते हुए न देख लूँ। एक हफ़्ते तक हर दिन मैंने उसके लिए प्रार्थना में समय बिताया। फिर एक सुबह जब मैं प्रार्थना कर रहा था, प्रभु ने मुझे बताया कि फ्रेड की समस्या एक दुष्ट आत्मा के कारण थी। क्या मैंने वाकई ईश्वर की आवाज़ सुनी थी? मैं अपने दोस्त के साथ ऐसा रहस्योद्घाटन कैसे साझा कर सकता था? वह क्या सोचेगा? आखिर, मैं राक्षसों के बारे में क्या जानता था? मैंने कुछ सभाओं में उनके बारे में कुछ संदर्भ सुने थे, लेकिन मैंने इस विषय पर कभी कुछ नहीं पढ़ा था। मैं कैसे सुनिश्चित हो सकता था? मुझे क्या करना चाहिए?

फ्रेड के साथ अपने रहस्योद्घाटन को साझा करने की धारणा खत्म नहीं हुई; यह मजबूत होती गई। एक दिन जब हम साथ थे, मैंने सावधानी से इस विषय पर बात की। "फ्रेड, मैंने तुम्हारे लिए तब तक प्रार्थना करने

का वादा किया था जब तक भगवान तुम्हें ठीक नहीं कर देते," मैंने याद दिलाया। "मैं हर दिन तुम्हारे लिए प्रार्थना करता रहा हूँ। दूसरे दिन भगवान ने मुझे बताया कि तुम्हारी समस्या क्या है।" मैंने फ्रेड की प्रतिक्रिया के लिए रुककर सोचा। मैंने उसका ध्यान ठीक से खींचा। "ठीक है, भगवान की स्तुति करो," उसने कहा, "भगवान ने तुम्हें क्या बताया?" "अब, फ्रेड, मुझे नहीं पता कि तुम इस बारे में क्या सोचोगे," मैंने शब्दों को यथासंभव सावधानी से चुनते हुए कहा, "लेकिन भगवान ने मुझे बताया था कि तुम्हारे सिर में दर्द एक राक्षस के कारण होता है।" मैंने अपनी सांस रोक ली और उसकी बात सुनी।
प्रतिक्रिया के लिए चेहरे पर नज़र डाली। मुझे नहीं पता था कि फ़्रेड राक्षसों के बारे में मुझसे ज़्यादा जानकार था। उसने इसे सहजता से लिया। "अच्छा, प्रभु की स्तुति करो!" उसने कहा, यहाँ तक कि खुशी से झूमता हुआ भी दिखाई दिया। "क्या बाइबल नहीं कहती कि राक्षसों को निकाला जा सकता है? मैं चाहता हूँ कि तुम इसे मुझसे निकाल दो।"

"अब, एक मिनट रुको," मैंने विरोध किया। "मुझे भूत-प्रेतों को निकालने के बारे में कुछ नहीं पता, लेकिन मुझे लगता है कि मैं किसी ऐसे व्यक्ति को ढूँढ़ सकता हूँ जो यह करना जानता हो। मुझे कुछ दिन प्रार्थना करने दीजिए कि कौन आपके लिए यह कर सकता है। जैसे ही मुझे कोई मिल जाएगा मैं आपको बता दूँगा।"

मैं सीधे प्रार्थना करने लगा और भगवान से मुझे मुक्तिदाता के पास ले जाने के लिए कहा। भगवान ने कहा, तुम ऐसा करो।" इसलिए मैंने फिर से प्रार्थना की। मैंने भगवान को सावधानीपूर्वक समझाया कि मैं कितना अयोग्य था। मैं जलती हुई झाड़ी में मूसा से भी बदतर लग रहा था, जो बहाने बना रहा था कि वह अपने लोगों को मिस्र से बाहर क्यों नहीं ले

जा सकता। भगवान ने मुझे कोई और रास्ता नहीं दिया। मुझे सेवकाई करनी ही होगी।
मेरे मन में कई विचार घूमने लगे। अगर मैं राक्षसी आत्माओं पर सीधा हमला करूँ तो मेरा क्या होगा? क्या वे मुझे अपना खास निशाना नहीं बनाएँगे? मैं निश्चित रूप से मुसीबत में पड़ जाऊँगा। संभावनाएँ भयावह थीं।

एक हफ़्ते बाद मैंने फ्रेड से फिर बात की। मैंने उसे प्रार्थनाओं के परिणाम बताए। यह उचित नहीं लगा कि मैं ही उसकी सेवा करूँ, लेकिन वह पूरी तरह से इसके लिए तैयार था। हम सहमत हुए कि हम एक और हफ़्ते प्रार्थना करेंगे और अध्ययन करेंगे कि इस विषय पर शास्त्र क्या कहता है। फिर हम और हमारा पत्नियाँ एक साथ बैठतीं और देखतीं कि क्या होता है।

वह दिन आ गया जब हमें मंत्रालय का प्रयास करना था। फ्रेड और उनकी पत्नी हमारे घर पर रात्रि भोज के लिए मिलने वाले थे, और फिर हम प्रार्थना सभा के लिए चर्च भवन में जाते – या जो भी होता। मैं खुश था कि हमारे लिए यह दिन इतना व्यस्त था। शहर से बाहर एक व्यापारिक यात्रा पर जाना आवश्यक था। फ्रेड और उनकी पत्नी के आने से लगभग दो घंटे पहले हम घर वापस आ गए। मेरे दरवाजे पर एक छोटा सा पैम्फलेट था, जिस पर एक पत्थर रखा हुआ था। एक मित्र शहर से होकर आया था और मुझे घर पर न पाकर मेरे लिए वह छोटा सा पैम्फलेट छोड़ गया था। जब मैंने शीर्षक पढ़ा तो मुझे अपनी आँखों पर यकीन नहीं हुआ – डेरेक प्रिंस द्वारा *"एन इंट्रोडक्शन टू एक्सपेलिंग डेमन"*। मेरे मित्र को आसन्न मंत्रालय के बारे में पता नहीं था। समय एकदम सही था। यह भगवान ही होना चाहिए था!

कुछ ही मिनटों में मैंने पुस्तिका की सामग्री को पढ़ लिया। यह बहुत ही व्यावहारिक था और इसमें उपयोगी जानकारी भरी हुई थी। जब दानव बाहर आया तो हम किसी तरह के प्रकटीकरण की उम्मीद कर सकते थे। कम से कम मुझे पूरे मामले के बारे में थोड़ा और आत्मविश्वास महसूस हुआ। जब फ्रेड आया तो मैंने उसे और उसकी पत्नी को सेवकाई शुरू करने से पहले पुस्तिका पढ़ने को कहा।
हमने दानव को चुनौती देने से पहले कुछ समय प्रार्थना में बिताया। और मैं उस समय केवल एक ही दानव के बारे में सोच रहा था। मेरी समझ उससे ज़्यादा नहीं थी। जब मैंने सुझाव दिया कि हम दानव को चुनौती देना शुरू करें, तब फ्रेड अभी भी घुटनों के बल पर था। मेरी पत्नी और मैंने उसके सिर पर हाथ रखे और हम दोनों ने कहा, "मैं यीशु के नाम पर दुष्टात्मा को उसमें से बाहर आने की आज्ञा दें।" जब मैंने यह आज्ञा दी और मेरी पत्नी ने इसे दोहराया, तो हमने यह देखने के लिए प्रतीक्षा की कि क्या होगा। अंत में, मैंने पूछा, "क्या तुम्हें कुछ महसूस हुआ, फ्रेड? क्या तुम्हें लगता है कि कुछ हुआ?" फ्रेड ने अपना सिर नकारात्मक रूप से हिलाया, उसे कुछ भी महसूस नहीं हुआ था। हमने एक संक्षिप्त परामर्श किया और इसे फिर से आजमाने का फैसला किया।

यह आदेश कई बार और दिया गया। फ्रेड को क्या हो रहा था? उसका चेहरा विकृत हो रहा था! वह बोलने की कोशिश कर रहा था, लेकिन उसके मुंह से कोई शब्द नहीं निकल पा रहा था। ऐसा लग रहा था कि उसका दम घुट रहा है। अब आराम करने का समय नहीं था। हम लगातार राक्षस को उसके अंदर से बाहर आने का आदेश दे रहे थे। फ्रेड जोर-जोर से खांसने लगा। यह लगभग एक मिनट तक चला। फिर वह बगल में फर्श पर गिर गया और बिना हिले-डुले लेटा रहा। "क्या यह बाहर निकल गया है, फ्रेड?" मैंने पूछा। "मुझे लगता है कि हाँ," उसने फुसफुसाया। वह मुश्किल से बोल पा रहा था। "मैं इतना कमज़ोर हूँ कि मैं उठ नहीं सकता," उसने समझाया। हमने फ्रेड के लिए प्रार्थना की

और उसके उद्धार के लिए भगवान को धन्यवाद दिया। कम से कम पाँच मिनट बाद फ्रेड बैठ पाया।

फ्रेड की पत्नी इस दौरान बैठकर प्रार्थना कर रही थी। अब मैंने उसे धीमे स्वर में गाते हुए सुना। मैंने एक परिचित भजन की धुन पहचान ली... "अमेजिंग ग्रेस"। मैंने सोचा कि मैं भी उसके साथ भजन में शामिल हो जाऊँगा, और जैसे ही मैंने शब्दों को सुनना शुरू किया, मुझे एहसास हुआ कि वह अन्य भाषाओं में गा रही थी। कुछ सप्ताह पहले मैंने उसके लिए पवित्र आत्मा में बपतिस्मा प्राप्त करने के लिए प्रार्थना की थी, और वह केवल एक छोटा सा वाक्य ही अन्य भाषाओं में बोल पाई थी। अब वह पूरी आज़ादी से गा रही थी। हम चारों बहुत खुश थे।

एक हफ़्ते बाद मैंने फ्रेड को फिर से देखा। मैं उसके सिरदर्द के बारे में रिपोर्ट पाने के लिए उत्सुक था। मुझे पूरा भरोसा था कि वह मुझे बताएगा कि यह सब ठीक हो गया है। "फ्रैंक, मुझे नहीं पता कि इसका क्या मतलब है," फ्रेड ने शुरू किया, "लेकिन मुझे अभी भी सिरदर्द है। यह ठीक नहीं हुआ है।" निराशा की बीमार भावना मुझ पर छा गई। एक मंत्रालय इतना नाटकीय कैसे हो सकता है और फिर भी प्रभावी नहीं हो सकता है? हम दोनों हैरान थे।

फ्रेड ने मुझे बताया कि उसने दूसरे राज्य में एक चर्च के पादरी बनने का आह्वान स्वीकार कर लिया है। वह तुरंत वहाँ से चला जाएगा। उसे फिर से देखने में छह महीने लग गए। हम एक यात्रा पर थे जो हमें उसके नए मंत्रालय के स्थान के पास ले गई, इसलिए हमने उससे मिलने और रात बिताने के लिए कुछ अतिरिक्त मील की दूरी तय की। उस शाम जब हमने प्रार्थना की तो यह निर्णय लिया गया कि हमें फिर से फ्रेड की सेवा करनी चाहिए। पिछले महीनों के दौरान हमने राक्षसों के बारे में

अधिक सीखा था। उनमें से एक से अधिक हो सकते हैं। हो सकता है कि हमें वह न मिले जो सिरदर्द का कारण बना। हम अधिक दृढ़ होंगे।

हमने फ्रेड को एक कुर्सी पर बैठाया और उसके चारों ओर इकट्ठा हो गए। वह बहुत सहयोगी था। वह कुछ भी करने को तैयार था जिससे उसे उस निरंतर दर्द से छुटकारा पाने की उम्मीद की किरण दिखाई दे जो उसे नष्ट कर रहा था। इस समय तक हम नहीं जानते थे कि विभिन्न प्रकार की आत्माओं का पता कैसे लगाया जाता है और हमें कभी भी विशिष्ट राक्षसों के बारे में कोई अलौकिक समझ नहीं मिली थी। इसलिए हमने उसके अंदर मौजूद सभी राक्षसों को बाहर आने के लिए एक सामान्य आदेश दिया। हर बार जब हम आदेश देते, तो फ्रेड को खांसी का दौरा पड़ता। वह अपने गले में दबाव महसूस कर सकता था जो खांसने से कम हो जाता था। ऐसा लगभग छह बजे हुआ । कई बार। "क्या तुम्हारा सिरदर्द अभी तक चला गया है?" मैंने पूछा। "नहीं, यह पहले से भी ज़्यादा दर्द कर रहा है," फ्रेड ने समझाया। हम बता सकते थे कि फ्रेड के अंदर अभी भी कुछ था। मुझे याद आया कि मैंने उद्धार पर एक टेप सुना था जिसमें पादरी ने राक्षसों को खुद का नाम बताने का आदेश दिया था। यह तय हुआ कि हमें यह प्रयास करना चाहिए।

"तुम्हारा नाम क्या है?" मैंने उस शैतान से पूछा जिसके बारे में मुझे यकीन था कि वह अभी भी फ्रेड में था। "यीशु के नाम पर मैं तुम्हें अपना नाम बताने की आज्ञा देता हूँ।" उसका चेहरा वैसे ही विकृत होने लगा जैसे कि शुरुआती सेवा के दौरान था। हम उस चीज़ को अपना नाम बताने का आदेश देते रहे। फ्रेड के होंठ बाहर निकल आए और उसका मुँह एक कर्कश स्वर में मुड़ गया। बहुत धीरे से और मुश्किल से सुनाई देने वाली आवाज़ में एक शब्द बोला गया - "पी..ए..आई..एन"।

यह बहुत सरल लग रहा था। हमने इसे पहले क्यों नहीं समझा? *"दर्द का दानव*, फ्रेड से बाहर निकलो!" हमारे शब्द आग्रहपूर्ण थे। "यीशु के नाम पर, उससे बाहर निकलो!" फ्रेड की पत्नी ने अपनी आत्मा में महसूस किया होगा कि क्या होने वाला था। उसने कॉफी टेबल से एक अखबार उठाया और उसे फ्रेड के पैरों के बीच फर्श पर फेंक दिया। तुरंत फ्रेड ने खाँसी की और कागज पर कफ की दो बड़ी बूँदें उगल दीं। दानव बाहर निकल गया था! और दर्द चला गया था! लगभग पाँच साल बीत चुके हैं और फ्रेड अभी भी ठीक है। भगवान ने हमारी प्रार्थनाओं का उत्तर दिया था!

कहानी 2 - इडा मे ने 6 साल की लड़की के नाटकीय बाल उद्धार का वर्णन किया

मेरे (इडा मे) जीवन में अब तक का सबसे सजीव बाल उद्धार एक छह वर्षीय लड़की का था। हम उसे मैरी कहेंगे। मैरी के पिता उद्धार के लिए हमारे पास आए थे। साक्षात्कार के दौरान, उन्होंने कठिनाई के बारे में बताया

अपनी बेटी को संभालने में उसे बहुत कठिनाई हुई। वह और उसकी पत्नी तलाकशुदा थे और वह लड़की की परवरिश कर रहा था। उसने कहा कि उसे संभालना बहुत मुश्किल था, वह बहुत जिद्दी, स्वेच्छाचारी और विद्रोही थी। वह काफी चिंतित था क्योंकि उसके स्वभाव के कारण वह इतना क्रोधित हो जाता था कि वह उसे बहुत कठोर दंड देता था। हमने उससे कहा कि लड़की को भी उतनी ही मुक्ति की आवश्यकता है जितनी उसे, यदि उससे अधिक नहीं, और जोर देकर कहा कि वह उसे हमारे पास ले आए।

कुछ दिनों बाद मैरी स्कूल से सीधे हमारे पास आई। मुझे यह बताना होगा कि जब मैं उससे परिचित हो रहा था और उसे समझा रहा था कि मैं उसके लिए प्रार्थना करना चाहता हूँ, तो उसने लगभग आधा थर्मस संतरा पी लिया जूस। वह बहुत ही अति सक्रिय थी, चर्च की बेंच पर कूदती-उतरती रहती थी, बेचैनी के कारण, जब हम बातें करते थे, तो वह बैठ नहीं पाती थी।

मैंने कहा, "मैरी, तुम्हारे पिता ने मुझसे कहा है कि तुम्हें पता है कि बुरी आत्माएं हैं।" उसकी आंखें चौड़ी हो गईं और वह मुझे बहुत गंभीरता से बताने लगी कि कैसे हर रात उसे यह सुनिश्चित करना पड़ता था कि सभी दरवाजे बंद हों, तभी वह सो पाती। बिस्तर पर जाओ। जब वह रात में पानी पीने या बाथरूम जाने के लिए उठती थी तो वह डर जाती थी और उसे व्यक्तिगत रूप से यह जानना पड़ता था कि सभी दरवाज़े सुरक्षित रूप से बंद हैं। मैंने कहा, "हाँ, यह डर है, मैरी। तुम्हारे शरीर में डर के राक्षस हैं। वे तुम्हें डराते हैं और मैं तुम्हारे लिए प्रार्थना करना चाहता हूँ और उन्हें तुम्हारे शरीर से बाहर निकालना चाहता हूँ। वे तुम्हारे अंदर घुस गए हैं और जब मैं प्रार्थना करता हूँ तो वे तुम्हारे मुँह से निकलकर चले जाएँगे।" उसने मेरे शब्दों को सरल, बच्चे जैसी आस्था के साथ स्वीकार किया।

मैंने उसे प्रार्थना करते समय मेरे बगल में बेंच पर बैठने के लिए कहा। वह आई, लेकिन वह इतनी बेचैन थी कि मुझे उसे अपने पास रखने के लिए उसे अपनी गोद में लेना पड़ा। वह मेरी गोद में अपनी पीठ मेरी ओर करके बैठी। मैंने विश्वास और भरोसे के साथ प्रार्थना करना शुरू किया कि यीशु उसे मुक्त करने जा रहा है। पवित्र आत्मा ने मुझे बहुत स्पष्ट रूप से कहा कि मैं अपनी आवाज़ को बहुत धीमी रखूँ... बातचीत के स्वर से कम। साथ ही, मरियम के मुँह से निकलने वाले हर शब्द को शैतान की बात या शैतान से प्रेरित मानना।

फिर मैंने राक्षसों को संबोधित करना शुरू किया। मैंने कहा, "अब, तुम मरियम के शरीर में रहने वाले राक्षसों, मैं चाहता हूँ कि तुम जान लो कि मरियम यीशु के साथ अपने पिता के रिश्ते के माध्यम से यीशु के खून से ढकी हुई है। जैसे मूसा के दिनों में पिता ने पूरे परिवार की सुरक्षा के लिए दरवाजे की चौखट पर खून छिड़का था, वैसे ही मरियम भी खून के आवरण में है। राक्षसों, मैं यह भी चाहता हूँ कि तुम जान लो कि मरियम के पिता ने तुम राक्षसी आत्माओं के बारे में परमेश्वर के वचन की सच्चाई को सुना और स्वीकार किया है। अब वह जानता है कि यह तुम ही हो जिसके खिलाफ वह संघर्ष कर रहा है न कि मरियम के खिलाफ।"

मुझे एहसास हुआ कि मैरी फुसफुसा रही थी और मैं यह देखने के लिए इधर-उधर झुका कि क्या मैं उसकी बात सुन सकता हूँ। वह फुसफुसा रही थी, "तुम जो कह रही हो, वह मुझे पसंद नहीं है।" मैंने जवाब दिया, "मुझे पता है कि तुम्हें यह पसंद नहीं है, शैतान, क्योंकि मैं तुम्हारा पर्दाफाश कर रहा हूँ और मुझे तुम्हारे बारे में पता है। मैरी को जन्म से पहले से ही तुम्हारे द्वारा सताया गया है। जब वह अपनी माँ के गर्भ में थी, तब तुममें से कुछ ने उसमें प्रवेश किया था। लेकिन भगवान ने कहा है कि तुम अब उसके शरीर में नहीं रह सकते।" फिर से मैरी में मौजूद शैतान ने फुसफुसाना शुरू कर दिया। इस बार बहुत ही कड़े जबड़े वाले विद्रोही शब्दों में उन्होंने विरोध किया, "मुझे ... पसंद नहीं ... क्या ... क्या ... तुम ... क्या ... कह रहे हो!" मैंने अपनी आवाज़ को बहुत धीमी रखते हुए जवाब दिया, "तुम्हारे लिए कुछ भी बेहतर नहीं होने वाला है, शैतान, बल्कि और भी बुरा होगा क्योंकि आज तुम्हें उससे बाहर निकाल दिया जाएगा। तुम अपना घर खो रहे हो।" इस पर राक्षस चिल्लाया और फिर से जवाब दिया, "तुम जो कह रहे हो वह मुझे पसंद नहीं है; अब चुप हो जाओ!" मैंने जवाब दिया, "नहीं, मैं चुप

नहीं रहूँगा, बल्कि तब तक बोलता रहूँगा जब तक तुम उसके शरीर से बाहर नहीं निकल जाते।"

मैंने राक्षसों से धीरे से बात करना जारी रखा। "अब, एक-एक करके तुम राक्षस खुद को प्रकट करना शुरू कर दो, यीशु के नाम पर।" तुरंत मैरी ने फुसफुसाते हुए कहना शुरू किया, "तुम मुझसे प्यार नहीं करते; अगर तुम करते तो तुम मुझे पकड़ते नहीं।" मैंने जवाब दिया, "यह सही है, अस्वीकृति राक्षस, तुमने उसे प्रेम संबंधों से दूर कर दिया। तुम उसे यह सोचने पर मजबूर करते हो कि कोई भी उससे प्यार नहीं करता। तुम उसे यह भी सोचने पर मजबूर करते हो कि भगवान उससे प्यार नहीं करता। तुम उसके अस्वीकृति से बाहर आने वाले हो, यीशु के नाम पर।" एक-एक करके राक्षसों ने अपना स्वभाव प्रकट करना शुरू कर दिया। वे इतनी जल्दी आए कि मुझे अक्सर एक का नाम लेने का समय ही नहीं मिलता और दूसरा सतह पर आ जाता।

राक्षस मेरी गोद से बाहर निकलने के लिए मैरी को संघर्ष करवा रहे थे, हालाँकि मैं अभी भी उसे अपनी बाहों में काफी ढीला पकड़ने में सक्षम था। आखिरकार मुझे उसके एक पैर को अपने बीच में रखना पड़ा, इस तरह उसे पकड़ कर रखना पड़ा।
एक दबाव और शारीरिक रूप से उसे नियंत्रित करना। नफरत के दानव ने अपना चेहरा मेरे चेहरे के ठीक सामने कर दिया, हमारी नाकें छू रही थीं और चिल्लाया, "मैं तुमसे नफरत करता हूँ।" अभी भी चुपचाप बोलते हुए मैंने दानव को संबोधित किया, "बाहर आओ, नफरत के दानव।" वह चिल्लाने लगी, "मुझे एक चाकू चाहिए, मुझे एक चाकू चाहिए
चाकू।" मैंने पूछा। "तुम्हें चाकू से क्या चाहिए?" राक्षस ने मैरी के दाँत भींचे और कहा, "तो मैं तुम्हें मार सकता हूँ।" 'ठीक है, तुम हत्या के राक्षस,' मैंने आदेश दिया, 'तुम यीशु के नाम पर बाहर आओ।'

इसके बाद, मैरी खड़ी हुई, अपने कंधे पीछे फेंके, अपने हाथों को अपने कूल्हों पर रखा और पलटकर बोली, "कोई भी मुझे कभी नहीं बताता कि मुझे क्या करना है!" मैंने कहा, "अवज्ञा, तुम बाहर आओ!"

अगले राक्षस के बोलने पर आवाज़ में एक अलग बदलाव आया। उसने कहा, "मैं सिर्फ़ वही करता हूँ जो मैं करना चाहता हूँ।" मैंने कहा, "स्व-बाहर आ जाएगा।" फिर आवाज़ में एक और बदलाव आया। "तुम मुझे कभी बाहर नहीं आने दोगे", नई आवाज़ ने कहा। "जिद, तुम्हें भी बाहर आना होगा", मैंने ज़ोर दिया। फिर मैरी ने अपने हाथों को पंजों की तरह उठाया और मेरे चेहरे पर झपटा; उसकी आँखें बाहर निकली हुई थीं और वह चिल्ला रही थी। मैंने कहा, "पागलपन, तुम यीशु के नाम पर मैरी से बाहर आ जाओ।" वह अपने बालों को नोचने लगी और अपने सिर को ज़ोर से हिलाने लगी। मैंने कहा, "मानसिक बीमारी और पागलपन, बाहर आ जाओ।" इसके बाद मैंने सिज़ोफ्रेनिया की आत्मा को बुलाया। "सिज़ोफ्रेनिया के राक्षसों, मैं तुम्हारा हाथ पुकारता हूँ। तुम अपने दो विपरीत व्यक्तित्वों को बाहर लाते हो जिन्हें तुम उसमें स्थापित कर रहे हो। तुममें से एक अस्वीकृति और आत्म-दया में निहित है और दूसरा विद्रोह और कड़वाहट में निहित है। उनमें से कोई भी व्यक्तित्व असली मैरी नहीं है। मैं असली मैरी को मुक्त करता हूँ और उसे वह बनने देता हूँ जो वह है यीशु चाहता है कि वह ऐसा ही करे।" इसके साथ ही उसने मुझ पर हिंसक रूप से पंजे मारे, मेरी भुजाओं को खरोंचा, और मुझ पर झपटते हुए उसने मेरे ब्लाउज में एक छेद कर दिया। जब वह मेरे ब्लाउज के एक हिस्से को अपने दांतों में दबा कर आई तो वह बहुत चौंकी हुई दिखी, मानो उसे उम्मीद थी कि मैं उसके चेहरे पर थप्पड़ मार दूँगी। मैं बता सकता था कि यह असली मैरी थी जो चौंक गई थी। मैंने कहा राक्षसों से कहा, "नहीं, राक्षसों, मैं मेरी ब्लाउज को बर्बाद करने के लिए मैरी को नुकसान नहीं पहुँचाऊँगा क्योंकि मैं उसे तुमसे अलग कर सकता हूँ। बहुत समय से मैरी को

उसके शरीर में उन चीज़ों के लिए दंडित किया जा रहा है जो तुमने उसके माध्यम से की हैं। तुम राक्षसों को लगभग अछूता छोड़ दिया गया है।

आज स्थिति अलग है; आप राक्षस दंड भोग रहे हैं और मैरी मुक्त हो गई है।" मैरी एक पल के लिए राहत महसूस करती दिखी, फिर अन्य राक्षस प्रकट होने लगे।
अंत में, इस मुक्ति प्रक्रिया के लगभग बीस या तीस मिनट बाद मैरी ने एक के बाद एक लंबी चीखें निकालनी शुरू कर दीं और छोड़ दिए जाने की भीख माँगी। वह कहती, "मेरे पैर को मत पकड़ो! मेरे पैर को मत पकड़ो! पवित्र आत्मा ने मुझे यह समझ दी कि अब उसका शरीर उत्तेजित हो गया है और मुझे उसे छोड़ देना चाहिए और उसे मेरे बगल में बेंच पर बैठा देना चाहिए। मैंने निर्देश दिया, "मैरी, मैं तुम्हें बेंच पर बैठने देता हूँ।

ठीक है?" वह धीरे से रो रही थी और बोली, "मुझे यह पसंद नहीं है कि तुम मुझे इस तरह से पकड़ो।" मैंने कहा, "ठीक है, मुझे खेद है कि मुझे तुम्हें इतना कसकर पकड़ना पड़ा, लेकिन बुरी आत्माएँ तुम्हें मुझसे लड़ने के लिए मजबूर कर रही थीं।" मैं हमेशा राक्षसों पर दोष डालने में सावधान रहता था। अपने बचकाने अंदाज़ में वह इस बात की सराहना करती दिख रही थी कि आखिरकार वे खुद के बजाय दोष पकड़ रहे थे। मैरी थोड़ी देर तक मेरे पास बैठी रही और बहुत शांत और आराम से रही। पवित्र आत्मा ने मुझसे कहा कि मुझे अब जल्दी से आदेश देना चाहिए कि शेष दुष्टात्माएँ बाहर आ जाएँ। मैंने कहा, "अब, यीशु के नाम पर, मैं आज्ञा देता हूँ मरियम में बची हुई सभी दुष्ट आत्माएँ बाहर आ जाएँ। यीशु के नाम पर अभी बाहर आ जाओ!"

मैरी को तुरंत ही पेट में दर्द होने लगा और इससे पहले कि मैं कागज़ का तौलिया उठा पाता, उसने कीचड़ की एक बड़ी गेंद उगल दी। यह उसके और मेरे छोटे हाथों में भर गई। उसने ऊपर देखा और हल्की सी मुस्कुराई और फिर ऐसा लगा कि वह पूरी तरह से शांत हो गई है। याद रखें, इस कहानी की शुरुआत में मैंने बताया था कि जब मैरी सेवकाई के लिए आई थी, तो वह संतरे के जूस का थर्मस पी रही थी। उसने जो उल्टी की, उसमें जूस का एक भी अंश नहीं था। उसके पेट से कोई भी बलगम नहीं निकला।

खैर, हम वहाँ बैठे और लगभग पंद्रह मिनट तक बातें कीं। मैरी शांत और आराम से बैठी रही, जो कि पहले दिखाए गए अति सक्रिय स्वभाव के विपरीत था।

उसके पिता चकित थे। उन्होंने मिश्रित और भ्रमित भावनाओं के साथ तूफानी मुक्ति को देखा था। राक्षसों की अभिव्यक्तियों से अपरिचित, और राक्षसों की कई अलग-अलग आवाज़ों को पहचानने में असमर्थ, जैसा कि मेरे प्रशिक्षित कान ने किया था, मैरी के पिता ने सोचा कि असली मैरी के साथ बहुत बुरा व्यवहार किया जा रहा था और कहा कि एक बार हस्तक्षेप करने से बचने के लिए वह यही कर सकते थे। हालाँकि मैंने मरियम को उसके छुटकारे के बाद से व्यक्तिगत रूप से नहीं देखा है, लेकिन मुझे कई अच्छी रिपोर्ट मिली हैं। ज़्यादातर कहते हैं, “वह बहुत अलग है।” “वह अब पहले जैसी नहीं रही।” “मैं उसे पकड़ सकता हूँ और वह प्यार का जवाब देती है।” “तुम बस ऐसा नहीं करोगे
मुझे विश्वास है कि वह वही लड़की है।”

यह लिखते हुए भी मेरी आँखें नम हो जाती हैं। वह एकमात्र मुक्तिदाता है जिसने मुझे रोने पर मजबूर किया। युद्ध इतना उथल-पुथल भरा था

और उसके बाद की शांति इतनी खूबसूरत थी। मैं अपने आँसू नहीं रोक पाया। भगवान की जय हो!

आत्म-मुक्ति के लिए लघु प्रार्थना.

"प्रभु यीशु मसीह, मेरा मानना है कि आप मेरे पापों के लिए क्रूस पर मरे और मृतकों में से फिर से जी उठे। आपने मुझे अपने खून से छुड़ाया और मैं आपका हूँ, और मैं आपके लिए जीना चाहता हूँ। मैं अपने सभी पापों को स्वीकार करता हूँ-ज्ञात और अज्ञात- मुझे उन सभी के लिए खेद है। मैं उन सभी को त्यागता हूँ। मैं दूसरों को भी क्षमा करता हूँ, जैसा कि मैं चाहता हूँ कि आप मुझे क्षमा करें। मुझे अभी क्षमा करें और अपने खून से मुझे शुद्ध करें। मैं यीशु मसीह के खून के लिए आपको धन्यवाद देता हूँ जो मुझे अब सभी पापों से शुद्ध करता है। और मैं अब अपने उद्धारकर्ता के रूप में आपके पास आता हूँ। आप मेरी विशेष ज़रूरतों को जानते हैं- वह चीज़ जो बांधती है, जो पीड़ा देती है, जो अशुद्ध करती है; वह दुष्ट आत्मा, वह अशुद्ध आत्मा- मैं आपके वचन के वादे का दावा करता हूँ, "जो कोई भी प्रभु के नाम से पुकारेगा, वह छुटकारा पाएगा।" मैं अब आपको पुकारता हूँ। प्रभु यीशु मसीह के नाम पर, मुझे छुड़ाएँ और मुझे आज़ाद करें। शैतान, मैं आपको और आपके सभी कामों को त्यागता हूँ। मैं यीशु के नाम पर, आपसे खुद को खो देता हूँ, और मैं आपको यीशु के नाम पर अभी मुझे छोड़ने की आज्ञा देता हूँ। आमीन!"

इसे अपने हृदय से आने दो और प्रभु के उद्धार को देखो!

क्या आप बीमार हैं या आपको स्वास्थ्य लाभ की आवश्यकता है?

जो लोग किसी भी रूप में बीमार या अस्वस्थ हैं, या मुक्ति या पुनर्स्थापना की आवश्यकता रखते हैं, कृपया विश्वास में नीचे दिए गए बिंदु को स्पर्श करें (विश्वास आपकी वर्तमान स्थिति के सटीक सकारात्मक परिणाम को देखना है, यह जानना कि यीशु ने 2000 साल पहले आपके उपचार और मुक्ति को सुरक्षित करने के लिए अपना काम किया है, अग्रिम भुगतान के रूप में पुनर्स्थापना, यह विश्वास करना कि अग्रिम भुगतान आपके लिए उपलब्ध है, जैसे कि बैंक के साथ आपके चेकिंग खाते में एक सकारात्मक शेष राशि, कोई सवाल नहीं पूछा जाता है क्योंकि हम आपसे सहमत हैं और यीशु मसीह के नाम पर चंगे होने की घोषणा करते हैं, आमीन)

आपने मुझे और उन्हें जो अधिकार दिया है, उसके द्वारा मैं अब उस अधिकार का प्रयोग विश्वास के साथ करता हूँ, शत्रु के प्रति उनके क्रोध और जो आपने उन्हें मुफ्त में दिया है उसे पाने की भूख के साथ, मैं हर बीमारी, हर रोग को शाप देता हूँ, चाहे वह कैंसर हो, कोविड 19 हो, चाहे वह दुर्बलता की भावना हो, चाहे वह राक्षसी कब्ज़ा हो या उत्पीड़न हो, चाहे वह गरीबी, असफलताओं, परमेश्वर द्वारा पहले से निर्धारित और जारी की गई चीज़ों की देरी से पूर्ति की भावना हो। हम विसंगति के विरुद्ध आते हैं, मैं उन्हें बाँधता हूँ, हम उन्हें जड़ से शाप देते हैं और हम उन्हें यीशु मसीह के नाम पर अधिकार के द्वारा बाहर निकालते हैं। आमीन। हम यीशु मसीह के शक्तिशाली नाम में उनके जीवन में उपचार, मुक्ति और पुनर्स्थापना की रिहाई का आह्वान करते हैं। आपकी महिमा, सम्मान और आराधना के लिए गवाही के लिए धन्यवाद प्रभु। इस संदेश के

परिणामस्वरूप आपके राज्य में शामिल होने वाली आत्माओं के लिए धन्यवाद, वे चमत्कार जो हम अभी देख रहे हैं और यीशु के नाम में आपकी महिमा के लिए प्रकट हो रहे हैं, आमीन। यह हो गया! आनन्दित हो!

संपर्क बिंदु के रूप में चिन्हित इस स्थान को स्पर्श करें और अपने मुंह से स्वीकार करें - मैं चंगा हो गया हूं, मुझे छुटकारा मिल गया है और मैं अपनी आत्मा, प्राण, शरीर और अपने चारों ओर यीशु मसीह के नाम पर पुनः स्थापित हो गया हूं, आमीन!!!

वह करना शुरू करें जो आप पहले नहीं कर सकते थे और तब तक कबूल करना शुरू करें जब तक कि पूर्ण उपचार, उद्धार और पुनर्स्थापना आपके जीवन में यीशु के नाम पर एक फल न बन जाए, आमीन। सभी ईश्वर के लिए भूखे रहें, क्रोधित रहें और वह सब वापस लें जो दुश्मन ने यीशु के नाम पर रोक रखा है, आमीन

नोट:
परमेश्वर की महिमा के लिए और शत्रु की शर्म के लिए चंगाई की गवाही दें! हमें एक ईमेल भेजें

निष्कर्ष – निर्णय का समय

उद्धार की कहानी – उद्धार की प्रार्थना – उद्धार की प्रार्थना – परमेश्वर के साथ हमारी पहली वास्तविक बातचीत

"मुक्ति की प्रार्थना" सबसे महत्वपूर्ण प्रार्थना है जो हम कभी भी करेंगे। जब हम ईसाई बनने के लिए तैयार होते हैं, तो हम परमेश्वर के साथ अपनी पहली वास्तविक बातचीत करने के लिए तैयार होते हैं, और ये इसके घटक हैं:

- हम स्वीकार करते हैं कि यीशु मसीह परमेश्वर है; वह इस पृथ्वी पर मनुष्य के रूप में आया ताकि वह पाप रहित जीवन जिए जिसे हम नहीं जी सकते; वह हमारे स्थान पर मरा, ताकि हमें वह दण्ड न भुगतना पड़े जिसके हम पात्र हैं।
- हम अपने पिछले पापमय जीवन को स्वीकार करते हैं - अपने लिए जीना और परमेश्वर की आज्ञा का पालन न करना।
- हम स्वीकार करते हैं कि हम यीशु मसीह पर अपने उद्धारकर्ता और प्रभु के रूप में भरोसा करने के लिए तैयार हैं।
- हम यीशु से प्रार्थना करते हैं कि वह हमारे हृदय में आये, वहाँ निवास करे, और हमारे द्वारा जीवन जीना आरम्भ करे।

उद्धार की प्रार्थना – यह ईश्वर में विश्वास से शुरू होती है

जब हम उद्धार की प्रार्थना करते हैं, तो हम परमेश्वर को यह बता रहे होते हैं कि हम मानते हैं कि उसका वचन सत्य है। उसने हमें जो विश्वास दिया है, उसके द्वारा हम उस पर विश्वास करना चुनते हैं। बाइबल हमें बताती है कि " *विश्वास के बिना उसे प्रसन्न करना असंभव है, क्योंकि जो परमेश्वर के पास आता है, उसे विश्वास करना चाहिए कि वह है, और वह उन लोगों को प्रतिफल देता है जो परिश्रम से उसके खोजते हैं*" (इब्रानियों 11:6)।

इसलिए, जब हम प्रार्थना करते हैं, परमेश्वर से उद्धार का उपहार माँगते हैं, तो हम अपनी स्वतंत्र इच्छा का प्रयोग करके यह स्वीकार करते हैं कि हम उस पर विश्वास करते हैं। विश्वास का यह प्रदर्शन परमेश्वर को प्रसन्न करता है, क्योंकि हमने उसे जानने का स्वतंत्र रूप से चुनाव किया है।

उद्धार की प्रार्थना – अपने पापों को स्वीकार करना

जब हम उद्धार की प्रार्थना करते हैं, तो हम स्वीकार करते हैं कि हमने पाप किया है। जैसा कि बाइबल सभी के बारे में कहती है, केवल मसीह को छोड़कर: " *क्योंकि सब ने पाप किया है और परमेश्वर की महिमा से रहित हैं*" (रोमियों 3:23)।

पाप करना बस लक्ष्य से चूक जाना है, जैसे कि तीर निशाने पर ठीक से नहीं लगता। परमेश्वर की महिमा जिससे हम चूक जाते हैं, वह केवल यीशु मसीह में ही पाई जाती है: " *क्योंकि परमेश्वर ही है जिसने अंधकार में से ज्योति को चमकने की आज्ञा दी, और जो हमारे हृदयों में चमका कि परमेश्वर की महिमा की पहचान की ज्योति यीशु मसीह के चेहरे से दे*" (2 कुरिन्थियों 4:6)।

उद्धार की प्रार्थना, इस प्रकार, यह स्वीकार करती है कि यीशु मसीह ही एकमात्र मनुष्य है जो पाप रहित जीवन जीता है। " *क्योंकि जो पाप से*

अज्ञात था, उसी को उसने हमारे लिये पाप ठहराया कि हम उसमें होकर परमेश्वर की धार्मिकता बन जाएँ" (2 कुरिन्थियों 5:21)।

उद्धारकर्ता और प्रभु के रूप में मानना

मसीह को अपनी पूर्णता का मानक मानकर, हम अब प्रेरित यूहन्ना के साथ सहमति जताते हुए, उनमें ईश्वर के रूप में विश्वास को स्वीकार कर रहे हैं कि: " *आदि में वचन (मसीह) था, और वचन परमेश्वर के साथ था, और वचन परमेश्वर था। वह आदि में परमेश्वर के साथ था। सब कुछ उसी के द्वारा उत्पन्न हुआ, और जो कुछ उत्पन्न हुआ है, उसमें से कुछ भी उसके बिना उत्पन्न नहीं हुआ"* (यूहन्ना 1:1-3)।
क्योंकि परमेश्वर केवल एक परिपूर्ण, पाप रहित बलिदान को स्वीकार कर सकता था, और क्योंकि वह जानता था कि हम संभवतः ऐसा नहीं कर सकते, इसलिए उसने अपने पुत्र को हमारे लिए मरने और अनन्त मूल्य चुकाने के लिए भेजा। " *क्योंकि परमेश्वर ने जगत से ऐसा प्रेम रखा कि उसने अपना एकलौता पुत्र दे दिया, ताकि जो कोई उस पर विश्वास करे, वह नाश न हो, परन्तु अनन्त जीवन पाए।"* (यूहन्ना 3:16)।

उद्धार की प्रार्थना – इसे अभी कहो और इसका पालन करो!

क्या आप अब तक पढ़ी गई हर बात से सहमत हैं? अगर आप सहमत हैं, तो यीशु मसीह में अपना नया जीवन शुरू करने के लिए एक पल भी इंतज़ार न करें। याद रखें, यह प्रार्थना कोई जादुई फ़ॉर्मूला नहीं है। आप बस अपने दिल की बात भगवान से कह रहे हैं। हमारे साथ यह प्रार्थना करें:

"पिता, मैं जानता हूँ कि मैंने आपके नियमों को तोड़ा है और मेरे पापों ने मुझे आपसे अलग कर दिया है। मैं सच में माफी चाहता हूँ, और अब मैं अपने पिछले पापपूर्ण जीवन से दूर होकर आपकी ओर मुड़ना चाहता हूँ। कृपया मुझे माफ़ करें, और मुझे फिर से पाप करने से बचने में मदद करें। मेरा मानना है कि आपका बेटा, यीशु मसीह मेरे पापों के लिए मर गया, मृतकों में से पुनर्जीवित हुआ, जीवित है, और मेरी प्रार्थना सुनता है। मैं यीशु को अपने जीवन का प्रभु बनने, आज से मेरे दिल में शासन करने और राज करने के लिए आमंत्रित करता हूँ। कृपया मुझे आपकी आज्ञा मानने और अपने बाकी जीवन में आपकी इच्छा पूरी करने में मदद करने के लिए अपनी पवित्र आत्मा भेजें। यीशु के नाम में मैं प्रार्थना करता हूँ, आमीन।"

मुक्ति की प्रार्थना - मैंने प्रार्थना कर ली; अब क्या?

यदि आपने उद्धार की यह प्रार्थना सच्चे विश्वास और हृदय से की है, तो आप अब यीशु के अनुयायी हैं। यह एक तथ्य है, चाहे आप कुछ अलग महसूस करें या न करें। धार्मिक प्रणालियों ने आपको यह विश्वास दिलाया होगा कि आपको कुछ महसूस करना चाहिए - एक गर्म चमक, एक झुनझुनी, या कोई अन्य रहस्यमय अनुभव। तथ्य यह है कि, आप ऐसा कर सकते हैं या नहीं भी कर सकते हैं। यदि आपने उद्धार की प्रार्थना की है और इसे गंभीरता से किया है, तो आप अब यीशु के अनुयायी हैं। बाइबल हमें बताती है कि आपका शाश्वत उद्धार सुरक्षित है! " *कि यदि तू अपने मुँह से प्रभु यीशु को अंगीकार करे और अपने हृदय से विश्वास करे कि परमेश्वर ने उसे मरे हुओं में से जिलाया है, तो तू निश्चय उद्धार पाएगा*" (रोमियों 10:9)।

परमेश्वर के परिवार में आपका स्वागत है! हम आपको प्रोत्साहित करते हैं कि आप अभी एक स्थानीय चर्च खोजें जहाँ आप बपतिस्मा ले सकें और परमेश्वर के वचन, बाइबल के माध्यम से उसके ज्ञान में बढ़ सकें। आप हमारी साइट www.otakada.org पर भी जा सकते हैं जो आपको मसीह में विकसित होने और बढ़ने में मदद करेगी
यीशु को स्वयं खोजने के लिए डिस्कवरी बाइबल अध्ययन में इस लिंक का उपयोग करें https://www.otakada.org/dbs-dmm/

40-दिवसीय शिष्यत्व यात्रा

https://www.otakada.org/get-free-40-days-online-discipleship-course-in-a-journey-with-jesus/ के माध्यम से अपनी गति से 40-दिवसीय यात्रा ऑनलाइन शुरू कर सकते हैं।
यदि आपको मार्गदर्शन की आवश्यकता हो तो info@otakada.org पर ईमेल भेजें
प्रभु आपके जीवन को विस्तृत करें और आपको आनंद, शांति, प्रेम और सद्भाव से भर दें जो केवल वही दे सकता है, आमीन

आप के लिए सवाल!

आज साझा की गई जानकारी, क्या यह आपको समझ में आती है?
यदि हाँ, तो आगे की जानकारी दें।
आगे बढ़ते हुए, आप क्या अलग करेंगे? तुरंत शुरू करने की प्रतिबद्धता लें!
यदि आपके पास अनुवर्ती प्रश्न हैं, तो बेझिझक हमें लिखें, कॉल करें या चैट करें क्योंकि हमें विश्वास है कि परमेश्वर की आत्मा आपकी कल्पना से परे उत्तर देगी। हम आपको वह सब करने के लिए तैयार

करने के लिए यहाँ हैं जो परमेश्वर ने आपको बनने और यीशु के नाम पर करने के लिए बुलाया है

www.ingramcontent.com/pod-product-compliance
Lightning Source LLC
LaVergne TN
LVHW010921051026
849532LV00003B/788
9798349524387